비판, 비판, 그리고 또 비판 1

국립중앙도서관 출판시도서목록(CIP)

비판 비판 그리고 또 비판. 1 / 반경환. -- 대전 : 지혜 : 애지, 2012
   p. ;   cm. -- (반경환 문학전집 ; 05)

ISBN 978-89-97386-28-4 04810 : ₩13000
ISBN 978-89-97386-27-7(세트)

평론[評論]
한국 현대 문학[韓國現代文學]

810.906-KDC5
895.709-DDC21   CIP2012004013

비판, 비판, 그리고 또 비판 1

반 경 환

비판, 비판, 그리고 또 비판 1

　인간 그 자체가 신성화되고, 그의 한 마디, 한 마디의 말 자체가 무자비한 잔인성이 담겨 있는 절대 권력자야말로 이 세상에서 가장 위험한 존재일지도 모른다. 왜냐하면 권력 행사 자체가 안정되고 순조롭게 진행되면 그 사회의 평화와 삶의 풍요로움이 이루어지지만, 권력 행사 자체가 안정되지 못하고 위태롭게 진행되면 반드시 삶의 빈곤화가 진행되기 마련이기 때문이다. 삶의 풍요로움이 이루어지면 모든 장애가 극복되어진 기쁨과 삶의 속도가 역동적으로 진행되지만, 삶의 빈곤화가 진행되면 그때에는 정서가 메말라 가고, 상호적인 폭력이 난무하게 되며, 신진대사의 촉진이 정체되기 마련이라고 하지 않을 수가 없다. 외디프스는 절대 권력자로서 마치, 스핑크스의 수수께끼를 풀듯이 공동체 사회의 평화와 풍요로움을 이룩했던 인물이기도 하고, 다른 한편, 그는 살부와 근친상간을 범한 중죄인으로서 삶의 빈곤화를 초래했던 장본인이기도 하다. 외디프스는 천의 얼굴을 가진 인물이며, 또한 그만큼 최고의 삶의 정점과 극단적인 무의미에로의 추락을 맛보아야만 했던 인물이기도 하다.
― 본문 중에서

그러나 김현의 문학비평의 특징은 외디프스 신화, 혹은 원전을 외면하고 있는 비평이며, 문학 작품을, 다만 문학 이론으로만 설명하려는 주석비평에 지나지 않는다. 왜 김현은 외디프스콤플렉스를 그처럼 무수하게 남용하고 있으면서도 외디프스 신화를 재해석해 보거나 프로이트적인 외디프스콤플렉스를 의심해 보지 않으려고 했던 것일까? 왜 김현은 문학 이론의 사유의 뿌리가 되어주고 있는 철학적인 사색을 중단한 채, 타자의 사유만을 베껴오거나 노예적인 복종 태도만을 보여주고 있는 주석비평을, 본의 아니게 되풀이 자행해야만 되었던 것일까?
— 본문 중에서

이 글은 우리 한국 사회에 미만해 있는 '사제지간의 그 천사적인 사랑'을 바로 잡을 수 있는 글이며, 정과리를 위하고, 한국문학을 위하고, 그리고 나 자신을 위한 글이기도 하다. 제자가 스승을 비판한다는 것은 매우 가슴이 아프고 안타까운 일이기는 하지만, 정과리는 마땅히 비판을 받아야 할 대한민국의 최고의 비평가이자, 최고의 권력자이기도 하다. 주인이 없는 배가 산으로 기어 올라갈 수가 있듯이, 가장 날카롭고 예리하게 비판을 받고 그 비판에 대응을 하지 않는 권력자는 사악하고 나쁜 전제 군주에 지나지 않는다. 그는 파시즘의 사유 체계를 지닌 자이며, 모든 것을 제멋대로 변주시켜 놓을 수 있는 자이기도 하다. 모든 것을 한 손에 움켜쥐고 있는 전제 군주가 무엇을 하거나, 하지 않거나 간에, 도대체 무슨 문제가 될 수가 있단 말인가? 정과리는 절대로 그러한 전제 군주가 되어서는 아니되며, 우리 한국인들의 백만 두뇌를 양성해야될 사명과 그 책임감을 갖고 있어야만 한다. 쓰디쓴 약만이 명약이 될 수가 있듯이, 전제 군주에게는 더없이 날카롭고 예리한 비판만이 쓰디쓴 보약이 되어줄 수가 있을는지도 모른다. 정과리는 이 글을 읽는 즉시, 반론을 준비하고, 이 요상한 괴물인 반경환의 목을 비틀고, '논쟁의 문화'를 활성화시켜 나가지 않으면 안 된다.
― 본문 중에서

역사 철학의 감각이 마비되어서 아무런 이론적 성과도 없이 수많은 오류만을 낳은 스승이, "정과리야, 너는 푸코의 권력 이해의 핵심에 다가갔고, 궁극적으로는 푸코를 뛰어넘었단다. 현대성의 기획의 옹호자인 하버마스는 아직도 미성숙하지만, 너는 바람직한 성숙성을 이룩한 제일급의 비평가가 되었단다"라고, 전혀 터무니 없고 근거가 없는 칭찬을 하면, 정과리는 더없이 황송해져서, "존경하는 김현 선생님이시여, 선생님은 사일구 세대의 선구자이시며, 문학의 전 부면을 체계적으로 재구성한 비평가 중의 한 사람이십니다. 선생님의 독특한 문학 이론은 미셸 푸코와 데리다를 뛰어 넘어서서, 이 땅의 한국문학비평을 더없이 아름답고 풍요롭게 꽃 피워낸 불후의 고전이라고 하지 않을 수가 없습니다"라고, 비평하기보다는 기꺼이 찬양을 하는 못난 제자의 최종적인 행태를 보여준다. 그러나 그들의 사랑에는 더없이 불순한 음모와 이성의 간계가 숨어 있다. 스승은 학회, 언론, 출판사, 대학 제도, ○○문학상의 제도를 한 손에 움켜쥐고 있는 최고의 권력자이며, 제자는 스승의 권력에 의지하여 그 유산을 상속받으려고 애를 쓰고 있는 제자이다. 스승은 자기 자신의 권력을 유지하기 위하여 제자를 그 집단의 충복으로 만들려고 하고, 제자는 "문학 비평은 스승의 울타리 밖"이라고 말하면서도 그 스승의 품 안을 좀처럼 떠나지 못한다. 만일, 정과리가 김현이라는 스승의 품 안을 벗어났다면, 그의 뛰어난 두뇌와 날카롭고 예리한 분석력을 통하여 한국 문학비평을 세계적인 수준으로 끌어올리고, 그는 모든 인류의 대스승이 되었을는지도 모른다. 정과리가 자기 스승의 품 안을 벗어나지 못하고, 그의 제자인 반경환에 의해서 이처럼 비판을 받게 되었다는 것은 한국문학사의 가장 가슴 아픈 대목이 될는지도 모른다. 그는 독창적인 사상과 독창적인 문학 이론의 정립을 포기한 비평가이며, 그의 천재성을 비겁한 권력 욕망 앞에서 마모시켜버린 가엾은 비평가이기도 하다. 낙천주의의 사상가인 반경환이 아무런 사상도 없는 정과리와 논쟁을 벌인다면, 이것은 분명히 해외 토픽감이고, 서구의 사상가들이 배를 잡고 웃게 되는지도 모른다.
― 본문 중에서

나는 루카치의 창작자 비평가와 철학자 비평가나 백낙청의 창작자 비평가와 비 창작자 비평가(전문적 비평가) 등, 그 어느 것에도 동의해 줄 수가 없다. 20세기의 문학비평의 최대의 성과는 '쓸 수 있는 텍스트'의 탄생이며, 비평예술의 힘찬 도약이라고 하지 않을 수가 없다. 왜냐하면 글을 쓴다는 것은 본질적으로 창작 행위이지, 어느 특정 분야에 종속된 행위가 아니기 때문이다. 비평가의 비평 행위가 창작품을 전제로 행해진다는 말도 맞는 말이지만, 창작자의 창작 행위 역시도 비평을 전제로 행해진다는 말도 맞는 말이다. 비평이 이해하고 분석하고 가치평가하는 것이라면 비평가의 비평―좀 더 고귀하고 훌륭한 평가―을 전제로 씌어지지 않은 창작품이 어디 있겠으며, 또한 창작품이 그것을 쓴 작가의 세계관의 산물이라면 창작품을 전제로 씌어지지 않은 비평이 어디 있겠는가? 백낙청의 전문가적 함정은 텍스트에 종속된 비평 행위를 낳으면서 비평가와 철학자를 인위적으로 분리하려는 모순된 행위를 낳게 된다.
― 본문 중에서

그가, 만일, 마르크스였더라면, 소련 연방과 동구권의 무너짐은 사회주의를 주창했던 국가들의 무너짐이지, 그의 사상의 무너짐으로 받아들이지는 않았을 것이다. 그는 오히려, 거꾸로, 더욱더 정교하고 세밀하게 공산주의 사상을 가다듬고 그것을 실천할 수 있는 인간들을 불러모아 결집시키고, 새로운 공산주의 국가의 창설이라는 더욱더 도전적이고 야심만만한 과제를 짊어지고 나갔을 것이라고, 나는 생각하고 있다. 바로 이 지점에서 분명히 드러나고 있는 것은 박노해는 공산주의 사상의 창시자가 아니며, 단순하고 소박하게 그 사상을 쫓아가 본 사회주의의 운동가였다는 사실이다. 그의 허무의 공간은 사회주의 국가들의 붕괴 앞에서 더 이상의 좌표를 잃어버린 사회주의자의 공간이지, 사상가로서의 박노해의 공간이 아니다. 아직도 이 땅에는 수십 년 동안 '전향서'를 쓰지 않고 자기 자신들의 사상을 지켜나가고 있는 사상범들이 있다. 그들이 반드시 존경의 대상일 수는 없지만, 그러나 그들의 뿌리 깊은 사상의 신념까지도 함부로 경시할 수는 없다고 나는 생각한다.
— 본문 중에서

위대한 스승은 스스로 날아가지 못한 인간, 문학적 유산은 아버지에게서 조카에게로 간다는 금언마저도 잃어버린 비굴한 인간을 거절하고, 스승과 제자 사이를 떠나서 '아니다'와 '그렇지 않다'라는 말이 가능하지 못한 인간, 부분적 진실에 함몰되어 종합적인 시야를 잃어버리고 개 같은 학대를 감수하고 있는 인간을 자신의 제자로 삼지는 않는다. 또한 그 반대 방향에서 위대한 제자는 스스로 날 수 없는 스승을 섬기기는커녕, 이미 성화되어 더 이상 깎아내릴 것이 없는 스승의 권위에도 도전하고, 그의 최고의 문학적 유산을 거절함으로써 '그 스승에 그 제자'라는 미풍양속에 값하고자 한다. 이처럼 스승과 제자 사이의 관계는 항상 특이하고도 동등하지 않는 대결로 환원되지만, 스승과 제자 사이가 반드시 적대적인 대립 관계로 귀결되지는 않는다. 스승은 스승답게 자신에게 도전해오는 제자를 더욱더 마음 속 깊이 사랑하고, 제자는 제자답게 자신의 도전에 의연하고 당당하게 대처하는 스승의 덕망과 학문적 깊이를 더욱더 존경하게 된다. 인류의 역사, 모든 문화의 역사는 이러한 도전과 응전의 역사로 점철되어 왔다고 하지 않을 수가 없다.
— 본문 중에서

  존경하는 유종호, 김우창, 백낙청, 김치수, 김주연, 황동규, 이성복, 이인성, 정과리, 김정란, 김진석 선생님, 니체는 우연의 산물이 아니며, 독일의 교육 제도가 꽃 피워낸 필연의 산물일 수밖에 없습니다. 우리 『愛知』의 편집자들은 훌륭한 교육 제도만이 위대한 천재들을 생산해낼 수가 있다고 굳게 믿고 있습니다. 우리가 알고 있는 한, 서양의 철학자들—, 일테면, 플라톤, 아리스토텔레스, 칸트, 스피노자, 라이프니츠, 쇼펜하우어, 니체, 푸코 등은 진정으로 학문을 위해서 태어났고, 학문을 위한 사제—결혼도 하지 않고 학문을 위해서 출가를 했던 사제—들이었다고 할 수가 있습니다. 밥을 먹고, 공부를 하고, 산책을 하고, 또, 밥을 먹고, 공부를 하고, 산책을 하고—, 어떠한 사치와 오락도 모르는 이러한 학자의 길을 통해서, 자기 자신들만의 사상을 완성하고, 그리하여 모든 인간들과 이 세계를 정복할 수가 있었던 것입니다. 그들은 어떠한 교육 제도 속에서 공부를 했으며, 그들의 스승은 누구이며, 그들은 또한 어떠한 친구들과 교제를 했으며, 왜, 그처럼 어렵고도 힘든 길만을 골라서 걸어갔는지, 대부분의 우리 한국인들은 전혀 모르고 있는 실정이기도 합니다. 하지만 선생님들께서는 외국 교육제도의 장점과 대 사상가들의 학문의 태도 등을 어느 누구보다도 잘 알고 있으리라고 굳게 믿고 있으며, 따라서 『愛知』의 기획 특집, '한국 교육 개혁의 올바른 길―외국의 교육제도의 장점 편'을 반드시 써주실 것이라고, 또한, 이처럼 굳게 믿고 있습니다.
― 본문 중에서

  제국주의자도 나쁜 놈들이고, 서울대 출신도 나쁜 놈들이고, 호남차별을 일 삼아온 자들도 나쁜 놈들이다. 따라서 그는 사회 정의의 칼을 휘두르며 대한민국의 제일급의 인사들을 무차별적으로 난도질을 해대고, 자기 자신의 존재를 높이 높이 끌어올린다. 그는 지역 차별, 학력 차별, 장애인 차별, 《조선일보》가 있어서 행복하고, 그의 분노는 한 바가지의 신선한 청량제가 된다. 『인물과 사상』, 그리고 '안티조선'은 그가 마련한 처형장이며, 지상낙원이다. 그러나 그의 마피아적인 형벌법은 한낮의 백일몽에 지나지 않으며, 그의 검은 수사학은 더 이상 통용될 수 없는 경멸과 조롱과 치욕의 수사학이 되었다. 왜냐하면 그가 처형시킨 대한민국의 제일급의 인사들은 이미, 죽은 시체에 지나지 않았고, 김대중 정권과 온갖 학연의 패거리들마저도 나의 사상의 칼날에 의하여 이미, 오래 전에 베어져 버렸기 때문이다. 강준만의 사회비평의 치명적인 단점은, 사회학자이기를 포기하고 김대중 정권의 체제 수호의 하수인으로 전락한 그의 정치관에 있으며, 두 번째로는 '사상과 이론의 차원'에, 세 번째와 네 번째로는 '학자로서의 나쁜 생활 태도와 나쁜 학습 태도', 그리고 '안티조선의 조직의 차원'에 폭넓게 걸쳐 있다고 해도 과언이 아니다. 고귀하고 위대한 인간들의 열등의식이란 하나의 쓰디쓴 보약이며 강장제이지만, 강준만과 우리 한국인들의 열등의식이란 원한 맺힌 저주 감정으로서의 자기 자신과 타인들에게 치명적인 해를 끼치는 독약일 뿐이다. 나는 이 글을 강준만과 논쟁을 하자고 쓰는 것이 아니다. 그의 사회비평을 아주 경멸적인 '잡설비평'의 차원으로 끌어내리고, 그와의 '평화공존이 아닌, 전쟁을 선포'하기 위해서 나는 이 글을 쓴다.
— 본문 중에서

소크라테스를 비롯한 그리스 철학자들의 화두가 '愛知'였지만, 나는 이제 그것을 나의 철학적 화두로서 받아들이고, 그것을 육화시켜 나가고 있다. 나는 '愛知'라는 화두를 통해서 '내가 인류의 역사상 가장 위대한 스승이 될 수 있느냐, 없느냐!/ 이것이 문제로다!'라는 질문을 던져보게 되었지만, 어쨌든 '모든 천재는 인류의 스승이다'라는 좌우명을 머리 맡에 써붙여 두고 살아간다. 만일, 금욕주의가 자기 자신에 대한 도전의 형태로 되어 있다면, 모든 철학자들은 학문을 위해 그 모든 욕망을 포기해 버린 금욕주의자들에 지나지 않는다. 나는 처자식을 거느리고 살아가고 있는 것을 몹시도 후회를 하고 있지만, 일상 생활에서는 영원히 낙제점을 면하지 못하고 있는 백수건달일 뿐이다. 이처럼 백수건달로서 매우 가난하고 어렵지만, 하루에 열 시간씩, 열두 시간씩 내가 좋아하는 공부만을 할 수 있게 해 준 나의 아내를 나는 항상 감사하게 생각하면서 살아가고 있다.
— 본문 중에서

아버지와 아들의 관계는 애증이 겹치는 관계이며, 언제나 그 잔인성을 실천하는 투쟁의 관계이다. 아버지의 위상은 가부장적인 권위에서 출발하여 노쇠한 불명예로 귀착되고, 아이의 위상은 주변적인 복종의 상태에서 출발하여 위대한 지배자(신성모독자)로 귀착된다.
— 본문 중에서

대부분이 장정일을 옹호했던 논자들은 한결같이 장정일이 모든 인간의 열정을 혐오했다는 점을 들고 있는데, 그렇다면 그의 변태성욕의 열정을 어떻게 설명할 수가 있는 것일까? 혹시, 조각가나 인간으로서의 미래의 출구가 막히고, 그 모든 것이 막혀버린 끝에, 그의 열정이 변태성욕으로 나타난 것은 아닐까? 열역학적 법칙에 따르면 에너지는 자유롭게 이동할 수가 있지만 그 총량은 변하지 않는다고 한다. 일부다처제와 일부일처제의 역사 철학적인 의미도 따져 보지도 않고 어떠한 종족에의 의지마저도 거부하고 있는 작가의 의식을 유추해볼 때, 나는 그 말이 꼭 들어 맞는다고 생각한다. 장정일의 패배주의적이고도 염세주의적인 성향이 그의 변태성욕을 낳고 그 변태성욕이 단적으로 드러난 것이『내게 거짓말을 해봐』라는 포르노 소설로 나타난 것이라고 하지 않을 수가 없는 것이다.

― 본문 중에서

|개정증보판 저자 서문|

 반경환, 당신은 왜 우리 한국인들이 그토록 싫어하고 혐오하는 이단자의 길을 걸어가야만 했었고, 반경환, 당신은 왜 우리 한국인들이 그토록 싫어하고 혐오하는 금기의 인물, 즉, 천하에 그토록 어리석고 우매한 바보-얼간이의 길을 걸어가야만 했었던 것일까? 비판이란 모든 학문의 예비학이며, 어느 누구도 이 비판철학의 장을 떠나서는 세계적인 대사상가와 대작가의 길을 걸어갈 수가 없다. 그러나 지극히 애석하게도 우리 한국인들은 비판의 기능과 본질은 물론, 비판철학자의 사명과 그 임무를 이해하지 못하고, 그토록 어리석고 우매하기 짝이 없는 판단력의 어릿광대의 삶을 살아왔던 것이다. 김현과 유종호와 백낙청과 김윤식을 비판해서도 안 되고, 정과리와 이문열과 황석영과 신경숙을 비판해서도 안 된다. 고은과 신경림과 김용택과 박노해를 비판해서도 안 되고, 황동규와 정현종과 이성복과 황지우를 비판해서도 안 된다. 스승을 비판해서도 안 되고, 선배를 비판해서도 안 된다. 아버지를 비판해서도 안 되고, 동료 교수들을 비판해서도 안 된다.

내가 명명한 용어이기는 하지만, 제3세계의 문화적 풍토병은 아무런 명명의 힘도 없이 서양의 사상과 이론을 받아들이는 것을 말하고, 비평의 만장일치제도는 비판하기보다는 기꺼이 찬양하는 것을 말한다. 과연 대한민국은 세계적인 대사상가와 세계적인 대작가들을 배출해낸 적이 있었고, 또한 대한민국은 세계적인 교육제도를 연출해낸 적이 있었던가? 제3세계의 문화적 풍토병과 비평의 만장일치제도는 대한민국을 표절의 왕국으로 연출해 내고, 그토록 저질적이고도 야만적인 부정부패의 공화국으로 연출해 냈던 것이다. 당나라의 노예, 원나라의 노예, 명나라의 노예, 청나라의 노예, 일본의 노예, 미국의 노예에 불과한 우리 한국인들이 언제, 어느 때, 그 노예의 신분을 벗어나서 문화선진국민이 될 수가 있을 것이란 말인가? 그것은 두말할 것도 없이 '지혜사랑'이며, 하루바삐 이 '지혜사랑'을 통하여 세계적인 대사상가와 세계적인 대작가들을 배출해 내지 않으면 안 되는 것이다. 세계적인 대사상가와 세계적인 대작가들은 자기 자신의 사상과 이론으로 모든 인류의 스승이 되어간 사람들을 말한다. 호머, 괴테, 셰익스피어, 소크라테스, 데카르트, 칸트, 마르크스, 니체, 베토벤, 모차르트, 반고호, 보들레르, 랭보와도 같은 사람들이 바로 그러한 인류의 스승들인 것이다.

세계적인 대사상가와 세계적인 대작가들을 배출해 낸다는 것은 국민소득 4만 달러 이상의 문화선진국민(사상가와 예술가의 민족)이 된다는 것이고, 해마다, 연간 1조원씩이나 국제원조를 할 수가 있다는 것을 뜻하게 된다. 만일, 국민소득 4만달러와 연간 1조원씩 국제원조를 할 수 있는 국가라면, 미국도, 중국도, 러시아도, 일본도 우리 대한민국을 진정으로 존경하고, 우리 한국인들은 그들과 어깨를 나란히 할 수 있는 문화선진국민이 될 수도 있는 것이다.

나는 지난 20여년 동안 '대한독립만세'를 부르는 심정으로 글을 썼고, 또 써왔다. 나의 꿈은 히말라야의 고산영봉들을 이루고 있었고, 나의 고통의 깊이는 수천 길의 지옥의 깊이에 가 닿아 있었다. 나의 붉디 붉은 피와 땀과 눈물은 이과수 폭포가 되었고, 이름도, 얼굴도, 성도 없는 자의 신음소리는 일본열도를 초토화시킨 쓰나미와도 같았다. 이제 더 이상의 꿈도 없고, 더 잃어야 할 것도 없다.

나의 고통의 깊이는 나의 행복의 깊이이다.

나는 나의 목숨을 사형장의 형틀에 매달아 놓고, 이 『비판, 비판, 그리고 또 비판』을 출간하게 되었다.

자, 마지막으로, 최후의 진술을 해본다면, '대한독립만세의 길'이 여기에 있는 것이다.

불쌍하고, 또 불쌍한 우리 한국인들이여!

2012년 8월,
'애지의 숲'을 거닐면서……

|저자 서문|

 내가 1993년 '사제지간의 근친상간의 벽'—'제3세계의 문화적 풍토병'과 '비평의 만장일치제도'—을 허물어버리고, 한국문학사상 최초로, '사상'과 '문학이론'의 차원에서 '아버지 살해'를 감행했을 때, 우리 한국문학은 어떠한 반응을 보이고, 또한 나를 어떻게 취급했던가? 차마 눈 뜨고 볼 수 없는 광태들이긴 했지만, '초등학교밖에 나오지 못한 자로서 학력 콤플렉스 때문에 소 영웅주의에 사로잡혀 있는 놈', '스승의 은혜를 모르는 배은망덕한 놈', '정신병자에다가 아주 엉큼하고 사악한 충청도 놈'이라고, 그토록 잔인하고 가혹하게 나를 매도해 오지 않았던가? 한 사람의 지식인에 대한 만인들의 폭력은 더없이 가혹하기만 했었고, 그때부터 나는 모든 발표지면을 다 빼앗기고 말았다. 비평가가 글로 쓴 것을 가지고, 온갖 유언비어와 험담으로 매장해 버리는 사회가 이 자랑스러운 대한민국의 학문연구 풍토였다. 그때부터 모든 친구들과, 신문기자들과, 출판업자들이 '집 지키는 개'처럼 나를 피하고, '문학상'이나 '창작기금의 수혜'는커녕, 저서 한 권의 출간조차도 더없이 어렵고 힘들게 되

고 말았다. 하지만 나는 소크라테스도 감동할 '愛知의 눈물'을 흘리며, 이 우매하고 어리석고, 기껏해야 그 시선이 제 집의 울타리에만 머물고 있는 우리 한국인들을 구원하고자, 공부를 하고, 또 공부를 하지 않을 수가 없었다. 나는 나의 산책길마저도 '愛知의 숲'이라고 명명을 해두고, 그 '愛知의 숲'을 거닐면서 '권력의 신전'이 아닌 '사상의 신전'을 짓기에 여념이 없었다. 시에 있어서의 '강장제 효과', '흥분제 효과', '영생불사의 효과', '낙천주의자의 사상'과 '사색인의 십계명', '외디프스콤플렉스에 대한 새로운 개념'('정체성 회복욕망'), 프로이트의 성적욕망을 하위 개념으로 끌어내리면서 제시한 '상승욕망' 등, 나는 나의 독창적인 명명의 힘과 사유의 힘으로, 나의 사상의 신전을 짓기에 여념이 없었던 것이다.

며칠 전에는 '愛知의 숲'을 거닐면서 칸트의 윤리학을 비판해 보고, 그 사색의 즐거움을 만끽하지 않을 수가 없었다. 칸트는 그의 『실천이성비판』의 머리말에서 "자유는 도덕의 존재근거이며, 도덕은 자유의 인식근거"라고 말하고 있는데, 이 말처럼 어처구니가 없고 중대한 오류도 없을 것이다라는 비판의 힘이, 바로 그 단서가 되어주었던 것이다. 제 아무리 네 스스로 입법원리로써 행동하라는 것이 도덕군자로서의 칸트의 '정언명령'이라고 하더라도, 도덕은 인위적인 것이며, 우리 인간들의 자유에 대한 근본적인 억압일 수밖에 없다. 인간의 자유는 그 욕망에 뿌리를 두고 있는 것이며, 우리 인간들의 욕망이란 모든 특전과 특권을 향유하고 싶은 의지, 너는 복종해야 하지만 나는 명령해야만 한다는 의지, 모든 금기의 대상들을 깨뜨리고 싶고 더 많은 부를 소유하고 싶은 의지에서 비롯된 것이라고 하지 않을 수가 없다. 자유의 존재론적 근거가 욕망이라면 그 욕망 속에는 '선악'이나 '진위' 따위가 있을 수가 없는 것이다. 모든 유기체들의 생존방식은 인도의 도덕부정론나 니체가 역설하고 있는 것처럼, 위해, 폭력, 착취가 근본적인 것이지만, 우리 인간들은 무리를 짓는 동물들의 속상 상, 개인과 개인, 집단과 집단, 국가와 국가간의 사소한 분쟁이나 커다란 분쟁, 전쟁, 약탈, 사기 등의 상호적인 폭력과 그 무질서를 방지하기 위해서, 도덕과 법과 제도의 이름으로 그것들을 통제하고 억압하고 있는 것이다. 자유의 존재근거는 욕망이며, 욕망은 자유의 인식근거이다. '愛知의 숲'을 거닐고 있는 자는 새로운 가치의 창조자이며, 입법자이고, 그 모든 것을 명명할 수 있는 지배자이다. 나는 소크라테스도 감동할 '愛知의 눈물'을 흘리며, '세계는 나의 범죄의 표상이다, 고로 행복하다'와 '나는 신성모독을 범한다, 고로 존재한다'라는 낙천주의 사상의 근본명제에 입을 맞춘다.

    그는 독창적인 사상과 독창적인 문학이론의 정립을 포기한 비평가이며, 그의 천재성을 비겁한 권력욕망 앞에서 마모시켜버린 가엾은 비평가이기도 하다. 낙천주의의 사상가인 반경환이가 아무런 사상도 없는 정과리와 논쟁을 벌인다면, 이것은 분명히 해외토픽감이고, 서구의 사상가들이 배를 잡고 웃게 될는지도 모른다. 그들은 반경환이마저도 우습게 볼 것이고, 따라서 나는—정과리의 '반론'을 손꼽아 기다리고 있으면서도—정과리와 논쟁을 하자고 이 글을 쓰고 있는 것은 아니다. 나는 그가 최고의 권력자이기 때문에, 그 권력자의 우매함을 바로 잡기 위해서 이 글을 쓰고 있는 것이다. 제3세계의 문화적 풍토병과 비평의 만장일치제도는 정과리와도 같은 천재를 우둔한 바보로 만들고, 우리 한국인들의 백만 두뇌를 가장 확실하게 무력화시켜 놓는 암적인 종양들일 뿐이다.
— 본문, 「김현, 정과리 비판」 중에서

대학 내부에서의 충돌 회피와 상호 토론과 상호 비판의 부재 현상에 대한 일차적인 책임은 삼류 중의 삼류인 김우창에게 있고, 우리 한국 사회의 백만 두뇌가 그 '예의와 겸손'의 채찍을 맞고 모조리, 철두철미하게 무력화된 것도 김우창에게 일차적으로 책임이 있다. 모든 스포츠 선수들은 세계챔피언이 되기 위해서 항상 실전을 방불케 하는 연습을 하고 있듯이, 우리 학자들도 '인문학의 거장'이 되기 위해서는 항상 자기 자신의 몸과 마음을 청결히 하고, 피눈물나는 실전 연습을 하지 않으면 안 된다. 끊임없이 새로운 문제점을 발견하려는 눈과 언제나 이의를 제기하고 비판할 수 있는 능력을 기르지 않으면 안 되고 상호 토론과 상호 비판을 통해서 일진일퇴를 거듭하는 스포츠처럼, 모든 학습의 과정을 진행시켜 나가지 않으면 안 된다. 비평의 무대는 논쟁의 무대이며 전쟁의 무대이지, '예의와 겸손'의 무대가 아니다. 또한 비평의 무대는 '아니다', '그렇지 않다'라는 말 대답이 가능한 무대이지, '충성의 강도'나 따지는 무대가 아니다. 김우창의 『궁핍한 시대의 시인』, 『지상의 척도』, 『정치와 삶의 세계』 등도 서양이라는 타자의 베끼기의 쓰레기더미에 불과하고, 강준만의 모든 저서들도 마찬가지이다.
― 본문, 「강준만 비판」 중에서

　이 세상의 모든 지식인들에게 사상이란 최고의 목적이며, 그 모든 것이다. 세상의 모든 것이 변하고 이 세계의 종말이 온다고 하더라도 자기 자신과 자기 자신의 사상만은 영원하기를 바라는 것은 모든 지식인들의 한결같은 꿈이다. 사상은 그 어떤 것보다도 고귀한 명예이며, 삶의 완성이며, 보다 완전한 인간의 표지이다. 우리는 그 사상가의 신전 앞에서 언제, 어느 때나 시를 짓고, 노래를 부르며, 찬양과 찬송을 하게 된다. 또한 우리는 그 신전 앞에서, 우리 인간들의 존엄성을 바치고, 가장 좋은 예물을 바치고, 하늘을 우러러보며, 항상 자기 자신을 갈고 닦으면서, 그 사상의 위업을 이어나갈 것을 맹세를 하게 된다.
— 본문, 「강준만 비판」 중에서

    나는 한국문학의 역사 상, 최초로 한국문학의 이론과 낙천주의 사상을 정립하고자 마음을 먹었었고, 그 결과, 인생이라는 '예술의 장'에서 어쩔 수 없이 패배자의 역할을 맡을 수밖에 없었다. 그러나 그것이, 내 스스로, 내가 좋아서 선택했던 역할인 만큼, 어떤 승리보다도 더 처절하고 더 아름다운 역할이었다고 나는 감히 말할 수가 있다. 나는 결코 후회를 하지 않고 있으며, 비록, 그 쓰디쓴 울음을 울었다고 하더라도, 진정으로 위대하고 훌륭했던 패배자의 울음을 울었다고 생각하고 있다. 나는 그 패배자의 역할을 죽음으로써 완성하고, 그 죽음으로써 나의 삶을 완성해 나갈 것이다. 『비판, 비판, 그리고 또 비판』은 『시와 시인』 이후, 10년만에 출간하는 두 번째 평론집이기는 하지만, 바로 거기에는 나의 도전적이고 야심만만했던 우리 '한국문학비평'의 진수가 담겨 있다고 해도 과언이 아니다. 『비판, 비판, 그리고 또 비판』은 지난 10년 간의 나의 비판정신의 역사이며, 그 싸움의 기록이다. 나는 '득죄의 수련'을 쌓고 또 쌓은 자로서, 김현, 김윤식, 김우창, 유종호, 백낙청, 정과리 등, 이 저질적이고도 짐승만도 못한 인간들—아무런 학문연구의 주제도 없이 '사상의 신전'이 아닌 '권력의 신전'이나 짓고 그들이 모두가 다같이 '글도둑질의 대가'들이라는 점에서—의 문학비평을 발밑으로 깔아뭉개 버리면서, 니체와 칸트마저도 단칼에 베어버릴 수 있을 만큼, 이제는 나의 사상의 힘이 향상되어가고 있음을 느끼지 않을 수가 없다. 사상만이 고귀한 명예이며, 그 모든 것이다. 사상가는 독수리처럼 하늘의 제왕이며 우리 인간들의 최후의 목적이고,

그 완성인 것이다.

  '愛知의 숲' 속에다가 그 둥지를 마련해준 나의 사랑하는 친구 이태화 변호사에게 진심으로 감사를 드리며, 내가 그대의 '우정'에 보답하는 길은 어느 누구도 감히 흉내조차도 낼 수 없는 '사상의 신전'을 짓는 일 뿐이라고 오늘도 명심하고 있다. 계간시전문지『愛知』의 친구들, 그리고 나의 사랑하는 형제들과 아내와 아이들에게 그 감사한 마음을 전하며, 나는 우리 한국인들이 '사상가의 민족'으로 불릴 수 있는 그날까지, 힘차게 전진을 하고 또 전진을 해나게 될 것이다. 우리는 약소국가의 민족으로서 하루바삐 '사상의 힘'을 기르지 않으면 안 되고, 그 사상의 힘으로써 모든 제국주의적인 마수들을 짓밟아버리고, 가장 화려하고 웅대하게 '세계정복운동'을 펼쳐 나가지 않으면 안 된다.

                              2002년, 아주 이른 봄날에……

|차례|

서문	13
김현 비판	24
김현, 정과리 비판	70
김윤식, 유종호, 백낙청 비판	112
박노해 비판	128
황지우, 김현, 정과리 비판	186
지상 공개: 원고청탁서	236
강준만 비판: 평화공존 아닌 전쟁선포	246
이성복 비판	305
순결 이데올로기의 안과 밖	315

김현 비판
— 외디프스 신화의 수용양상과 재해석

　나는 오랫동안 한국문학에 있어서 외디프스 신화의 수용양상에 대하여 주목해 왔다. 비록, 한국문학에 있어서 외디프스 신화의 수용양상은 보잘것없이 초라하고 몰 주체적인 양상을 띠고 있는 것이기는 하지만, 중·고등학교 학생들만 하더라도 외디프스 신화나 그 콤플렉스를 모르는 학생이 없을만큼 광범위하게 확산되어가고 있는 것 같다. 더 이상 외디프스 신화는 고대 그리스의 신화만도 아니고, 서구 사회에서만 보편성을 획득해 나고 있는 신화만도 아니다. 외디프스 신화는 모든 인류의 신화이며, 우리 인간들의 삶의 보충과 완성으로써 최고의 상상력의 산물이라고 하지 않을 수가 없다. 외디프스 신화는 우리 인간들의 삶의 상징적 축도이며, 그 신화를 둘러싸고 일어난 논쟁이나 다양한 해석들만큼 정교하고 복잡하게 전개된 신화도 없다. 니체는 『비극의 탄생』에서 외디프스 신화를 '성자의 승전가'로 찬양한 바가 있고, 현대 정신분석학의 창시자인 지그문트 프로이트는 『자아와 이드』에서 외디프스 신화를 해체, 혹은 탈신비화하여 우리 인간들의 성적 욕망이 구현된 신화로 읽어낸 바가 있다. 또한 들뢰즈와 가타리는 그들의 공동 저서인 『반 외디프스』를 통하여 남근숭배 사상처럼 경직된 프로이트의 고전적인 정신분석학을 비판한 바가 있고, 르네 지라르는 '희생양의 메카니즘'이라는 관점 아래, 니체와는 정반대 방향에서 희생양이 성화되어가고 있는 과정을 분석해낸 바가 있다. 이밖에도 말리노프스키는 『원시 사회와 아버지』에서 외디프스 신화가 모계 사회인 트로브리앙족에게는 적용되지 않는다는 점을 지적한 바가 있었고, 르네 지라르는 프로이트의 반대 방향에서 외디프스는 살부와 근친상간의 욕망이 이루어진 인물이지, 그 콤플렉스가 남아 있을 리가 없다는 점을 지적한 바가 있었다.

물론 외디프스는 테베의 왕이었다. 또한 그는 아버지를 살해하고 자기 자신의 어머니와 결혼했다. 그 결과 사랑하는 아내이자 어머니인 이오카스테도 잃게 되고, 두 눈을 잃은 소경이 되어 머나먼 이역의 땅, 콜로노스로 추방을 당하게 된다. 외디프스는 스핑크스의 수수께끼를 풀고 테베라는 공동체 사회의 사회적 위기를 구원했던 영웅이기도 하지만, 살부와 근친상간의 결과로 말미암아 비참한 최후를 맞이해야만 했던 비극의 주인공이라고도 하지 않을 수가 없다.

그러나 인간 그 자체가 신성화되고, 그의 한 마디, 한 마디의 말 자체가 무자비한 잔인성이 담겨 있는 절대 권력자야말로 이 세상에서 가장 위험한 존재일는지도 모른다. 왜냐하면 권력의 행사 자체가 안정되고 순조롭게 진행되면 그 사회의 평화와 삶의 풍요로움이 이루어지지만, 권력의 행사 자체가 안정되지 못하고 위태롭게 진행되면 반드시 삶의 빈곤화가 진행되기 마련이기 때문이다. 삶의 풍요로움이 이루어지면 모든 장애가 극복되어진 기쁨과 삶의 속도가 역동적으로 진행되지만, 삶의 빈곤화가 진행되면 그때에는 정서가 메말라 가고, 상호적인 불신과 폭력만이 난무하게 되며, 신진대사의 촉진이 정체되기 마련인 것이다. 외디프스는 절대권력자로서 공동체 사회의 평화와 삶의 풍요로움을 이룩했던 인물이기도 하고, 다른 한편 그는 살부와 근친상간을 범한 중죄인으로서 삶의 빈곤화를 초래했던 장본인이기도 하다.

일개 떠돌이 왕자의 신분으로서 스핑크스의 수수께끼를 풀고 테베의 절대권력자가 된 외디프스, 자기 아버지를 살해하고 어머니와 결혼한 외디프스, 마침내 살부와 근친상간의 결과로 두 눈을 잃고 머나먼 이역 땅 콜로노스로 추방을 당한 외디프스…… 외디프스는 천의 얼굴을 가진 인물이며, 또한 그만큼 최고의 삶의 정점과 극단적인 무의미에로의 추락을 맛보아야만 했던 인물이기도 하다. 마치, 여자의 머리, 사자의 몸뚱이, 뱀의 꼬리를 지닌 스핑크스가 그렇듯이, 외디프스 신화는 영원히 해독될 수 없는 수수께끼일는지도 모른다. 그렇지만 문학을 문학이다라는 동어반복적인 명제로 설명할 수가 없는 것이라면, 외디프스 신화 역시도 그것이 왜 외디프스 신화인가를 의심해 보지 않으면 안 된다. '성자의 승전가'라는 니체의 말도 의심해 보지 않으면 안 되고, '희생양'이라는 르네 지라르의 말도 의심해 보지 않으면 안 된다. 왜 외디프스 신화는 '성적욕망'의 전거로서 제시되고 있는 것이며, 또한 왜 외디프스 신화는 '모방욕망'의 전거로서 제시되고 있는 것일까? 외디프스 신화의 보편성과 특수성을 둘러싼 논쟁의 요체는 무엇이며, 외디프스 신화는 무엇을 감추고 있는 신화일까? 과연, 그는 동정과 연민의 대상일까, 아니면 숭배의 대상일까? 왜, 무엇 때문에 외디프스 신화는 그처럼 오랫동안 당대 제일급의 예술가, 철학자, 정신분석학자, 그리고 문학비평가들의 지적 호기심을 자극시키며, 그토록 회자되고 있는 것일까? 인류의 역사상, 외디프스 신화에 대한 해석만큼 다양하고 복잡하게 전개된 신화도 없고, 그토록 오랫동안 당대 제일급의 지식인들의 지적 호기심을 불러 일으킨 신화도 없다.

나는 서구의 신화나 서구의 문학 이론을 단순하게 수용하는 것을 전적으로 반대한다. 그러므로 이 글은 외디프스 신화를 주체적으로 수용하고, 그것을 창조적으로 재해석하는 데 그 초점을 맞출 것이다. 먼저 소포클레스의 「외디프스 왕」과(1) 에디스 헤밀턴의 『그리스 로마신화』를 참조하여 외디프스 신화를 요약해 보지 않을 수가 없다.(2)

외디프스는 아폴로 신탁에 의해서 그의 아버지를 살해하고 어머니와 결혼하게 될 것이라는 비극적인 운명을 지니고 태어났다. 이러한 신탁이 내려지자 외디프스의 아버지인 라이우스 왕은 외디프스를 태어난지 사흘만에 죽이기로 결심한다. 하지만 외디프스는 어린 것을 가엾게 여긴 라이우스의 양치기에 의해서 구출되고, 다행히도 폴리부스 왕의 아들—양자인 줄도 모르고—로 행세하게 된다. 그러나 또한, 외디프스가 아버지를 살해하고 어머니와 결혼하게 될 것이라는 신탁이 내려지자, 그 역시도 라이우스 왕처럼 아폴로의 신탁이 현실로 드러나지 않기를 바라며, 자기 고향인 코린토를 떠나게 된다. 외디프스는 델피에 신전에서 내려오는 길에 네 명의 시종을 거느리고 오는 어떤 사람을 만난다. 그리고 길을 비켜달라는 사소한 시비 끝에 라이우스가 먼저 때리려고 하자, 이에 화가 난 외디프스는 그들을 모조리 지팡이로 때려 죽이게 된다.

외디프스는 테베로 들어가는 근처에서 무시무시한 괴물인 스핑크스의 수수께끼를 풀고, 사회적 위기에 처한 테베인들의 목숨을 건진다. 외디프스는 그의 은혜를 입은 시민들에 의해서 테베의 왕으로 추대되고, 고인이 된 왕의 아내 이오카스테와 결혼하게 된다. 여러 해 동안 그들 부부는 행복하게 지냈지만, 이번 경우에도 진리의 신인 아폴로의 예언이 거짓이 아니었음이 드러나게 된다. 온 테베에 전염병이 만연하게 되고, 그 나라의 대부라고 자처하고 있던 외디프스는 이오카스테와 남매간인 크레온을 델피에 신전으로 급파한다. 크레온은 좋은 소식을 갖고 돌아왔는데, 왜냐하면 테베를 휩쓸고 있는 재앙이 단 한 가지 조건—라이우스 왕을 살해한 자는 처형을 받거나 나라 밖으로 쫓겨나지 않으면 안 된다는 것—하에서 그치게 될 것이라고 아폴로가 선언했기 때문이었다.

그렇지만 맹인 예언자 테이레시아스의 예언대로 외디프스가 아버지를 살했다는 것이 입증되었는데, 한 사람은 외디프스를 구해준 양치기—외디프스가 폴리부스 왕의 아들이 아니라, 라이우스의 아들이란 사실을 밝혀줌—이며, 다른 한 사람은 델피에 신전으로 가던 길에 간신히 살아남은 라이우스의 시종에 의해서였다. 이러한 사실이 밝혀지자 외디프스의 어머니이자 아내인 이오카스테는 목을 매달아 죽고, 외디프스는 그녀의 황금장식 바늘로 자기 자신의 두 눈을 찌르게 된다. 외디프스는 소경이 되어 그의 처남이자 이오카스테와 남매간인 크레온에 의해서 머나먼 이역 나라로 추방을 당하게 된다.

이미 시사한 바가 있지만, 신화의 텍스트는 형식적으로 굳어 있는 텍스트가 아니라, 무한히 열려 있는 텍스트이다. 형식적으로 굳어 있는 텍스트는 단일한 의미, 단일한 해석으로 환원될 수가 있지만, 우리 인간들의 삶의 상징적 축도로서 신화의 의미는 단 하나의 의미로 해석될 수 있는 텍스트가 아니다. 외디프스 신화에 대한 해석의 접근방법 역시도 단 하나의 관점으로 탕진될 수가 없는데, 왜냐하면 외디프스 신화 자체가 무한히 열려 있는 텍스트이기 때문이다. 첫 번째로는 고대 그리스 사회가 완전한 신들에 의해서 지배되고 있다는 神正論의 관점을 들 수도 있겠고, 두 번째로는 외디프스가 무시무시한 괴물인 스핑크스의 수수께끼를 풀고 사회적 위기에 처한 테베인들의 목숨을 구원했다는 점에서 인간화된 신으로서의 신성모독적인 관점을 들 수도 있겠다. 세 번째로는 외디프스의 살부와 근친상간을 전거로 해서 범성욕주의적인 관점을 택할 수도 있겠고, 네 번째로는 자기 자신이 아버지를 살해하고 어머니와 결혼한 범죄인인 줄도 모르고 끊임없이 그 범죄인을 찾아 헤맸다는 점에서, 우리 인간들의 정체성 회복욕망을 그 관점으로 택할 수도 있겠다.

 神正論의 관점은 완전한 신들에 의해서 지배되고 있는 관점이며, 우리 인간들의 존재 자체가 신들의 장난에 의해서 규정될 수 있는 관점이기도 하다. 불완전한 인간들이 자기 자신들의 삶의 보충과 상대적 완전성을 수행해 내기 위하여, 그때 그때마다 완전한 신들의 존재를 상정한다는 것은 있을 수도 있지만, 만일 그것이 현실의 차원에서 구체화된다면, 우리 인간들의 어떠한 삶도 있을 수가 없게 될는지도 모르고, 행복한 사회는커녕, 인간 이하의 동물적인 삶만이 있게 될는지도 모른다. 왜냐하면 절대적이고도 완전한 신들이 개나 돼지와도 같은 인간들의 존재를 규정하지, 그 개나 돼지와도 같은 인간들이 신들의 존재를 규정하지는 못하기 때문이다. 또한 그곳은 신들만이 주체적으로 자기 자신들의 운명의 주인공이 될 수 있는 곳이지, 인간 이하의 동물들이 그들의 운명의 주인공이 될 수는 없는 곳이기 때문이다. 神正論의 관점에서 바라보면 외디프스가 아버지를 살해하는 것도 있을 수가 있는 일이고, 또한 그가 어머니와 결혼하는 것도 있을 수가 있는 일이다. 스핑크스의 수수께끼를 풀거나 테베의 왕이 되는 것도 어렵지 않은 일이고, 절대 권력자의 위치에서 하루 아침에 실각하여 콜로노스로 추방을 당하는 것도 있을 수가 있는 일이다. 도대체가 외디프스가 스핑크스의 수수께끼를 풀거나 테베의 왕이 되거나 간에 그것이 어떻게 문제가 될 수가 있겠으며, 아버지를 살해하고 어머니와 결혼하거나 아니거나 간에 그것이 어떻게 문제가 될 수가 있겠는가? 아폴로의 신탁에 의해서 그의 운명이 규정되어진 라이우스가 그렇고, 그의 아들 외디프스의 운명이 그렇다. 부정적인 의미에서 神正論의 관점은 외디프스 신화를 압살하는 관점이며, 우리 인간들의 주체성을 인간 이하의 삶, 혹은 개나 돼지와도 같이 학대하는 관점이기도 하다. 수많은 성전이 세워지고 절대적인 복종과 예배와 찬송만이 있는 삶을 생각해 보고, 아버지를 살해하고 어머니와 결혼하는 것도 신들의 뜻인 운명을 생각해 보라! 神正論 속에서는 어떠한 지상낙원도 세워질 수가 없고, 어떠한 문화도 자라날 수가 없다. 따라서 神正論이란 우리 인간들의 삶의 보충과 상대적 완전성을 수행해내기 위한 하나의 가설로서만 존재하는 것이지, 수많은 사원이나 예배당처럼 실재하고 있는 것이 아니다. 神正論은 긍정적인 의미에서 불행한 삶을 진정시켜주는 치료제일는지도 모르고, 부정적인 의미에서 神正論은 우리 인간들의 삶을 덧나게 하거나 병들게 하는 독약일는지도 모른다.

하지만 그리스인들은 그들의 독창적이고도 고유한 상상력에 의해서 다양한 제신들을 창조했다는 말도 있고, 신들이 그들의 기도나 말을 들어주지 않으면 굶어 죽이거나 북극지방의 설원으로 내쫓아서 동사시킬 수도 있다는 북구라파 사람들의 말도 있다. 신성모독적인 관점에서 외디프스 신화를 접근해 보면, 외디프스 신화의 핵심적인 전제가 되는 것은 발전하는 인간의 지혜, 혹은 '성자의 승전가'로서 고대 인류가 그 신화에 부여한 엄청난 가치성이라고 하지 않을 수가 없다. 神正論의 반대 방향에서 신성모독적인 관점은 죄를 짓고 죄악을 정당화하는 관점이라고 하지 않을 수가 없다. 신, 혹은 아버지, 조상들의 존재 자체가 조건없이 성화되기만 하면 모든 가치가 쇠락하고 어떠한 전통도 썩어버리지 않을 수가 없게 된다. 더욱이 신, 혹은 아버지, 조상들의 존재 자체가 조건없이 성화되기만 하면, 어떠한 그의 아들이나 후손들의 삶도 기대할 수가 없게 된다. 따라서 죄를 짓고 죄악을 정당화하지 않으면 타락한 제도와 종교와 문화들만이 있게 되는지도 모르고, 끊임없는 무목적성과 권태만이 난무하는 사회가 되는지도 모른다. 만일 그렇게 된다면, 우리 인간들은 신들이 없는 사회나 불화 뿐이었던 인간과 인간들의 관계를 그리워하게 되는지도 모르고, 신성모독이나 전쟁을 회고취미가 아닌 무엇보다도 간절한 희망으로서 노래하게 되는지도 모른다. 죄를 짓고 죄악을 정당화하지 않으면 어떠한 행복한 삶도 가능하지가 않다. 신성모독적인 관점은 삶의 본능을 옹호하는 관점이며, 최고급의 격세유전을 생산할 수 있는 역동적인 관점이기도 하다. "신화적 인물들은 어떤 때는 인간들에게 사회에서 살아가는 데 필요한 모든 것을 주려하지만 또 어떤 때는 거부하기도 한다. 그래서 인간은 필요한 것을 탈취하여 획득해야만 하는데, 그것은 항상 다른 신화 인물들로부터 떨어져나온 한 신화 인물의 기이한 운명적 모험이 일어나고 난 뒤에야 가능"하다는 르네 지라르의 말이 그렇고(3: 143)*, "거인의 경지로 드높아 가는 인간은 스스로 자기 문화를 전취戰取하며, 신들에게 인간과 결속하도록 강요한다. 인간은 자기 스스로 얻어낸 지식을 가지고, 신들의 목숨을 수중에 넣고 그들을 규제한다"는 니체의 말이 그렇다(4: 74). 신성모독적인 관점에서 외디프스 신화를 읽으면 늙은 왕인 그의 아버지 라이우스가 먼저 해로운 존재로 등장하고, 외디프스는 그 다음에 해로운 존재로서 등장하고 있음을 알 수가 있다. 라이우스가 해로운 존재일 때, 외디프스는 그의 아버지를 살해하고 사회적 위기에 처한 테베와 테베 시민들을 구원할 수가 있지만, 그가 다만 해로운 존재에 불과할 때, 그는 어떠한 일도 할 수가 없고 그의 정적인 크레온에 의해서 비참한 추방만을 당하게 된다. 그는 이로운 존재에서 해로운 존재로 추락한 것이며, 그가 성화될 수 있는 것은 그가 이룩해낸 공적 때문이지, 희생양이라는 수동적인 존재 가치 때문이 아니다. 신성모독적인 행동은 최고급의 격세유전을 위해서 필요한 것은 빼앗고 탈취하는 행동을 말하고, 신들의 목숨을 수중에 넣고 그들마저도 압살할 수 있는 행동을 말한다. 죄를 짓고 죄악을 정당화하지 않으면 어떠한 문화의 전취도 가능하지가 않고, 어떠한 최고급의 격세유전도 가능하지가 않다. 외디프스 신화는 우리 인간들의 삶의 지혜를 옹호하는 신화이며, 성자의 승전가라고 하지 않을 수가 없다.

 범성욕주의적인 관점은 우리 인간들의 본능이 성적욕망에 의해서 지배되고 있다는 관점이며, 궁극적으로는 외디프스 신화에서 살부와 근친상간만을 문제로 삼는 관점을 말한다. 아버지를 살해

---

* (3: 143)은 3의 책, 143페이지를 말한다.

하고 어머니와 결혼하고 싶다는 성적욕망이란 그 대상에 대한 차별이 없는 욕망을 말하고, 근본적으로 완벽하게 금제가 가능하지 않은 욕망을 말한다. 근친상간에 대한 금제가 억압된 성적욕망을 낳게 되고, 그 억압된 성적욕망이 의식의 약한 틈새를 찾아서 날마다 분출시킬 수 있는 기회를 호시탐탐 노리게 된다. 어린 아이는 아버지가 방해자로 나타날 때까지 그 욕망을 집중시킬 수밖에 없지만, 바로 이때에 외디프스 콤플렉스가 생겨나게 된다. 어린 아이에게 있어서 아버지와 동일시 현상은 바로 그 순간 적의의 성격을 띠게 되고, 아버지를 살해하여 그를 대신하려는 욕망을 낳는다. 현대 정신분석학의 창시자인 프로이트가 그 기본 개념이나 가설을 구상하고, 한 걸음 더 나아가 정교한 이론으로 명명하게 된 성적 욕망, 혹은 범성욕주의적인 관점은 그렇지만 여러 측면에서 숱한 과제를 안고 있는 관점이라고 하지 않을 수가 없다. 프로이트는 그의 범성욕주의를 위해서 외디프스의 위대한 업적을 지우고, 신화적인 사건의 배경마저도 지워버린다. 아폴로적인 神正論의 관점도 지우고, 공동체 사회의 구원이라는 신성모독적인 관점마저도 지워버린다. 이러한 프로이트의 독단은 엄격한 작품 이해를 기초로 하고 있는 아리스토텔레스 이래로의 문학 전통을 거부하고 있는 것이며, 정신분석학자로서의 프로이트의 특권화된 독단이라고 해도 과언이 아니다. 그 결과, 외디프스의 살부와 근친상간만이 드러나게 되고, 우리 인간들의 욕망은 성적욕망이다라는 충격적인 전언만이 드러나게 된다. 프로이트는 또한 말리노프스키가 제기한 부계 사회/ 모계 사회, 혹은 보편성/ 특수성 문제에 굴복하여 외디프스콤플렉스의 범주를 서구 사회에만 한정시킨 바가 있지만, 그의 사후의 세대인 르네 지라르가 제기한 모방욕망의 문제나 외디프스는 성적욕망이 충족된 인물이지, 그 콤플렉스가 남아 있을 리가 없다는 지적에 대해서는 어떠한 해명도 남기지 못했던 것처럼도 보인다. 내가 판단하기로는 부계 사회/ 모계 사회, 혹은 보편성/ 특수성의 문제에서 그만큼 더욱더 편협하고 지방적으로 보이는 것은 말리노프스키처럼 보이는데, 왜냐하면 우리 인간들의 사회에서 살부와 근친상간에 대한 금제가 없는 곳은 존재하지 않고 있기 때문이다. 또한 모방욕망의 문제는 논외—뒤에 가서 다시 언급하겠지만—로 치더라도 외디프스콤플렉스의 有無 문제는 전범에 대한 평가의 문제처럼 보이는데, 왜냐하면 그것은 외디프스를 그의 죄의식과 결부시키느냐, 아니냐의 문제이기 때문이다. 죄의식이 있는 사람에게는 콤플렉스가 남아 있을 테지만, 죄의식이 없는 사람에게는 콤플렉스가 남아 있을 리가 없다. 범성욕주의적인 관점은 외디프스 신화에서 살부와 근친상간만을 문제 삼는 특권화된 독단을 낳게 된다.

외디프스는 테베의 왕의 아들로서 그의 아버지를 살해하고 어머니와 결혼했던 어떤 인물이기도 하고, 그 결과, 사랑하는 아내이자 어머니인 이오카스테도 잃게 되고, 두 눈을 잃은 소경이 되어 머나먼 이역 땅, 콜로노스로 추방을 당해야만 했던 어떤 인물이기도 하다. 하지만 외디프스는 아폴로의 신탁, 혹은 神正論에 의해서 비극의 주인공으로 규정된 인물이지, 그야말로 반인륜적이며, 비인간적인 패륜아는 아니다. 또한 그는 왕이라는 절대적 지위를 이용하여 자기 자신의 살부와 근친상간 행위를 은폐할 수가 있었는데도 그렇게 하지 않은 어떤 인물이지, 그때 그때마다 자기 보호색으로 안면을 뒤바꾼 카멜레온이 아니다. 정체성 회복 욕망의 관점에서 외디프스 신화를 바라보면,

> 使者 : 그럼, 묻겠는데, 그때 자넨 나에게 어린애를 주지 않았나? 날더러 양자로 기르라고.
>
> 양치기 : 무슨 소리야? 그건 왜 묻지?
>
> 使者 : 이 사람아, 자네 앞에 서 계신 분이 바로 그때 그 어린애란 말이야.
>
> 양치기 : 염병을 할 놈! 입닥치지 못해?
>
> 외디푸스 : 늙은이, 이 사람을 나무랠 것이 아냐. 내가 듣기엔 이 노인 말이 거기보다 더 정직한 것 같군(1: 195)

라는 양치기나,

> 이오카스테 : 그 자가 누구란 말씀입니까? 아무러면 어떻습니까? 내버려 두세요. 그런 따위는 말도 안 되는데 공연히 심려하실 것 없습니다.
>
> 외디푸스 : 그렇지 않아. 이만큼 실마리를 잡았는데도, 내 출생을 밝혀내지 않고 버려둘 수는 없어.
>
> 이오카스테 : 제발 당신 목숨을 소중히 여기시거든, 그렇게 들춰내는 일은 그만두세요. 이젠 더 견딜 수 없군요(1: 193)

라는 이오카스테의 만류에도 불구하고, 외디프스가 자기 자신이 범죄인인 줄도 모르고 끊임없이 범죄인만을 찾아 헤맸다는 점만이 드러나게 된다. 실제로 외디푸스는 아버지를 살해한 것도 알지 못했고, 어머니와 결혼한 것도 알지 못했다. 그가 아버지를 살해한 것은 신탁에 의해서 이루어진 우연일는지도 모르고, 또한 그가 어머니와 결혼한 것도 신탁에 의해서 이루어진 우연일는지도 모른다. 어떻게 우연이 아니라면 자기 자신이 범죄인인 줄도 모르고 아버지를 살해한 자를 찾아나설 수가 있겠으며, 또한 어떻게 우연이 아니라면 자기 자신이 범죄인인 줄도 모르고 어머니와 결혼한 자를 찾아나설 수가 있겠는가! 한 인간에게 있어서 출생의 비밀은 생사를 초월한 호기심을 불러 일으킨다. 이것은 그가 두말할 것도 없이 자기 자신의 출생의 비밀 앞에서는 모든 욕망을 버렸다는 것을 뜻한다. 외디프스의 파멸은 자기 자신의 존재와 출생의 비밀을 알고자 하는 욕망에 의한 파멸이며, 외디프스의 파멸은 성적욕망보다도 내가 '정체성 회복욕망'이라고 부르고 있는 것에 의한 파멸이라고 하지 않을 수가 없다. 엄격한 작품 이해를 기초로 하여 외디프스 신화를 분석하게 되면, 외디프스콤플렉스는 성적욕망이 아니라, 정체성 회복욕망이라는 것을 알 수가 있게 된다.

그렇다면 외디프스는 동정과 연민의 대상인가? 아니면, 동정과 연민의 대상으로서의 숭배의 대상인가? 외디프스를 동정과 연민의 대상으로 바라보게 되면 그의 살부와 근친상간 행위가 퇴색하고, 뼈를 깎는 듯한 참회의 아픔과 속죄의 모습만이 드러나게 된다. 다른 한편, 외디프스를 동정과 연민에 의한 숭배의 대상으로 바라보게 되면 뼈를 깎는 듯한 참회의 아픔이나 속죄자의 고통이 완화되고, '속죄자의 완벽한 무죄성'만이 드러나게 된다. 동정과 연민은 패배주의자들의 시선이고, 고통을 고통 그 자체로서 향유할 수 없는 염세주의자들의 도덕적 가치판단의 결과일는지도 모른다. 또한 동정과 연민에 의한 숭배의 시선은 어중이 떠중이들의 시선이기가 십상이고, 현대 사회의 민주주의자나 기독교주의자들의 도덕적 가치판단의 결과일는지도 모른다.

1990년대에 들어와서 매우 주목받고 있는 시인 중의 한 사람인 임동확은 그러한 외디프스 왕을 다음과 같이 노래해 놓고 있다.

> 오, 가련한 운명의 외디프스여
> 그 사내가 제 아비일 줄이야
> 그 여인이 설마 제 어미일 줄이야
> 그러나 알지 못하고 행한 일마저
> 한마디 변명조차 하지 못한 채
> 어린 딸의 손에 끌려
> 너의 왕국 테베를 떠나는구나
> 제 눈을 바늘로 후비고
> 마침내 두 눈을 파내어 속죄하는구나
> 그런데도 성한 눈을 뜬 채
> 제 형제의 살육을 목격하고
> 제 뱃속의 아이마저 빼앗긴 부당한 시대를
> 잊으라, 잊으라 강요하는 세월이여
> ―「눈밭을 걸어가는 외디프스 왕」 부분(7)

임동확의 「눈밭을 걸어가는 외디프스 왕」은 외디프스의 위대한 공적도 드러나지 않고 있고, 살부와 근친상간이라는 범죄 행위마저도 드러나지 않고 있다. 또한 아폴로적인 神正論도 드러나지 않고 있고, 자기 자신을 찾아 헤맨 자의 정체성 회복 욕망도 드러나지 않고 있다. 드러나고 있는 것은 외디프스의 '가련한 운명'이며, 속죄하는 자로서의 '테베'의 왕국을 떠나가고 있는 외디프스의 모습 뿐이다. 더없이 순수하고 깨끗해진 동정과 연민의 시선에 의해서 살부와 근친상간이 정화되고 있는 것이 그렇고, "두 눈을 파내어 속죄하는구나"라는 시구에 의해서 숭배의 대상이 되고 있는 것이 그렇다. 더 이상 외디프스는 비극의 주인공도 아니고, 저주의 대상도 아니다. 「눈밭을 걸어가는 외디프스 왕」은 속죄자의 완벽한 무죄성만이 드러나고 있는 시이며, 지적 편식증에 의해서 외디프스 신화를 단순하게 수용하고 있는 시라고 하지 않을 수가 없다. 이러한 지적 편식증이 민주주의와 기독교, 그리고 절대 평등주의와 연결되면 비극의 주인공이나 성자의 승전가가 울려 퍼질 수 있는 신화적인 토양은 사라지게 되고, 어중이 떠중이들의 고해성사만이 난무하게 될는지도 모른다. 문학을 문학이다라는 동어반복적인 명제로 설명할 수가 없는 것처럼 외디프스 신화 역시도, 그것이 왜 외디프스 신화인가를 의심해 보지 않으면 안 된다. 비록, 제 아무리 "성한 눈을 뜬 채/ 제 형제의 살육을 목격하고" "제 뱃 속의 아이마저 빼앗긴 시대를/ 잊으라, 잊으라 강요하는 세월"일지라도, 동정과 연민의 시선으로 속죄자의 완벽한 무죄성을 강조하기에 앞서서, 외디프스 신화에 대한 다양한 해석의 접근 방법과 그 방법론들을 의심해 보지 않으면 안 된다. 한국문학에 있어서 외디프스 신화의 수용 양상은 정치적 민주주의, 혹은 지적 편식증에 연결되어 있고, 속죄자의 완벽한 무죄성에 연결되어 있다고 할 수가 있는 것이다.

외디프스 신화는 죄를 짓고 죄악을 정당화할 수 있는 성자의 승전가이며, 아리스토텔레스 이래로 엄격한 작품 이해를 기초로 할 때, 프로이트의 성적욕망보다는 '정체성 회복욕망'을 그 콤플렉스로 간직하고 있는 신화라고 하지 않을 수가 없다.

인간 그 자체가 신성화되고, 그의 한 마디, 한 마디의 말 자체가 무자비한 잔인성이 담겨 있는 절대 권력자야말로 이 세상에서 가장 위험한 존재일는지도 모른다. 왜냐하면 권력 행사 자체가 안정되고 순조롭게 진행되면 그 사회의 평화와 삶의 풍요로움이 이루어지지만, 권력 행사 자체가 안정되지 못하고 위태롭게 진행되면 반드시 삶의 빈곤화가 진행되기 마련이기 때문이다. 삶의 풍요로움이 이루어지면 모든 장애가 극복되어진 기쁨과 삶의 속도가 역동적으로 진행되지만, 삶의 빈곤화가 진행되면 그때에는 정서가 메말라 가고, 상호적인 폭력이 난무하게 되며, 신진대사의 촉진이 정체되기 마련이라고 하지 않을 수가 없다. 외디프스는 절대 권력자로서 마치, 스핑크스의 수수께끼를 풀듯이 공동체 사회의 평화와 풍요로움을 이룩했던 인물이기도 하고, 다른 한편, 그는 살부와 근친상간을 범한 중죄인으로서 삶의 빈곤화를 초래했던 장본인이기도 하다. 외디프스는 천의 얼굴을 가진 인물이며, 또한 그만큼 최고의 삶의 정점과 극단적인 무의미에로의 추락을 맛보아만 했던 인물이기도 하다.

  그렇다면 외디프스 신화는 무엇을 감추고 있는 신화이며, 외디프스의 기이한 운명, 혹은 행적들을 어떻게 설명할 수가 있는 것일까? 또한 살부와 근친상간의 결과로 말미암아 외디프스가 스핑크스의 수수께끼를 풀고 사회적 위기에 처해 있던 테베와 테베 시민들을 구원했던 것은 무엇을 함축하고 있는 것이며, 또다시 테베에 전염병이 만연하게 되고 그 전염병에 대한 책임이 아닌, 살부와 근친상간의 결과로 말미암아 외디프스가 비참한 추방을 당해야만 했던 것은 무엇을 함축하고 있는 것일까? 이러한 외디프스 신화의 핵심적인 주제를 놓쳐버리면, 그것이 신정론적인 관점이나 신성모독적인 관점이든, 범성욕주의적인 관점이나 정체성 회복 욕망의 관점이든 간에, 중대한 오류를 범하고 있는 관점일 수밖에 없다. 신정론적인 관점은 외디프스 신화에서 인간의 주체성을 사상해 버리는 오류를 범하고, 신성모독적인 관점은 외디프스의 위대한 공적으로 그 모든 것을 사상해 버리는 오류를 범한다. 범성욕주의적인 관점은 살부와 근친상간만을 부각시키는 오류를 범하고, 정체성 회복 욕망의 관점은 외디프스라는 존재와 그 출생의 비밀만을 부각시키는 오류를 범한다. 외디프스 신화만큼이나 그 해석의 방법론들이 다양하고 복잡하게 전개된 신화도 없지만, 이러한 중대한 오류들을 염두에 두면서 외디프스 신화의 베일을 벗겨보고자 하면, 두 개의 정황이 짝지어 순차적으로 나타나고 있음을 알아차릴 수가 있다. 해로운 존재로서의 늙은 왕인 라이우스와 무시무시한 괴물인 스핑크스가 짝지어 나타나고 있는 것이 그렇고, 해로운 존재로서의 늙은 왕인 외디프스와 전염병이 짝지어 나타나고 있는 것이 그렇다. 또한 그 반대방향에서 라이우스가 이로운 존재일 때, 라이우스는 그의 아버지를 살해하고 테베의 사회적 위기를 평정하고 있는 것도 그렇고, 외디프스가 이로운 존재일 때, 그가 그의 아버지를 살해하고 테베의 사회적 위기(아버지 살해와 테베의 사회적 위기 평정)를 평정하고 있는 것도 그렇다. 다시 말하자면 늙은 왕은 해로운 존재로서 사회적 위기—스핑크스의 출현과 전염병—에 책임이 있고, 젊은 왕은 이로운 존재로서 그의 예언자적인 지성과 총명한 지혜로서 자기 자신의 아버지를 살해하고 위기에 처한 공동체 사회를 구원해낼 수가 있다.

 절대 권력자란 종족창시자와도 같은 인물을 말하고, 그의 절대적인 지위가 신들의 기원으로까지 소급되어가고 있는 인물을 말한다. 그는 선악이나 윤리적인 가치판단을 뛰어 넘어서서 위대한 가치창조자이기도 하고, 수많은 가치들의 파괴자이기도 하다. 왜냐하면 하나의 통치이념이나 그 성전이 세워지기 위해서는 수많은 이념들의 성전을 허물어뜨려야 하기 때문이며, 수사학적인 거짓에의 의지가 다양하고 수많은 진실들을 압도해야 되기 때문이다. 왕이라는 존재는 비록 그가 인간적으로 결함이 많은 인물이든, 그렇지 않은 인물이든 간에, 두려움과 공포를 불러일으키는 존재이며, 그 두려움과 공포 때문에 면종복배하지 않을 수 없는 존재라고 할 수가 있다. 그는 황금왕관을 쓰고 황금도포를 입고, 황금의자에 앉아서 무엇이든지 명령할 수가 있고, 언제 어디서나 젊고 아름다운 궁녀들에 둘러싸여서 극단적인 화려함과 관능적인 쾌락을 맛볼 수도 있는 존재라고 할 수가 있다. 우리 인간들은 권력에 대한 욕망을 느낄 때, 자기 스스로가 선하다고 느끼고, 행복하다고 생각한다. 권력은 삶의 본능의 옹호이며, 삶의 의지가 있는 곳에서만 자라나는 나무와도 같다. 삶의 의지가 없으면 권력도 있을 수가 없고, 권력에의 의지가 없으면 어떠한 삶의 형식도 있을 수가 없다.

그러나 외디프스는 우리 인간들의 정치적, 경제적, 사회적 욕망이 구현된 인물이며, 그 욕망이 성적욕망이든, 모방욕망이든, 정체성 회복욕망이든 간에, 크고 작은 다양한 욕망들이 집중되어 있는 인물이라고 하지 않을 수가 없다. 욕망이 집중된 대상은 행복을 약속해 주는 기호이며, 탐욕은 그 기호를 따라 움직이는 물리적인 폭력의 바로미터이다. 삶의 에너지는 욕망이 있는 곳에서 나오며, 그 욕망 때문에 우리 인간들은 법과 제도와 공동체 사회를 만들어 그 탐욕을 통제하며 살아가고 있는 것인지도 모른다. 권력은 욕망의 성감대를 이루고 있으며, 항상 합법적이든, 비합법적이든 간에 물리적인 폭력을 난무하게 하고 있는 것인지도 모른다. 절대 권력이 강화되면 강화될수록, 그만큼 폭력적일 수밖에 없는데, 왜냐하면 그것은 수사학적인 거짓에의 의지가 다양하고 수많은 진실들을 압도해야 되기 때문이다. 또한 절대 권력이 강화되면 강화될수록 그만큼 다양한 투쟁 전략에 부딪칠 수밖에 없는데, 왜냐하면 권력 관계에 있어서는 최종적인 승리자도 있을 수가 없고 영원히 패배만을 감수하는 경쟁자도 있을 수가 없기 때문이다. 헤겔의 주인과 노예의 변증법도 權不十年이라는 말을 지시해 주고 있고, 마르크스의 계급투쟁의 역사라는 말도 權不十年이라는 말을 지시해 주고 있다.

　모든 주인(아버지)의 도덕이 자기 자신에 대해서 의기양양한 긍정에서 비롯된 반면, 모든 노예의 도덕은 처음부터 외부적인 것, 다른 것, 자기 자신이 아닌 것을 부정함으로써 이루어진다. 주인은 "나는 선하다, 그러므로 너는 나쁘다"라고 말하지만, 노예는 "너는 나쁘다, 그러므로 나는 선하다"라고 말한다(8: 200). 왜냐하면 주인은 타인의 의견을 경청함이 없이 그의 행복과 선을 긍정하며, 있는 그대로의 자신에 즐거워할 수가 있지만, 노예는 그 자신의 가치를 긍정하기에는 너무도 약하며, 그는 주인에 의해서 지배적인 방법으로 설정된 가치들을 전복시키지 않으면 안 되기 때문이다. 이러한 주인과 노예의 변증법은 니체의 『도덕의 계보』에서도 채권자와 채무자의 관계로 좀 더 폭넓게 변주되고 있다고 하지 않을 수가 없다. 주인(아버지)은 채권자이고, 노예(아들)는 채무자이다. 하지만 주인과 노예의 관계는 단순한 채권자와 채무자의 관계만도 아닌데, 그것은 주인의 의도대로 변제가 가능한 어떤 것이 아니기 때문이다. 주인은 오로지 자신의 '희생과 업적 덕택'으로 노예의 삶이 가능한 것이라고 확신하고 있지만, 노예의 입장에서 그것은 '괴물과 같이 무섭고 거대한 차원으로까지' 확대되고 있는 것이라고 하지 않을 수가 없다. 주인은 채권자의 입장에서 노예의 '법률적 의무'를 강요하는 신의 자리로 올라서려고 하고 노예는 채무자의 입장에서 주인의 명령을 거역함으로써 그 자신의 삶을 살아가고자 한다. 주인의 희생과 업적이 절대적이고 강력할 때는 그 주인에 대한 성화, 축제, 찬가, 의례 등의 복종의 형식이 융성하게 되지만, 주인의 유덕이 한계를 드러낼 때는 "종족 창시자의 정신에 두려움을 감소시키고, 또한 그 창시자의 영민한 통찰력과 그 힘을 경시하게" 된다(6: 97). 마르크스의 '계급투쟁의 역사'라는 말이 시사해 주고 있듯이, 권력은 삶의 본능의 옹호이며, 무자비한 폭력, 혹은 투쟁의 전략을 낳게 하는 대상이라고 하지 않을 수가 없다.

외디프스 신화는 무자비한 권력 투쟁의 역사가 감춰져 있는 신화이며, 절대 권력자인 외디프스의 영고성쇠가 은밀하게 드러나고 있는 신화이다. 라이우스가 해로운 존재일 때, 외디프스는 스핑크스의 수수께끼를 풀고 사회적 위기에 처한 테베와 테베 시민들을 구원할 수가 있지만, 외디프스가 다만 해로운 존재에 불과할 때, 그가 그의 아버지를 살해했듯이, 그의 정적인 크레온에 의해서 머나먼 이역 땅인 콜로노스로 비참한 추방을 당하게 된다. 늙은 왕은 무시무시한 괴물인 스핑크스나 전염병처럼 해로운 존재이며, 젊은 왕은 예언자적 지성과 총명한 지혜로서 공동체 사회를 구원할 수 있는 이로운 존재이다. 제의적 왕 살해라는 것은 외디프스의 살부와 근친상간과도 같은 비극적인 과오를 말하고, 또한 제의적 왕 살해라는 것은 "왕이 늙거나 쇠약해도 죽지 않아 사람들이 적당한 시기에 왕을 살해하고, 그 대신에 어린 왕으로 바꾸는 것"을 말한다(9: 64). 외디프스가 성화될 수 있는 것은 이로운 존재로서의 그의 공적 때문이지, 수동적인 의미에서 그의 기이한 일생이나 상호적인 폭력을 멈추게 한 희생양이기 때문이 아니다. 또한 외디프스가 성화될 수가 있는 것은 그의 예언자적 지성과 총명한 지혜 때문이지, 해로운 존재로서의 그가 무능력했기 때문이 아니다. 비록, 외디프스는 권력 투쟁의 관계 속에서 패배하여 한 줌의 이슬로 사라져 갔지만, 아버지를 살해하고 스핑크스의 수수께끼를 풀어버린 그의 위대한 공적은 살아남아, 오늘날까지도 우리 인간들의 삶의 좌표를 제시해 주고 있는 것인지도 모른다. 외디프스 신화는 문화의 수호신화로서의 프로메테우스 신화가 그렇듯이, 성자의 승전가이며, 우리 인간들의 삶의 본능을 옹호해 주고 있는 신화라고 하지 않을 수가 없다.

르네 지라르의 『폭력과 성스러움』은 폭력과 성스러움이 동일한 것의 양면이라는 가설 아래, 우리 인간들의 종교나 제의의 기원이 초석적 폭력, 혹은 만장일치적 폭력에 기초해 있다는 것을 정치하게 밝혀낸 야심만만한 저서라고 하지 않을 수가 없다. 하지만 르네 지라르는 『폭력과 성스러움』에서 외디프스 신화를 성자의 승전가로서도 읽지 않고 있고, 죄를 짓고 죄악을 정당화하는 신화로도 읽지 않고 있다. 또한 그는 "희생위기의 진정한 결말은 신화와 제의의 진정한 출발점"이라고 말하고 있으면서도 희생의 위기, 혹은 총체적인 문화적 질서의 위기만을 분석하지, 한 편의 위대한 신화가 어떻게 생성되고 해체되어가는가에는 관심이 없다(3: 103). 따라서 그가 관심을 기울이고 있는 것은 '희생양의 메카니즘'이며, 종교와 제의의 기원이 초석적 폭력이라는 핵심적인 주제라고 하지 않을 수가 없다. 외디프스 신화를 희생양 메커니즘으로 읽게 되면 외디프스가 해로운 존재에서 이로운 존재로 이행되어가는 과정이 드러나게 되고, 종교와 제의의 기원이 초석적 폭력이라는 관점에서 그것을 접하게 되면 종교는 폭력을 비인간화시키며 우리 인간들을 상호적인 폭력으로부터 보호해 준다는 종교의 유용성만이 드러나게 된다.

처음의 외디프스는 위기의 해로운 면들과만 결부되어 있었으므로 그에게는 어떠한 긍정적인 미덕도 없었다. 그의 추방이 좋은 것이었던 것은, 환자의 부패한 사지절단이 좋은 것처럼 순전히 부정적인 의미에서 그러했다. 그 반면에 『콜로노스의 외디프스』에서는 관점이 확대된다. 그 도시에 불화를 가져다 주었던 그 희생양이 떠나면서 질서와 평화가 회복된다. 앞의 모든 폭력들이 폭력을 증가시키는 역할만을 수행한 것에 반해 희생양에 대한 폭력은 신비롭게도 모든 폭력을 멈추게 했다. 종교적 사고는 이 비상한 차이의 원인에 대해 당연히 의문을 품게 되는데, 이 의문은 아주 의미 있는 의문이다. 이것은 공동체의 안녕과 심지어는 그 존폐여부에까지 아주 밀접하게 관련되어 있는 의문이다. 모든 인간 사고가 그러한 폭력적 만장일치의 메커니즘을 찾아내는 데 이르지 못한다. 그래서 이러한 사고는 불가피하게 희생물에게 관심을 돌려서, 이 희생물이 자신의 파괴나 추방에 책임이 있는 것은 아닐까 하고 의문을 품게된다. 이리하여 이 사고는 폭력의 뚜렷한 특징과 예를 들어 만장일치를 불러일으키는 살해유형에 대해서 뿐만 아니라 이 희생양의 신분에 대해서도 주의를 기울이게 된다. 이로운 결과를 희생양의 덕택으로 돌리는 것은 이 희생양에게 가하는 폭력이 질서와 평화를 회복시키는 것을 목적으로 삼을수록 더욱 더 논리적인 것으로 보인다.

절정에 도달한 상호적인 폭력이 단숨에 '평화적인 만장일치'로 변모되는 위기의 절정에는 폭력의 양면이 나란히 놓여 있는 것같다. 즉 양극은 서로 통한다. 이 변모는 희생양을 그 중심으로 삼는다. 따라서 희생양은 자신 속에 폭력의 가장 해로운 양상과 가장 이로운 양상을 함께 갖고 있는 것처럼 보인다. 그러므로 사람들이 이 희생양을 그것과는 완전히 무관한 것이라고 믿고 싶어하는 그들 자신의 폭력이지만 확실하게 그것의 중요한 법칙은 알 수 없는 그리고 자신은 전혀 무관하다고 믿고 싶어하는 그런 폭력의 화신으로 보는 것이 비논리적인 것은 아니다.

    희생물이 상호적이며 파괴적인 폭력으로부터 '초석적 만장일치'에로의 이행을 상징한다고 말하는 것으로는 충분하지 못하다. 이 이행을 가능하게 해주는 것이 바로 이 희생물이며, 희생물과 이 이행은 사실 한 몸과 같은 것이기 때문이다. 종교적 사고는 당연히 희생물을, 정확히 말해서 마지막 희생물을, 즉 폭력을 당하지만 새로운 보복을 유발시키지 않는 희생물을, 뒤이어 평화를 거두어 들이기 위하여 폭력을 씨뿌리는 초자연적인 존재, 즉 인간을 병들게 만들었다가는 곧이어 치료해 주는 두렵고도 신비로운 구원자로 보게 된다(3: 131-132).

    하지만 외디프스 신화는 권력 투쟁의 역사가 감춰져 있는 신화이며, 절대 권력자인 외디프스의 영고성쇠가 은밀하게 드러나고 있는 신화이다. 절대 권력의 행사 자체가 안정되어 있고 순조로울 때의 외디프스는 종족창시자와도 같은 숭배를 받을 수가 있었지만, 절대 권력의 행사 자체가 안정되지 못하고 위태로울 때의 외디프스는 종족창시자와도 같은 숭배는커녕, 어떠한 사회적 지위나 품위도 유지할 수가 없었던 것이다. 절대 권력의 균열 현상은 외디프스를 시대착오적인 늙은 왕으로 만들어 버리고, 절대 권력의 균열 현상은 그의 황금왕관이나 황금도포, 혹은 황금의 의자마저도 역사의 무대에서 퇴장해야 할 단순한 무대장치, 혹은 장식물에 지나지 않게 만들고 있었던 것이다. 권력 투쟁의 역사 속에서는 절대적인 승리자도 있을 수가 없고, 영원한 패배자도 있을 수가 없다. 어제의 지배자가 오늘의 피지배자가 되고, 오늘의 지배자가 내일이면 피지배자가 되기 마련이다. 종족창시자와도 같은 절대 권력자의 사회적 지위가 흔들리면 모든 차이의 질서와 총체적인 문화적 질서의 체계가 흔들리게 되고, 무시무시한 괴물과도 같은 짝패들만이 등장하게 된다.

1) **외디프스** 이놈, 너 무슨 일로 여길 왔느냐? 내 문전에 오다니, 넌 무슨 철면피란 말이냐? 분명히 내 목숨을 빼앗고 내 왕관을 훔치려는 놈이면서! 어서 말해라. 그런 일을 꾸미다니, 너는 나를 겁장이 바보로 알았더냐? 내게 닥쳐오는 네 놈의 음모를 눈치채지 못할만큼 단순하고, 알면서도 내버려둘만큼 약한 줄 알았더냐? 네 놈의 꾀는 얼마나 어리석으냐! 네 놈은 동지도 돈도 없으면서 왕위를 엿보고 있지만, 사람과 돈주머니 없이 왕의 자리는 손에 들어오지 않는 법이다.

(……)

크레온 의심스러우시거든 우선 퓨토의 신전으로 가서 내가 전해 온 신탁이 사실인지 아닌지 알아 보시고 그 다음엔 만약 내가 그 예언자와 공모한 것이 드러나거든, 왕께서 혼자가 아니라 나와 왕과 공동선고로 나를 잡아서 사형에 처하시오. 그러나 터무니 없는 혐의로 죄를 지우지는 마십시오. 악인을 덮어놓고 선인이라고 부르거나 선인을 악인이라고 부르는 것은 다 같이 옳은 일이 못됩니다. 진정한 친구를 버리는 것은 자기의 가장 애착하는 생명을 버리는 것이나 다름 없습니다. 멀지 않아 왕께서는 그것이 옳다는 것을 아시게 됩니다. 오직 시간만이 옳은 사람을 가려 내 주기 때문이죠. 그러나 악인은 단 하루에 드러나고 맙니다(1: 178, 180).

2) **외디프스** 말해 봐라. 네가 한번이라도 참다운 예언자임을 보여준 적이 있었더냐? 저 요사한 노래를 부르는 개가 이곳에 나타났을 때 너는 어디 있었더냐? 너는 그때 이 겨레를 위해서 과연 무슨 도움이 되었더냐? 그 수수께끼는 보통 재주로는 풀 수 없는 것이었다. 예언자가 풀었어야 했지만 너는 아무 대답도 주지 않았다. 새의 점도 신의 계시도 다 너

를 돕지는 않았다. 바로 그때, 내가 나타났든 것이다. 이 무식한 외디프스가. 그리하여 새의 점이 아니라 타고난 지혜로 나는 그 수수께끼를 풀고야 말았다. 너는 크레온의 권세에 빌붙기를 바라서, 그런 나를 몰아내려 한다. 네 놈도 너의 일당도 죄 없는 생사람 잡으려다 크게 봉변할 것이다. 네 놈이 늙어 보이지만 않았더라면 그런 괘씸한 말에 무슨 벌이 합당할지 알았을 것을.

(……)

테이레시아스 당신이 왕이시긴 하지만, 적어도 대답할 권리는 동등한 것이니, 나는 그렇게 대해 주시기를 바랍니다. 내가 섬기는 분은 록시아스님이고 왕은 아닙니다. 그리고 나는 크레온의 사람으로 매어 있는 것도 아닙니다. 왕께서는 나의 눈 먼 것을 조롱하셨기 때문에 하는 말씀입니다만, 왕께서는 눈을 뜨고 계시면서도 얼마나 처참한 일에 빠지고 계신지, 그리고 어디서 사시고, 누구와 함께 지내고 계신지 모르십니다. 당신께서 누구의 자손인지 아십니까? 모르십니다. 그러면서 당신은 살아계신 분과 돌아가신 분에게 죄를 짓고 있습니다. 그렇습니다. 마치 양날 칼처럼 아버지 어머니의 저주가 언젠가는 당신을 이 나라 밖으로 몰아낼 것입니다. 그리고, 지금은 밝은 그 눈도 그로부터는 끝없는 어둠이 되고 말 것입니다(1: 174-175).

1)의 예문은 외디프스와 그의 정적이자 처남인 크레온과의 대화의 장면이고, 2)의 예문은 외디프스와 예언자 테이레시아스와의 대화의 장면이다. 그러나 그것은 예의범절을 갖춘 대화의 장면도 아니고, 테베 사회의 미래를 걱정하는 우국충정의 논쟁도 아니다. 늙은 왕인 외디프스는 크레온을 그의 목숨과 왕관을 훔치려는 음모자 이상으로 취급하지 않고 있고, 미래의 주인공인 크레온은 외디프

스를 역사의 무대에서 사라져가야 할 범죄인 이상으로 취급하지 않고 있다. 또한 늙은 왕인 외디프스는 그의 살부와 근친상간을 지적하는 예언자 테이레시아스를 크레온의 하수인 이상으로 취급하지 않고 있고, 테베의 예언자 테이레시아스는 위대한 외디프스 대왕을 한낱 모든 부귀영화를 잃어버린 미래의 비참한 망명객 이상으로 취급하지 않고 있다. 외디프스는 크레온과 테이레시아스에게 범죄적이고 크레온과 테이레시아스는 외디프스에게 모독적이다. 외디프스는 겨우 허섭쓰레기 같은 왕이라는 지위를 이용하여 범죄적으로 크레온과 테이레시아스를 단죄하고, 크레온과 테이레시아스는 수직적인 상하 관계라는 신분도 잊은 채, 모독적으로 외디프스에게 거칠은 항변을 제기한다. 안에서 바라보면 그들의 관계는 차이 밖에 없지만, 밖에서 바라보면 그들의 관계는 어떠한 차이도 있을 수가 없다. 외디프스도 무시무시한 괴물이고, 크레온도 무시무시한 괴물이며, 테이레시아스도 무시무시한 괴물이다. 야곱이 에서이고 에서가 야곱이듯이, 외디프스가 크레온이고, 크레온이 외디프스이다. 아벨이 카인이고 카인이 아벨이듯이, 외디프스가 테이레시아스이고, 테이레시아스가 외디프스이다. 거기에는 왕과 신하의 차이도 없고, 눈 먼 소경과 정상인과의 차이도 없다. 또한 종족창시자와 후손들과의 차이도 없고, 예언자와 비예언자와의 차이도 없다.

　모든 유기체들은 저마다 힘을 사용하고 싶어하고, 그 힘을 사용할 수 있는 능력에 따라 수직적인 상하 관계를 형성하게 된다. 모든 살아 있는 자들은 '권력에의 의지'가 있게 마련이고, "약자가 강자에게 봉사하도록 약자의 의지가 약자를 설득함은, 약자의 의지가 그보다 한층 더 약한 약자들의 주인이 되고자 하는 까닭"이다 (5: 155). 약한 자는 남몰래 샛길을 타고서 강한 자의 권력을 훔치려고 하고, 강한 자는 그의 권력을 도둑맞지 않으려고 잠시도 마음놓고 잠을 이루지 못한다. 우리 인간들은 권력에 대한 욕망을 느낄 때, 자기 스스로가 선하다고 느끼고 행복하다고 생각한다. 권력은 삶의 본능의 옹호이며, 삶의 의지가 있는 곳에서만 자라나는 나무와도 같다.

르네 지라르는 그의 저서 『폭력과 성스러움』에서 이러한 권력의 본질을 이해하고 있으면서도, 외디프스 신화를 성자의 승전가로서 읽고 있지도 않고 있고, 권력 투쟁의 역사가 감춰져 있는 신화로서 읽고 있지도 않다. 외디프스 신화를 희생양의 메커니즘으로 읽게 되면, 폭력의 무차별화 현상, 혹은 상호적인 폭력이 난무하게 되고, 종교와 제의의 기원이 초석적인 폭력이라는 관점에서 외디프스 신화를 읽게 되면, 한 개인에게 집중된 초석적 폭력, 혹은 만장일치적 폭력이 우리 인간들을 상호적인 폭력으로부터 보호해 준다는 종교의 유용성만이 드러나게 된다. 상호적인 폭력은 왕과 신하, 혹은 아버지와 아들 사이의 차이를 지우며 총체적인 문화 질서의 위기로 이어지지만, 초석적인 폭력은 어느 한 개인에게 해로운 폭력을 집중시켜 그 외의 폭력은 사라지게 만든다. 종교는 이러한 희생양 메커니즘과 초석적 폭력에 기초해 있으면서도 그것을 은폐하고, '비폭력 보호구역'을 공동체 안에서 확보하는 역할을 담당한다. "종교적인 것은 진정으로 인류를 해방시킨다. 왜냐하면 인간들이 실제로 일어났던 이 위기를 기념하면, 종교적인 것은 인간을 사로잡고 있던 그 의혹으로부터 인류를 해방시켜주기 때문"이다(3: 205). 르네 지라르의 말을 쫓아가보면, 외디프스는 해로운 존재에서 이로운 존재로의 변모라는 이상한 역설이 가능해 지고, 또한 종교는 초석적 폭력에 기초해 있으면서도 진정으로 인류를 상호적인 폭력이나 초석적인 폭력으로부터 해방시켜 줄 수 있다는 이상한 역설이 가능해 진다.

르네 지라르는 그의 저서 『폭력과 성스러움』에서 희생위기의 진정한 결말은 신화와 제의의 진정한 출발점이라고 말하고 있으면서도 한 편의 위대한 신화가 어떻게 생성되고 해체되어 가는가에는 관심이 없다. 또한 그는 "누구도 지배자의 정수이거나 피지배자의 화신이 아니다"라고 말하고 있으면서도 외디프스 신화를 권력투쟁의 역사가 담겨 있는 신화로 읽고 있지도 않고(3: 225), 외디프스가 "괴물의 암살자, 다시 말해 제사장으로 나타나고 있다"는 것을 암시하고 있으면서도 그를 위대한 성자로서 취급하지도 않고 있다(3: 381). 그의 관점은 위대한 외디프스를 사회적 하층계급인 파르마코스(희생제의의 인간 제물)와 비교하는 관점이며, 지배계급의 권력투쟁의 역사를 일인에 대한 만인의 폭력으로 전도시키는 관점이다. 그의 관점은 비극의 윤리적 토대가 파르마코스와도 같은 사회적 하층 계급에 의해서 형성되고 있다는 관점이며, 다른 한편, 삶의 본능의 옹호인 권력에의 의지를 혐오하면서 위대한 성자의 승전가를 의지박약한 자들의 동정과 연민의 종교로서 위로하고 있는 사제적, 혹은 천사적인 관점이기도 하다. 콜로노스의 외디프스라는 존재는 테베의 정적들에게 손톱 밑의 가시와도 같은 존재이지, "콜로노스와 테베가 (성스러운 것으로서의) 심하게 다투는 일종의 부적"이 아니다. 또한 초석적 폭력, 혹은 만장일치적 폭력은 어느 특정한 인물이나 지도자에 의해서 주도되는 것이지, 모든 시민들의 자발적이고도 민주적인 참여에 따라 행사되고 있는 것이 아니다. 르네 지라르의 『폭력과 성스러움』은 이러한 숱한 약점과 오류에도 불구하고, 모든 종교와 제의의 기원이 초석적 폭력에 기초해 있다는 것을 매우 뛰어난 직관력과 논리적인 통찰력으로 분석해 놓은 야심만만한 저서라고 하지 않을 수가 없다. 희생양 메커니즘에 대한 통찰도 탁월하고, 종교의 사회적 유용성에 대한 통찰도 탁월하다. 모방욕망과 무서운 짝패들에 대한 통찰도 탁월하고, 프로이트와 외디프스콤플렉스에 대한 통찰도 탁월하다. 『폭력과 성스러움』은 문학, 역사, 철학, 정신분석학, 문화인류학, 비교신화학, 종교사회학 등에 대한 르네 지라르의 인문주의적인 교양이 빚어낸 살아 있는 고전이라고 하지 않을 수가 없다. "욕망은 본질적으로 모방적이다"라는 그 자신의 모방욕망 이론을 통해서 다양한 신화와 제의를 분석하고 종교와 제의의 기원은 초석적 폭력이다라고 밝혀낸 것은 그의 뛰어난 천재성이 번득이는 대목이라고 하지 않을 수가 없다(3: 219).

지식인이란 본질적으로 앎에의 의지가 육화되어 있는 사람이며, 그 앎에의 의지를 이웃 압도에의 노력으로 승화시켜 나갈 수 있는 사람을 말한다. 이웃 압도에의 노력은 세계정복운동이고, 그의 명명의 힘은 종족창시자와도 같은 특권을 향유하게 된다. 지식인이란 언어 자체의 기원을 향유할 수 있어야 하고, "지혜의 칼끝이 지혜로운 자에게 향해" 가듯이, 위대한 신성모독자, 혹은 득죄신화를 창조할 수 있어야만 한다(4: 73). 죄를 짓고 죄악을 정당화하지 않으면 어떠한 신화의 창조도 가능하지가 않고, 어떠한 문화의 전취도 가능하지가 않다. 앎은 무지가 세련되게 양식화된 결과이며, 고급문화는 야만적인 잔인성이 심화되고 양식화된 결과이다. 제3세계의 문화적 풍토병에 걸려서 외디프스 신화를 몰 주체적으로 읽게 되면 르네 지라르의 명명하는 힘이나 좋은 점은 배우지 못하고, 마치, 야만인들이 문명인들에게서 마약, 알콜, 도박, 매춘, 인신매매, 범죄 등만을 배우듯이, 그의 나쁜 점만을 무비판적으로 배우게 된다.

작품 분석에서는 드러나지 않은 점이지만, 만인의 증오의 대상인 사람이 죽은 뒤에는 그가 어떻게 이해되고 받아들여지는가는 제기해야 할 중요한 문제 중의 하나이다. 매우 독창적인 대답 중의 하나는 그는 사후에 성화되는 경향이 있다는 것이다. 만인의 증오의 대상이었던 인물은, 외디프스처럼, 죽어 성화되어 마을을 지키는 사람이 된다. 과연 그럴까? 임꺽정이나 장길산의 성화를 보면, 그럴 듯해 보이기도 한다. 만인의 증오의 대상이 되어 죽어간 사람은 그 사람이 대표하는 집단 때문에 성화되어 거룩하게 취급된다. 기존의 이익 집단은 그를 죽여 그에 적대적인 집단에게 위협을 가하고, 그를 성화시켜 그에 적대적인 집단을 위로한다. 누가, 어떻게 증오의 대상이 되었는가와 마찬가지로, 누가, 어떻게 성화되는가를 따져봐야 할 필요성은 거기에 있다. 나는 오늘 누구를 왜 미워하고 있는가, 나는 오늘 누구를 왜 성화하고 있는가라는 질문은 피할 수 없는 질문이다. 나는 동물이 아니라 사람이기 때문이다(10: 204).

모든 근, 현대문학이 고대 신화의 정교한 주석이라는 말도 있고, 모든 해석자들의 출발점은 원전에서 시작되어야 한다는 말도 있다. 모든 신화, 혹은 문학의 텍스트는 열린 텍스트이지, 형식적으로 굳어 있는 텍스트가 아니다. 형식적으로 굳어 있는 텍스트는 단일한 의미, 단일한 해석으로 환원될 수가 있지만, 열린 텍스트는 단일한 의미, 단일한 해석으로 환원될 수 있는 텍스트가 아니다. 진정한 문학작품은 해석이 해석을 낳게 되고, 또다른 해석이 또다른 해석을 낳게 된다. 진정한 신화의 텍스트도 해석이 해석을 낳게 되고, 또다른 해석이 또다른 해석을 낳게 된다. 이것이 우리 인간들의 수수께끼와도 같은 삶의 비밀이자 모든 문학 작품들의 비밀이다. 원전에서 출발하지 않는 해석은 그 원전의 참뜻을 알 수도 없고, 타인의 사유를 베껴오거나 노예적인 복종태도만을 지니게 된다. 또한 원전에서 출발하지 않는 해석은 해석자들의 명명하는 힘이나 그 지적, 문화사적 맥락을 알 수도 없고, 어떠한 독창적인 해석도 할 수가 없게 된다. 제3세계적인 문화적 풍토병은 원전에서 출발하지 않는 병이며, 타인들의 사유에 대한 노예적인 복종태도만을 지니게 되는 병이라고 하지 않을 수가 없다.

르네 지라르의 관점은 외디프스 신화, 혹은 원전을 창조적으로 배반하고 있는 관점이며, 기독교나 동정과 연민의 종교, 혹은 현대 사회의 민주주의에 대한 지적 분위기에 편승해서 희생양(혹은 속죄양)의 완벽한 무죄성을 옹호하고 있는 관점이다. 르네 지라르를 원전에 대한 이해 없이 잘못 읽으면, 그의 세계정복운동이나 명명의 힘은 온데간데 없이 사라져 버리게 되고, 정체불명의 성자에 대한 혐오주의와 희생양의 완벽한 무죄성만이 드러나게 된다. "만인의 증오의 대상이었던 인물은, 외디프스처럼, 죽어 성화되어 마을을 지키는 사람이 된다"는 것이 그렇고, "누가 어떻게 증오의 대상이 되었는가와 마찬가지로, 누가 어떻게 성화되는가를 따져보아야 할 필요성은 거기에 있다"고 말하면서까지도 르네 지라르의 희생양 메커니즘만을 쫓아가고 있는 것이 그렇다. 어떻게 "기존의 이익 집단은 그를 죽여 그에 적대적인 집단에게 위협을 가하고" 어떻게 "그를 성화시켜 그에 적대적인 집단을 위로"할 수가 있단 말인가? 르네 지라르의 희생양의 메커니즘은 해로운 존재에서 이로운 존재로의 변모를 말하고, 희생양이 희생양으로서 성화될 수 있는 것은 그가 폭력을 당하지만 새로운 보복을 유발시키지 않는 평화의 초석이 되고 있기 때문이다. "모든 신화의 조작은 테베 사람들로 하여금 외디프스라는 한 개인에게로 집중하게 하는 폭력적 무차별 현상으로 낙착"된다는 말이 그렇고, "신화는 도처에 있는 상호적 폭력을 단 개인의 끔찍한 범죄로 대체"한다는 말이 그렇다(3: 120). 따라서 희생양이 성화될 수 있는 것은 그가 적대적인 집단에게 위협을 가할 수 있는 전시용이기 때문도 아니고, 더 더군다나 그가 적대적인 집단을 위로할 수 있는 선무공작용이기 때문도 아니다. 우리는 여기서 르네 지라르를 쫓아가도 제대로 쫓아가지 못한 기이한 인물의 첫 번째 형태를 보게 된다.

한국문학의 역사상, 가장 탁월한 비평가 중의 한 사람이었던 김현은 여자의 머리, 사자의 몸뚱이, 뱀의 꼬리가 달린 무시무시한 괴물이었다고 하지 않을 수가 없다. 오늘도 그 무시무시한 괴물이 원전을 함부로 잡아먹으며, 민주주의, 기독교, 동정과 연민의 종교, 성자에 대한 혐오주의를 포교하고 있는 것인지도 모르고, 다른 한편, 죄를 짓고 죄악을 정당화할 수 있는 힘에의 의지를 해치며, 희생양의 완벽한 무죄성만을 옹호하고 있는 것인지도 모른다.

나는 문학비평을 예술의 관점에서 이해하고, 예술을 문학비평의 관점에서 이해하고 있는 비평예술가이기도 하지만, 다른 한편, 비평예술을 철학의 관점에서 이해하고, 철학을 비평예술의 관점에서 이해하고 있는 비평예술가이기도 하다. 문학비평을 섬세한 예술가의 감수성과 자유로운 상상력에 대한 이해 없이 시작할 수는 없고, 비평예술을 날카로운 철학자의 직관력과 논리적인 통찰력에 대한 이해없이 시작할 수는 없다. 어떻게 예술가의 감수성과 자유로운 상상력을 지니지 않은 비평가가 비평가일 수가 있겠으며, 어떻게 날카로운 철학자의 직관력과 논리적인 통찰력을 지니지 못한 비평가가 비평예술가일 수가 있겠는가? 피라미트의 꼭지점은 우주로 통하게 되어 있고, 비평예술가의 입장에서 비평예술이란 세계―텍스트를 분석하는 힘이며, 대대로 전승되어야 할 최고급의 격세유전이라고 하지 않을 수가 없다. 문학비평을 문학비평이란 무엇인가라는 유치한 질문으로 설명할 수는 없고, 문학작품을 사유의 뿌리가 되어주고 있는 철학에 대한 이해를 생략한 채, 지나치게 편협한 문학이론으로만 설명할 수는 없다. 제3세계의 문화적 풍토병 중의 하나는 문학비평을 문학비평으로만 설명하고 있는 것이고, 문학작품을 다만, 문학이론으로만 설명하고 있는 것이라고 해도 과언이 아니다. 니체도 제일급의 철학자이자 문학비평가였고, 마르크스도 제일급의 철학자이자 문학비평가였다. 프로이트도 제일급의 정신분석학자이자 문학비평가였고, 바슐라르도 제일급의 철학자이자 문학비평가였다. 한국문학의 고질적인 병폐 중의 하나는 이처럼 너무나도 자명한 사실을 간과한 채, 유치하다 못해 케케묵고 낡아빠진 전문가라는 함정에 빠져 있다는 사실일 것이다. "한국문학 비평은 이제부터라도 'ism'을 생산하고 그것을 따져볼 수 있는 차원으로 그 작업을 진전시키지 않으면 안 된다. 'ism'이야말로 모든 인류의 지혜가 압축될 수 있는 저장소이며, 어떠한 비난이나 비판에도 살아 남을 수 있는 최고급의 격세유전, 혹은 놀이문화라고 하지 않을 수가 없다. 실존주의, 마르크스주의, 낭만주의, 구조주의에서처럼, 'ism'을 주체적으로 생산하고 논의할 수 있는 민족만이 힘에 의지하고 있는 민족이며, 그렇지 못한 민족은 소멸해 가는 민족에 지나지 않는다. 한국문학에 있어서 무엇보다도 제일 화급火急하고 도전적인 과제는 타자의 베끼기에 불과한 주석비평을 극복하고, 세계적인 수준에서 'ism'을 강제할 수 있는 주체적인 비평예술을 정립하는 일인 것"이다.(11: 8)

내가 외디프스 신화의 수용양상을, 가능하면 하나 하나 축자적으로 살펴보고, 그것을 창조적으로 재해석해 보고자 했던 것은 외디프스 신화에 대한 다양한 해석의 접근방법들과 외디프스콤플렉스라는 개념과 그 범주의 문제를 전혀 새로운 관점에서 또하나의 전거를 제시해 보고 싶었기 때문이다. 외디프스 신화는 고대 그리스의 신화만도 아니고, 서구 사회에서만 보편성을 획득해 나가고 있는 신화만도 아니다. 외디프스는 우리 인간들의 정치적, 경제적, 사회적 욕망이 집중되어 있는 인물이며, 그 욕망이 성적욕망이든, 모방욕망이든, 정체성 회복욕망이든 간에, 크고 작은 다양한 욕망들이 집중되어 있는 인물이다. 욕망이 집중되어 있는 인물은 종족 창시자와도 같은 인물을 말하고, 그 절대적인 지위가 신들의 기원으로까지 소급되어가고 있는 인물을 말한다. 왜냐하면 우리 인간들은 부와 명예와 권력을 더없이 사랑하고, 가장 소중하고 가장 희귀한 성자의 승전가에 그 마음이 항상 가닿아 있기 때문이다. 소포클레스, 니체, 프로이트, 들뢰즈, 가타리, 르네 지라르, 말리노프스키 등의 수많은 지식인들의 人山人海를 바라보고, 3,000년에 가까운 시간의 풍화작용에도 불구하고 더욱더 그 광채를 영롱하게 뿜어대고 있는 외디프스 신화를 생각해 보라! 예로부터 "그 민족에게 어려운 것으로 여겨지는 것은 찬양할만한 것이고, 없어서는 안 되는 어려운 것은 선이라 불리운다. 그리고 가장 큰 곤경으로부터 해방시켜주는 것, 가장 희귀한 것, 가장 어려운 것—그것을 신성한 것으로 찬미한다. 한 민족으로 하여금 이웃 민족이 두려워하고 질투할 정도로 지배하게 해주고, 정복하게 해주고, 화려하게 빛나게 해주는 것—그것이 그 민족에게는 지고한 것이며, 최상의 것이며, 척도이며, 삼라만상의 의미"인 것이다(5: 98). 하지만 외디프스 신화는 모든 인류의 신화이며, 우리 인간들의 삶의 보충과 완성으로써 빚어낸 최고의 신화라고 하지 않을 수가 없다. 모든 지식인들은 저마다 힘을 사용하고 싶어하고, 무자비한 잔인성이 담겨 있는 명명할 수 있는 힘, 혹은 발전하는 인류의 지혜에 도전하고 싶어한다.

외디프스는 모든 욕망이 집중되어 있는 인물이기도 하고, 시대를 초월해서 살아남아 있는 우리 인간들의 고전적인 전범이기도 하다. 외디프스콤플렉스란 무엇을 뜻하고 있으며, 우리는 그 콤플렉스의 범주를 어떻게 설명할 수가 있는 것일까? 프로이트는 외디프스콤플렉스를 성적욕망의 전거로 보았고, 르네 지라르는 그것을 모방욕망의 전거로 보았다. 나는 한이 없이 증식하고 있는 르네 지라르의 모방욕망에 전적으로 동의하고 있는 것도 아니고, 프로이트의 범성욕주의적인 관점, 혹은 성적욕망에 전적으로 동의하고 있는 것도 아니다. 프로이트적인 의미에서 성적욕망이란 아버지를 살해하고 어머니와 동침하려는 욕망을 말한다.

> 일찍부터 아이는 그의 리비도를 어머니에게 집중시키며…… 아버지에게서는 동일화에 의해 자신에 대한 지배력을 확인한다. 이 두 태도는 얼마동안 공존하다가, 마침내 어머니에 대한 성적 욕망이 커지면서, 아이에게는 아버지가 욕망 실현의 장애물이 되고 있다고 느끼는 소위 '외디프스 콤플렉스'가 생겨나게 된다. 이때에 아버지와의 동일화는 적대적인 성격이 되면서, 어머니에 대해서 아버지를 제거하고 아버지를 대신하려는 욕망을 낳게 한다. 이때부터 아버지에 대한 태도는 양면성을 띠게 된다. 본래부터 동일화에 들어 있었던 양면성이 분명하게 드러난 것이라고 말할 수 있을 것이다.
>
> ─ 프로이트, 『자아와 이드』(3: 258 재인용)

아버지를 살해하고 어머니와 동침하고 싶다는 성적 욕망이란 그 대상에 대한 차별이 없는 욕망을 말하고 근본적으로 완벽하게 금제가 가능하지 않는 욕망을 말한다. 근친상간에 대한 금제가 억압된 성적욕망을 낳게 되고, 그 억압된 성적욕망이 의식의 약한 틈새를 찾아서 날마다 분출시킬 수 있는 기회를 호시탐탐 노리게 된다. 어린 아이는 아버지가 방해자로 나타날 때까지 그 욕망을 집중시킬 수밖에 없지만, 바로 이때에 외디프스콤플렉스가 생겨나게 된다. 어린 아이에게 있어서 아버지와 동일시 현상은 바로 그 순간 적의의 성격을 띠게 되고 아버지를 살해하여 그를 대신하려는 욕망을 낳는다. 근친상간의 금제는 미개 사회에만 있는 것도 아니고, 문명 사회에만 있는 것도 아니다. 근친 상간의 금제는 어느 특정지역만을 가리키고 있는 것도 아니고, 어느 특정한 지역의 문화적인 풍습만을 가리키고 있는 것도 아니다. 의식의 차원에서는 근친상간을 금제할 수가 있지만, 무의식의 차원에서는 근친상간을 금제할 수가 없다. 의식의 차원에서 성의 해방은 가능하지가 않지만, 무의식의 차원에서 성의 해방은 얼마든지 가능하다. 근친상간의 금제는 시대를 초월해서 살아 있는 불문율이며, 이처럼 무소불위로 살아 있는 금제가 역으로 프로이트의 외디프스콤플렉스라는 개념의 유효성을 상기시켜 주기도 한다. 근친상간은 인위적인 금제이기도 하지만, 그것은 성의 분배, 혹은 외혼제라는 측면에서 부의 분배와 함께 가장 중요한 인류학적 관심사이기도 한 것이다.

르네 지라르는 프로이트의 외디프스콤플렉스에 제일 민감하게 반응하고 있고, 현대 정신분석학의 창시자인 프로이트를 가장 혹독하게 비판하고 있다. 첫 번째 비판은,

> 어린 아들들은 아버지에 대해 커다란 관심을 나타낸다. 그는 현재의 아버지처럼 되고 또 그렇게 존재하기를 모든 점에서 아버지를 대신하기를 원하게 된다. 그는 아버지를 그의 이상으로 삼는다고 유유히 말한다. 아버지에 대한 (아니면 일반적으로 모든 다른 남자에 대한) 이 태도에는 수동적이거나 여성적인 면은 전혀 들어 있지 않다. 이 동일화는 이로 인해 생겨난 외디프스콤플렉스와 아주 잘 일치하고 있다.
> ― 프로이트, 『집단심리학과 자아분석』(3: 254 재인용)

에서처럼, 아버지에 대한 동일화, 혹은 모방욕망이 먼저인데도 불구하고, 『자아와 이드』에서는 모방욕망의 모든 결과들을 제거해 버리고 있다는 비판이며, 두 번째 비판은 외디프스에게는 살부와 근친상간의 욕망이 이루어졌지, 그 욕망이 억압되지 않았다는 비판이고, 세 번째 비판은 외디프스콤플렉스는 보편성이 없고 특수한 예에 불과하다는 비판이다. 프로이트의 성적욕망은 『집단심리학과 자아분석』의 뛰어난 직관을 희생시킨 결과이자, 어떤 비논리의 대가이기도 한데, 왜냐하면 "살부와 근친상간은 어린애의 생각"이 아니라 "그것은 분명 어른의 생각, 전범의 생각"이기 때문이다(3: 262). 두 번째의 비판은 "기존의 외디프스 대왕을 욕망 실현이 단호히 배제되어 있는 어떤 무의식적 욕망의 반영으로 취급하던 정신분석학의 공식적인 해석에 이의를 제기"한 비판이고(3: 313), 세 번째의 비판은 말리노프스키의 비판을 염두에 두면서, 소포클레스의 『트라키니의 여인들』을 분석하고 아버지(헤라클레스)의 명령에 따라 살부와 근친상간을 범한 아들(힐로스)도 있다는 것을 제시한 비판이기도 한데, 왜냐하면 그것은 "정신분석학보다도 우화가 더 많다"는 것을 말해 주고 있기 때문이다(3: 286).

프로이트에게 있어서 어머니에 대한 성적욕망은 동기가 있을 수도 없지만, 르네 지라르에게 있어서 그것은 모방—성욕이라는 분명한 인과론적 결과를 지향하게 된다. 르네 지라르에게 있어서 외디프스콤플렉스란 전범(아버지)이 지니고 있는 욕망을 말하고, 그 전범에 의해서 매개된 모방욕망을 말한다. 또한 모방욕망이란 훌륭한 외적 전범(석가, 예수, 성인 등)이 없는 것을 말하고, 상호경쟁적인 내적 전범만이 있는 것을 말한다. "전범이 대상을 욕망하기 때문에 욕망 주체는 그 대상을 욕망한다"는 것이 그것이고, "어떤 대상을 욕망함으로써 전범은 욕망 주체에게 그 대상은 욕망할 만한 것이라는 것을 알려"준다는 것이 그것이다(3: 219). 르네 지라르의 입장에서 프로이트의 성적욕망은 아버지의 무죄성을 드높이고 아들의 유죄성을 드러내려는 태도에 불과한데, 왜냐하면 그것은 어머니에 대한 욕망을 동기가 없는 것으로 만들고 있기 때문이다. 또한 헤겔적인 입장에서 르네 지라르의 모방욕망이란 동물 차원의 욕망, 생존만이 최고의 가치인 욕망일 뿐이라고 할 수가 있는데, 왜냐하면 그것은 아버지를 살해하고 끊임없이 그 대상과 자기 자신마저도 파괴하는 욕망이기 때문이다. 프로이트의 성적욕망은 문학과 예술에 대한 승화 이론으로 폭넓게 확산되고 있지만, 르네 지라르의 모방욕망은 그것이 없고, 다만 무한한 욕망만이 확대 재생산되고 있을 뿐이다. 르네 지라르의 모방욕망은 프로이트의 반대 방향에서 현대 사회의 문화적 현상들을 분석할 때, 더욱더 그 진가를 드러내리라고 생각된다.

　이미 앞에서 시사한 바가 있지만, 외디프스콤플렉스라는 개념이 프로이트의 성적욕망으로만 설명될 수도 없고, 르네 지라르의 모방욕망으로만 설명될 수도 없다. 아리스토텔레스 이래로의 엄격한 작품 이해를 기초로 하여 외디프스콤플렉스를 분석하면, 외디프스의 파멸은 성적욕망이나 모방욕망보다도 내가 '정체성 회복욕망'이라고 부르고 있는 욕망에 의한 파멸이라고 하지 않을 수가 없다. 실제로 외디프스가 아버지를 살해하고 어머니와 결혼한 것은 모르고 한 일이며, 『그리스 로마신화』나 소포클레스의 희곡인 『외디프스왕』에서는 단 한 군데라도 외설스러운 성적 묘사 같은 것은 나오지도 않는다. 다만 있다면, 외디프스와의 파국을 막아보자는 심정에서, 이오카스테의 다음과 같은 변명만이 있었을 뿐.

> 인간에게 운명이라는 것은 절대적이어서 무엇 하나 앞일을 모릅니다. 그저 그날 아무 걱정 없이 지내는 것이 상책입니다. 어머니와 결혼이라는 것도 무서워할 것이 못돼요. 꿈에 어머니와 동침했다는 것은 얼마나 많습니까!(1: 190)

분명히 이오카스테는 외디프스와의 파국을 막아보자는 심정에서, '어머니와 결혼'하는 것도 무서워할 필요도 없고, "꿈에 어머니와 동침했다는 것은 얼마나 많습니까"라고 말한 것이다. 적어도 외디프스는 행동의 차원에서, 아버지를 살해하고 어머니와 동침하는 것을 꿈꾸지는 않았다. 외디프스의 파멸은 명예와 부와 권력보다도 자기 자신의 존재와 출생의 비밀을 알고자 하는 욕망에 의한 파멸이며, 끊임없이 자기 자신을 찾아 헤매고 있는 자의 파멸이라고 하지 않을 수가 없다. 외디프스는 비록 아폴로 신탁에 의해서 비극의 주인공으로 규정되어진 인물이긴 하지만, 자기 자신의 범죄 행위(살부와 근친상간)를 은폐할 수 있었는데도 그렇게 하지를 않았던 것이다. 그것은 두말할 필요조차도 없이 그가 자기 자신의 출생의 비밀 앞에서는 모든 욕망을 버렸다는 것을 뜻한다. 따지고 보면, 그의 명예와 부와 권력이라는 것도 자기 자신의 출생의 비밀 앞에서는 더 이상 대단한 어떤 것이 될 수가 없다. 존재가 본질에 선행한다는 말도 있듯이, 실제로 우리 인간들은 우리들 자신을 너무도 모르고 살아간다. 또한 우리 인간들은 자기 자신들이 어떻게 해서 태어났으며, 어떻게 죽어갈 것인가를 알지 못한다. 좀 더 과감하게 말한다면, 우리 인간들은 편협한 민족주의자들처럼 근친상간의 죄를 짓고 있는 것인가, 아닌가를 알 수가 없다. 우리 인간들은 외디프스처럼, 영원히 인간이라는 존재 자체가 훼손된 존재일는지도 모른다.

외디프스 신화의 핵심적인 주제는 프로이트식의 '성적욕망'에 있는 것도 아니고, 르네 지라르식의 '모방욕망'에 있는 것도 아니다. 프로이트와 르네 지라르의 오류는 외디프스 신화를 단지 인과론적 결과(살부와 근친상간)만을 중요시 한 채, 그 신화의 본질을 왜곡시킨 데 있다. 그들의 이론대로라면 외디프스가 아버지를 살해하고 어머니와 결혼한 것은 한낱 성적욕망이며, 모방욕망의 한 예에 지나지 않는다. 그렇지만 외디프스의 출생의 비밀은 성적, 심리 사회학적인 어떤 것이 아니라, 차라리 숙명적인 것이다. 한 인간에게 있어서 출생의 비밀은 생사를 초월한 호기심을 유발시킨다. 그 호기심—콤플렉스 때문에 외디프스는 사랑하는 아내이자 어머니인 이오카스테의 만류에도 불구하고 끊임없이 자기 자신의 정체성을 찾아 헤맸던 것이다.

바로 이 지점에서 실존은 본질에 선행한다는 실존주의적인 명제와 그 존재론적 모순의 문제와도 만나게 된다. 현상—외관만이 있고 본질이 없는 인간은 현대판 외디프스이며, 떠돌이—나그네들인 셈이다. 아울러 탈현대 사회의 모든 이론 체계들까지도, 어쩌면 외디프스 신화에 대한 정교한 주석에 불과할는지도 모른다. 인간성 상실과 인간성의 황폐화와 함께 부재하는 가치와 진리, 그리고 숨은 신에 대한 지나친 강조가 그러한 첨예한 예들이라고 생각된다. 따라서 인간성의 회복과 함께 어머니―집에 대한 그리움이 오르페우스의 송가처럼 유행하게 된다(12: 18).

만일 현상과 외관만이 있고 본질이 없는 인간이 현대판 외디프스이며, 떠돌이―나그네들인 셈이라는 나의 가설이 잘못된 가설이 아니라면, 프로이트의 외디프스콤플렉스나 르네 지라르의 외디프스콤플렉스는 외디프스 신화와의 상당한 거리가 있어 보이는 것도 사실이라고 하지 않을 수가 없다. 프로이트는 정신분석학자로서 외디프스 신화를 자의적으로 인용하고 해석한 것이지, 외디프스 신화의 본질을 정공법으로 해석한 것이 아니다. 르네 지라르 역시도 문학사회학자로서 외디프스 신화를 자의적으로 인용하고 해석한 것이지, 외디프스 신화의 본질을 정공법으로 해석한 것이 아니다. 프로이트는 외디프스 신화에서 인과론적 결과(살부와 근친상간)만을 중요시하고, 외디프스의 출생의 비밀에 대한 호기심과 콤플렉스는 치지도외시 하고 있는데, 왜냐하면 그에게는 우리 인간들의 억압된 성적욕망만이 더 중요해 보였기 때문이다. 또한 르네 지라르 역시도 지엽적인 문제(살부와근친상간)를 가지고 전체를 재단한 오류를 범하고 있는데, 왜냐하면 그에게는 현대 사회의 문화적 현상으로서 모방욕망만이 더 중요해 보였기 때문이다. 그러나 그럼에도 불구하고 그들의 이론은 심리 사회학적으로 아주 유용하고, 매우 독창적인 해석의 결과라고 하지 않을 수가 없다. 독창적인 해석은 아주 정교한 이론으로 정식화되었다는 것을 말하지, 어떤 독단적인 해석을 말하는 것이 아니다. 외디프스콤플렉스는 프로이트의 성적

욕망, 르네 지라르의 모방욕망, 그리고 정체성 회복욕망 등으로 그 개념의 범주를 넓혀가고 있다고 하지 않을 수가 없다.
 끝으로 한국적 프로이트주의자인 김현의 외디프스콤플렉스 수용 양상을 살펴보지 않을 수가 없다.

> 1), 부재하는 아버지는 비현실이며, 곁에 있는 어머니는 현실이다. 부재하는 아버지를 놓고, 나와 어머니는 새 관계, 아버지─아들, 아내─어머니의 관계를 구축한다. 부재하는 아버지가 심리적 질곡으로 작용하지는 않는다. 부재하는 아버지는 가족들의 결속을 다져주는 긍정적 역할을 맡는다. 다시 말해 이야기하는 화자에겐 외디프스콤플렉스가 없다. 옛날에 아버지가 있었다. 그 아버지는 죽고, 내가 곧 아버지가 되었다. 외디프스콤플렉스는 아버지가 되려는 심리적 움직임이다.
> ─「이야기의 뿌리, 뿌리의 이야기」(『문학과사회』, 1989, 봄호)에서

> 2), 쾌락 원칙이 현실 원칙에 의해 적절하게 규제되지 않으면 사회는 성립될 수 없다. 그 현실 원칙 중에서 제일 중요한 것은, 아버지는 딸과 동침해서는 안 되며, 어머니는 아들과 성적 관계를 맺어서는 안 된다는 금기이다. 그 금기 때문에 욕망은 억압되고, 억압된 욕망은 원래의 욕망을 변형시켜 그 모습을 드러낸다. 이야기는 바로 그 욕망을 변형시켜 드러낸 것이어서 사람들의 한없는 호기심을 자극한다(10: 204).
> ─「소설은 왜 읽는가」에서

1)의 예문은 김원일의 『마당 깊은 집』을 프로이트적인 가족 소설로 분석하고 있는 대목이고, 2)의 예문은 소설, 혹은 이야기의 뿌리가 외디프스콤플렉스의 변형이라는 것을 밝히고 있는 대목이다.

한국적 프로이트주의자인 김현은 「증오와 폭력」, 「폭력과 왜곡」 등을 통해서 르네 지라르의 '희생양 메커니즘'을 한국문학비평에 적용시키려고 애를 쓴 적이 있지만, 외디프스콤플렉스만큼은 지나치게 프로이트적인 것에 경도되어서, 우리 인간들의 모든 욕망이 성적 욕망이다라는 것을 압도적으로 인식시켜주고 있는 것처럼도 보인다. 앞의 예문이 아니더라도 신대철의 시를 분석할 때나 사토브리앙의 세 연애 소설을 분석할 때에도 외디프스의 환상은 여지없이 그를 사로잡고 있다고 하지 않을 수가 없다. 그러나 김현의 문학비평의 특징은 외디프스 신화, 혹은 원전을 외면하고 있는 비평이며, 문학 작품을, 다만 문학 이론으로만 설명하려는 주석 비평에 지나지 않는다. 왜 김현은 외디프스콤플렉스를 그처럼 무수하게 남용하고 있으면서도 외디프스 신화를 재해석해 보거나 프로이트적인 외디프스콤플렉스를 의심해 보지 않으려고 했던 것일까? 왜 김현은 문학 이론의 사유의 뿌리가 되어주고 있는 철학적인 사색을 중단한 채, 타자의 사유만을 베껴오거나 노예적인 복종 태도만을 보여주고 있는 주석비평을, 본의 아니게 되풀이 자행해야만 되었던 것일까?

김현에 대한 비판은 『행복의 깊이』와 「퇴폐주의를 어떻게 할 것인가?—황지우, 김현, 정과리 비판」을 통해서 한국문학사상 가장 날카롭고 혹독하게 비판했던 만큼, 더이상 한국문학비평의 문화적 풍토병을 김현의 문학비평의 한계로만 덮어 씌우거나 혹독하게 비판하고 싶은 생각은 없다. 소크라테스, 데카르트, 쇼펜하우어, 마르크스, 니체, 미셸 푸코 등은 방법적인 회의의 대가들이고, 방법적인 회의란 상대적 완전성과 상대적 진실을 추구해 나갈 수 있는 최고급의 성찰과정이라고 하지 않을 수가 없다. 성자의 승전가가 아무렇게나 울려퍼질 수 있는 것도 아니고, 지혜의 칼끝이 지혜로운 자에게로 향해 가듯이, 죄를 짓고 죄악을 정당화하는 힘이 아무렇게나 얻어지는 것도 아니다. 지식인이란 본질적으로 앎에의 의지가 육화되어 있는 사람이며, 그 앎에의 의지를 이웃 압도에의 노력으로 승화시켜 나갈 수 있는 사람을 말한다. 이웃 압도에의 노력은 세계정복운동이고, 그의 명명의 힘은 종족창시자와도 같은 특권을 향유하게 된다. 우리 한국인들은 이 세상에는 복제가 불가능한 학문이나 예술이 엄연히 존재한다는 사실을 깨닫지 않으면 안 되고, 또한 이 세상에는 복제가 불가능한 문화나 삶이 얼마든지 존재한다는 사실을 깨닫지 않으면 안 된다. 왜? 한국문학비평이 세계정복운동으로 수직상승을 할 수 있도록 하기 위해서! 왜? 위대한 외디프스나 프로이트나 니체나 르네 지라르가 아닌 한국인들의 신화, 혹은 위대한 정체성을 창출해낼 수 있도록 하기 위해서!

  나무를 치명적으로 손상시키지 않고서도 타국의 신화라는 나무를 성공적으로 이식해낸다는 것은 불가능하다. 그 나무는 아마도 한 때, 외국적 요소를 무시무시한 싸움에 의하여 떨구어버릴 정도의 힘과 건강을 가지고 있었을 것이다. 그러나 이식된 나무는 대개 쇠약해지고 위축되거나 순간적으로 무성하기도 하다가 이내 죽어버리고 만다. 우리는 한국* 본질의 강력하고 순수한 핵심을 높이 평가하여 우리가 바로 그것에 의하여 강력하게 뿌리내린 외국적 요소의 제거작업을 해낼 수 있기를 기대하며, 한국* 정신이 자각적으로 자기 자신에게 복귀하는 것이 가능하다고 간주하게 되는 것이다. 아마도 한국* 정신이 서구**적인 것을 배제함으로써 그 투쟁을 시작해야 한다고 많은 사람들은 생각할 것이다. (……) 그러나 한국* 정신은 그런 투쟁을 자기의 수호신 없이, 자기의 신화적 고향 없이, 모든 한국*적인 사물의 '부흥' 없이 해낼 수 있다고는 믿지 않을 것이다. 그러므로 한국*인이 고향에 돌아갈 길을 몰라 두려워하며, 자기를 오래 전에 잃어버린 고향으로 되돌려 보내줄 인도자를 찾기 위하여 두리번거린다면, 그는 단지 디오니소스의 새가 환희에 차서 유혹적으로 부르는 소리에 귀기울이기만 하면 된다. 그 새는 그의 머리 위에서 선회하면서 그에게 가는 길을 가르쳐 주고자 할 것이다(4: 142).

* 표의 원문은 '독일'이고, **표의 원문은 '라틴'인데, 내가 내 마음대로, 내 마음의 소망에 따라 삭제, 삽입해본 것이다.

| 참고 문헌 |

1, 소포클레스, 『희랍비극 1』, 현암사, 1980
2, 에디스 해밀턴, 『그리스 로마 신화』, 을지출판사, 1985
3, 르네 지라르, 『폭력과 성스러움』, 민음사, 1993
4, 니체, 『비극의 탄생』, 청하, 1982
5, ──, 『짜라투스트라는 이렇게 말했다』, 청하, 1980
6, ──, 『도덕의 계보』, 청하, 1982
7, 임동확, 『살아 있는 날들의 비망록』, 민음사, 1990
8, 벵상 데꽁부, 『동일자와 타자』, 인간사랑, 1990
9, 쿠르트 휘브너, 『신화의 진실』, 민음사, 1991
10, 김현, 『분석과 해석』, 문학과지성사, 1988
11, 반경환, 『행복의 깊이』, 한국문연, 1994
12, ──, 『시와 시인』, 문학과지성사, 1992

김현, 정과리 비판
— 사제지간의 그 천사적 사랑

　　오늘날 유태인들은 대부분이 기독교의 문화권에서 살아가고 있지만, 그들은 기독교의 신자이기는커녕, 기독교의 역사와 예수의 존재 자체를 인정을 하지 않고 있다. 수천 년 동안 사랑하는 조국을 잃고 세계 곳곳으로 뿔뿔이 흩어져 살아왔으면서도 유태인들은 오로지 그들의 역사와 전통과 종교를 믿어 의심하지 않고 있으며, 자기 자신들이 하나님에 의해서 선택받은 민족이라는 선민의식을 버리지 않고 있다. 그러나 유태민족의 후예로서 기독교의 창시자인 예수는 유태 민족의 후예이기를 거부하고, 자기 자신은 무염수태의 존재이며, 전지전능하신 하나님의 아들이라고 자처를 하지 않을 수가 없었다. 예수의 출현 이후, 유태인들은 하나님에 의해서 선택을 받은 민족이기는커녕, 졸지에, 버림을 받은 민족이 되었고, 그 신성모독적인 행위를 더 이상 감당을 하지 못하고 로마당국에 예수를 고발하는 밀고자가 되어가지 않을 수가 없었다. 그 결과, 예수는 수많은 민중들을 선전 선동하고 다니는 불순분자가 되어 십자가에 못박혀 죽어가지 않을 수가 없었던 것이다. 오늘도 유태인과 기독교인들의 싸움은 끝이 나지를 않았고, 아직도 현재 진행형으로 계속되고 있는 것처럼 보인다. 단순히 신도의 머리 숫자와 교세의 영역을 비교해 본다면, 기독교가 제일급의 종교가 되고 유태교가 제이급의 종교로 추락을 한 것 같지만, 서구의 기독교 문화권에서 유태인들의 영향력을 생각해 본다면, 오늘날의 유태인들은 서구의 기독교 문화권을 지배를 하고 있는 것은 물론, 이 세계 전체를 지배하고 있다고 해도 과언이 아니다. 유태교와 기독교, 혹은 유태민족과 비 유태민족과의 싸움이 그 끝장을 모르고 계속 진행되고 있는 것은 전지전능한 하나님이 계속 침묵을 지키고 있기 때문일는지도 모른다. 유태인들이 자기 자신들만이 하나님에 의해서 선택받은 민족이라고 되풀이 천명을 했을 때에도 하나님은 침묵을 지켰고, 예수가 하나님의 아들이라고 자처를 하면서 유태인들의 타락과 죄의 실상을 고발했을 때에도 하나님은 침묵을 지켰다. 뿐만 아니라, 하나님의 아들과 유태민족과의 싸움의 결과, 예수가 십자가에 못박혀 죽어갔는데도 하나님은 유태민족을 단죄하기는커녕, 오늘날 이 세계를 지배할 수 있는 지혜와 그 능력을 베풀어 주었다.

하지만, 만일 종교가 그 종교를 안출해낸 민족의 삶을 옹호하고 찬양을 하기 위해서 존재하는 것이라면, 우리는 신의 침묵을 더 이상 못마땅하게 여기고 시비를 할 수가 없게 된다. 신은 상징적이며 가상의 존재이지, 실재의 존재가 아니다. 또한 우리 인간들이 자기 자신들의 삶을 옹호하고 찬양을 하기 위해서 전지전능한 신들을 창조해낸 것이지, 신이 우리 인간들을 창조해낸 것이 아니다. 우리 인간들의 역사는 神正論의 역사이며, 신성모독의 역사이다. 나는 『행복의 깊이 1』, 『한국문학비평의 혁명』(『행복의 깊이 2』), 『어느 철학자의 행복』(『행복의 깊이 3』) 등에서 종교의 생성과 소멸의 역사를 어느 누구보다도 세밀하고 정교하게 천착을 해본 바가 있다. 유태교와 기독교, 유태인과 예수와의 싸움은 선택받은 민족과 하나님의 아들과의 싸움이 아니라, 유태교를 수호하려는 신자들과 그것을 부인하고 새로운 종교를 안출해 내려는 종교창시자와의 싸움이라고 하지 않을 수가 없다. 선택받은 민족은 선택받은 민족이기를 조금도 포기를 하지 않고 있고, 하나님의 아들을 자처하고 있는 자는 또한 그것을 결코 부인하지를 않고 있다. 유태교와 기독교의 싸움은 지배 종교와 피지배 종교와의 싸움이며, 그 화해할 수 없는 싸움을 방치한 채, 『신약』과 『구약』을 하나의 경전으로서 묶어버린 것은 인류의 양심이 자행하는 최대의 파렴치이며 대 사기극이라고 하지 않을 수가 없다. 아브라함, 이삭, 야곱으로 지칭되는 『구약』 속의 주요 인물들은 지배 계급의 인사들이었고, 예수, 동정녀 마리아, 베드로, 바울로 지칭되는 『신약』 속의 등장 인물들은 피지배 계급의 인사들이었다. 전자는 '우리는 진실한 사람들'이라는 자기 자신들의 가치관을 통하여 사회적 천민들을 다스렸고, 후자는 '가난한 자, 빼앗긴 자, 지배를 당하는 자는 착하고 선량하다'라는 자기 자신들의 가치관을 통하여 지배 계급의 인사들에게 반항을 할 수밖에 없었다. 지배 계급의 도덕도 자기 찬미의 도덕이고, 피지배 계급의 도덕도 자기 찬미의 도덕이다. 이것이 주인과 노예의 도덕의 핵심을 이루며, 또다른 신과 또다른 종교를 안출해내게 된 근본적인 원인이기도 한 것이다. 힌두교(지배 계급의 종교)와 불교(피지배 계급의 종교)의 싸움도 마찬가지이지만, 부처와 예수는 종교창시자이기 이전에, 지배 계급(힌두교와 유태교)의 가치관을 전복시켜버린 신성모독자일 수밖에 없었다. 종교창시자와 신성모독자는 동일한 사람의 양면일 뿐이다. 예수가 십자가에 못박히고도 여직껏 유태교의 신자들에 의해서 받아들여지지 않고 있는 까닭이 여기에 있고, 부처가 떠돌이 탁발승으로서 불우한 일생을 마치고도 여직껏 힌두교의 신자들에 의해서 받아들여지지 않고 있는 까닭이 여기에 있다. 오늘날 힌두교와 유태교가 제이급의 종교로 전락을 하고 불교와 기독교가 제일급의 종교로 올라선 것은 현대 사회가 민주주의 사회이며, 자유와 평등과 사랑이 가장 중요한 가치관으로 받아들여지고 있기 때문이다. 이러한 점에 있어서 예수와 부처는 현대 민주주의 사회의 가치관을 창출해낸 人神들이라고 하지 않을 수가 없다. 부처와 예수는 지배 계급의 가치관을 전복시켜버린 신성모독자이며, 수많은 민중들에게 복음의 말씀을 전파해준 人神들인 셈이다. 아니, 우리 인간들이 자기 자신들의 삶을 옹호하고 찬양하기 위해서 예수와 부처와도 같은 상징적 존재들을 창조하고 그들을 성화시켜 왔던 것이라고 하지 않을 수가 없다. 신성모독은 자연에 거역하는 반항적인 힘이 아니라, 자연스러운 물길의 흐름을 뚫는 순리를 말한다. 아버지, 또는 스승은 한 때 공동체 사회를 건설했던 이로운 존재였지만, 이제는 아들과 제자의 삶을 가로막고 있는 인식론적 장애물에 불과하다. 모든 종교는 우리 인간들의 최고급의 인식의 제전의 산물이며, 신성모독의 결과라고 할 수가 있다. 우리 인간들이 그 인식론적 장애물들을 위해서 더 이상 봉사를 할 것인가, 아닌가라는 문제는 전혀 선택의 문제가 아니다.

  모든 종교는 가장 찬란하고 화려한 인식의 제전의 역사를 간직하고 있다. 신의 죽음으로 설명되는 탈 현대 사회에서도 서구의 기독교 문화권, 그리스와 러시아의 정교 문화권, 중앙 아시아의 이슬람교 문화권, 인도의 힌두교 문화권, 중국의 유교 문화권, 그리고 아시아의 불교 문화권 등으로 갈라져 수없이 크고 작은 분쟁들을 일으키고 있는 까닭이 바로 그것을 말해준다. 앎의 역사는 세계정복 운동의 역사이며, 우리 인간들을 구원해온 역사이다. 모든 철학자들은 소크라테스 이래로 철학자가 지배를 하는 세계를 꿈꾸어 왔다. '너 자신을 알라'는 소크라테스, 모든 시인과 예술가들을 추방하고 이상적인 공화국을 구상했던 플라톤, 현자가 다스리는 중용의 공화국을 꿈꾸었던 아리스트텔레스, 서구의 형이상학의 전통에 자연과학적인 방법을 들이대며 '사유의 제국'을 꿈꾸었던 데카르트, 인간의 소외를 절대 정신으로 극복하려 했던 헤겔, 헤겔의 절대 정신에 반발하여 계급이 없는 사회를 건설하려고 했던 마르크스, 또, 헤겔의 절대 정신에 반발하여 염세주의를 역설했던 쇼펜하우어, 쇼펜하우어의 염세주의를 건강한 염세주의로 변모시키면서 기독교의 가치관에 반발하여 '신의 사망증명서'를 발급해준 니체, 니체의 날카로운 비판과 부정 정신을 받아들이고 니체의 반대 방향에서, 그것을 더욱더 극단화시켜 나갔던 미셸 푸코, 데리다, 들뢰즈/ 가타리, 장 보드리야르 등―. 그들은 모두가 신성모독자이며 성자이다. 이 세상의 모든 지식인들에게 사상이란 최고의 목적이며 그 모든 것이다. 그들의 사상이 수많은 사람들의 심금을 울리고 그 영향력을 넓혀간다면, 공산주의가 세속 종교의 형태로 형성된 바가 있었듯이, 하나의 종교로까지 수직 상승을 하게 될 것이다. 모든 사상가들은 부처와 예수와도 같은 욕망을 갖고 있다. "사상은 그 어떤 것보다도 고귀한 명예이며, 삶의 완성이며, 보다 완전한 인간의 표지이다. 우리는 그 사상가의 신전 앞에서 언제, 어느 때나 시를 짓고 노래를 부르며, 찬양과 찬송을 하게 된다. 또한 우리는 그 신전 앞에서, 우리 인간들의 존엄성을 바치고, 가장 좋은 예물을 바치고, 하늘을 우러러보며, 항상 자기 자신을 갈고 닦으면서, 그 사상의 위업을 이어나갈 것을 맹세를 하게 된다.(3) 아버지 살해는 모든 문화를 움직여 가는 근본적인 힘이며, 이것이 내가 신성모독자가 될 수밖에 없었던 까닭이기도 하다. 나는 한국인 최초로 '한국문학 이론'을 정립했고, '낙천주의의 창시자'가 되었다. 『행복의 깊이 1』, 『한국문학비평의 혁명』(『행복의 깊이 2』), 『어느 철학자의 행복』(『행복의 깊이 3』) 등의 세 권의 저서가 바로 그것을 말해 줄 수가 있을 것이다. 나는 좀 더 과감하고 용기 있게 '만인 대 일인의 투쟁'을 해나가고 있는 한 사람의 전사로서, '사제지간의 그 천사적 사랑'의 전모를 밝혀보고자 한다. '사제지간의 그 천사적 사랑'은 '제3세계의 문화적 풍토병'과 '비평의 만장일치제도'의 전거를 이루고, 좀 더 나쁘게 말한다면 우리 한국인들의 '근친상간의 역사'와 '저능아들의 집단 유희의 역사'의 전거가 되어주기도 한다.

  김현은 한국문학비평을 정복한 불세출의 비평가(?)였고, 정과리는 김현의 수제자로서 오늘날 최고의 문학비평가 중의 한 사람이 되었다. 나는 여러 글들—「퇴폐주의를 어떻게 할 것인가? - 황지우, 김현, 정과리 비판」, 「외디프스 신화의 수용 양상과 재해석」, 「한국문학의 이론적 정립을 위하여」(2)—을 통해서 그들을 비판한 바가 있었고, 더 이상 이러한 글을 쓰고 싶지는 않았다. 하지만 내가 비판했던 쟁점들은 어느 것 하나 제대로 수용되거나 폭넓게 논의되지를 않고 있고, 더럽고 추하게 구태의연한 악습들만이 되풀이 자행되고 있는 실정이기도 한 것이다. 이 글은 우리 한국 사회에 미만해 있는 '사제지간의 그 천사적인 사랑'을 바로 잡을 수 있는 글이며, 정과리를 위하고, 한국문학을 위하고, 그리고 나 자신을 위한 글이기도 하다. 제자가 스승을 비판한다는 것은 매우 가슴이 아프고 안타까운 일이기는 하지만, 정과리는 마땅히 비판을 받아야 할 대한민국의 최고의 비평가이자, 최고의 권력자이기도 하다. 주인이 없는 배가 산으로 기어 올라갈 수가 있듯이, 가장 날카롭고 예리하게 비판을 받고 그 비판에 대응을 하지 않는 권력자는 사악하고 나쁜 전제 군주에 지나지 않는다. 그는 파시즘의 사유 체계를 지닌 자이며, 모든 것을 제멋대로 변주시켜 놀 수 있는 자이기도 하다. 모든 것을 한 손에 움켜쥐고 있는 전제 군주가 무엇을 하거나, 하지 않거나 간에, 도대체 무슨 문제가 될 수가 있단 말인가? 정과리는 절대로 그러한 전제 군주가 되어서는 아니되며, 우리 한국인들의 백만 두뇌를 양성해야될 사명과 그 책임감을 갖고 있어야만 한다. 쓰디쓴 약만이 명약이 될 수가 있듯이, 전제 군주에게는 더없이 날카롭고 예리한 비판만이 쓰디쓴 보약이 되어줄 수가 있을는지도 모른다. 정과리는 이 글을 읽는 즉시, 반론을 준비하고, 이 요상한 괴물인 반경환의 목을 비틀고, '논쟁의 문화'를 활성화시켜 나가지 않으면 안 된다.

김현은 1990년 초, 그의 병든 몸을 이끌고 『시칠리아의 암소』라는 미셸 푸코의 연구서를 출간한 바가 있다.

> 그들의 논쟁(푸코와 데리다의 논쟁=인용자)과 관련하여, 한국에서 상상적인 것의 올바른 위치를 되찾아보려는 힘든 작업(왜 힘든가 하면 그런 작업도 비-합리적, 반동적 작업으로 매도되기 때문이다. 마치 이성적인 것만이 혁명적인 것처럼)을 하고 있는 진형준의 비평 작업은 주목을 요한다. 그가 합리적인 것 속에, 뒤에, 혹은 앞에 숨어 있는 상상적인 것의 모습을 밝히려고 애쓸 때는 데리다와 닮고, 상상적인 것의 역사적 구조를 밝히려 할 때, 푸코와 닮는다. 그리고 이인성이 침묵의 언어 쪽으로 다가갈 때, 그는 얼마나 암묵적으로 폭력적 이성을 비판하고 있는 것인지.

— 김현, 「푸코 - 데리다의 논쟁에 대하여」(4: 121)

이 프로그램과 관련하여 내 머리에 곧 떠오르는 비평가가 정과리이다. 그가 「민중문학론의 인식 구조」나 「역 결정의 논리(?)」에서 특수한 글쓰기의 실천을 분석하고, 해석하고, 해체하고 재구성할 때 그가 하고 있는 것은 그들이 하려고 하고 있는 것과 거의 같다. 그런 의미에서 그는 푸코보다 더 멀리 나아간 사람이다. 그가 "지배 체제는 바로 글을 통하여, 피지배 집단에게 자신의 이데올로기를 유포하고 확대하며 육화시킬 수가 있었다. 다시 말해, 지배 체제는 글이라는 간접화의 수단을 통하여, 피지배 집단을, 더 나아가, 세계 전체를 자신에 맞게 변용시킨 것이다"(정과리, 「민중문학론의 인식 구조」)라고 말할 때, 그는 푸코의 권력 이해의 핵심에 다가가 있으며, "(다른 문학은) 민중들의 자기 동일성의 요구를 열어, 민중 내부의 상이한 여러 집단들내의 이타성의 인정과 그 이타성들과의 상호 관련을 맺는 방향을, 아주 조용히, 환기하고 암시할 수 있을 것이다"(정과리, 앞의 글)라고 그가 전망할 때, 그는 성숙성의 단계에 한 발자국 더 다가간다. 그 성숙함은 오만함이나 경박함과 달리 조심성과 열림을 그 특성으로 갖고 있다. 다시 말해 바람직한 성숙성이다.
— 김현, 「계몽주의, 현대성, 성숙성」(4: 168)

첫 번째로, 푸코와 데리다의 논쟁은 데카르트의 한 문단의 해석을 둘러싸고 일어난 논쟁이라고 할 수가 있다. 푸코는 몽테뉴의 사유는 광기를 포함하고 있었다고 말한 바가 있고, 데카르트의 사유는 광기를 배제했다고 말한 바가 있다. 몽테뉴의 사유는 르네상스 시대의 사유이며, 데카르트의 사유는 고전주의 시대의 사유가 된다. 하지만 데리다는 데카르트가 몽테뉴보다 사유의 가치를 더 높이 부여한 것 뿐이지, 광기를 배제한 것이 아니라고 말하고, 르네상스와 고전주의 시대는 그처럼 인위적인 단절의 역사가 아니라고 말한다. 합리적인 이성의 바깥으로 나아가 광기 자체의 역사를 쓰려고 했던 푸코로서는 하나의 기원과 단절의 역사를 상정하지 않을 수가 없었고, 합리적인 이성 안에서, 그 이성 안에 숨어 있는 광기를 드러내려고 했던 데리다로서는 하나의 기원과 단절의 역사를 상정하려 했던 푸코를 비판하지 않을 수가 없었던 것이다. 푸코의 입장에서 단절이 없는 역사는 어떠한 기원도 상정을 하지 않는 흔적의 역사이며, 데리다의 입장에서 단절의 역사란 조작적인 전체주의적 구성의 역사이다. 그러나 김현이 푸코와 데리다의 논쟁을 소개하려는 의도는 좋았지만, 우리가 알고 이해하고 있는 푸코와 데리다와는 결정적인 차이가 난다. 왜냐하면 "푸코의 입장에서는 단절이 없는 역사란 기원을 중요시하는, 기원들의 변형의 역사이며, 다시 말해 관념들의 역사이며, 데리다의 입장에서는 단절의 역사란 조작적인 전체주의적 구성의 역사이다"라고 김현이 말하고 있기 때문이다(4: 21). 그러나 우리가 알고 이해하고 있는 데리다는 「언어학과 문자학」, 「백색의 신화」, 「프로이트와 심리의 정경화」(5)라는 글에서처럼, 어떠한 기원이나 단절의 역사도 거부하고, 모든 것을 하나의 흔적(혹은 차연)으로만 이해하고 있는 데리다이지, 어떠한 기원을 중요시하는 사상가가 아니다. 나는 김현의 지적 성실성과 열정을 사랑하고 존경한 적도 있었지만, 이러한 식의 무지와 수많은 오류들 때문에, 이제는 그의 어떠한 말도 전혀 신뢰를 하지 않고 있다. 자기 자신의 사유의 뿌리와 타인들의 사유의 뿌리를 역사 철학적으로 검토하고 그것을 하나의 체계로써 이론적으로 정립해 보지 않은 김현으로서는 너무나도 당연한 오류였을는지는 모르지만, 그의 사유 속에 빨려 들어간 대부분의 한국의 지식인들은 다에달루스의 미궁 속을 헤매다가 부지불식간에, 그의 짧고 불우한 일생을 마치게 되어 있는 것인지도 모른다.

　김현은 마치 미노타우르스처럼, 진형준이 "상상적인 것의 올바른 위치를 되찾아보려는 힘든 작업"을 하고 있다고 울부짖고 있지만, 진형준은 결코 데리다와 푸코의 글을 읽거나 그들의 사유의 근처를 기웃거려 본 적이 없다. 그가 『깊이의 시학』에서 전적으로 기대고 있는 것은 질베르 뒤랑이며, 서구의 실증주의자들과 합리주의자들의 반대 방향에서, 질베르 뒤랑의 '상징적 상상력'을 무조건적으로 쫓아가 본 것 뿐이라고 할 수가 있다(6). 따라서 진형준은 "합리적인 것 속에, 뒤에, 혹은 앞에 숨어 있는 상상적인 것"의 모습을 드러내 본 적도 없고, "상상적인 것의 역사적 구조"를 『말과 사물』이나 『감시와 처벌』에서처럼 밝혀낸 적도 없다. 왜 김현은 전혀 참조의 대상이 잘못되어 있고 일고의 가치도 없는 진형준의 작업과 탈현대 사상의 대가들인 데리다와 푸코와 비교를 하고 있는 것이며, 도대체 그는 왜, 타인의 말과 타인의 사유 앞에서 노예적인 복종 태도만을 지니고 있는 그의 제자들에게 이처럼 전혀 근거가 없는 칭찬만을 해놓고 있는 것일까? 김현은 김현이 자기 자신의 무지와 수많은 오류를 통해서 푸코와 데리다의 논쟁을 제멋대로 이해하고 그것을 소개하면 자기 자신이 데리다와 푸코보다 더 뛰어난 사상가가 된 것이라고 착각을 하고, 따라서 진형준의 타자의 베끼기에 불과한 작업을 데리다와 푸코의 작업에 비교를 하게 된 것인지도 모른다. 더욱이 이인성이라고 하는 꼭지가 덜 떨어진 김현의 제자가 '침묵의 언어'로 '폭력적 이성'을 비판하고 있다는 것도 전혀 근거가 없는 것이며, 그의 언어는 '침묵의 언어'이기는커녕, 프란츠 카프카, 새뮤엘

베게트, 제임스 조이스의 베끼기에 지나지 않는다.
 나는 김현이 독자적인 사상과 독자적인 판단 능력을 지닌 비평가였다면, 그처럼 과분한 칭찬을 하기는커녕, 더욱더 호된 채찍질—데리다와 푸코를 뛰어 넘어서라고—로 그들을 내려쳤을 것이라고 생각을 하고 있다. 김현의 제자에 대한 사랑은 자기 자신과 그의 제자들을 과대 포장해 버리는 상투적인 수법 중의 하나이며, 언제나 그의 제자들을 스승의 품안에만 묶어 두려는, 아주 치밀한 헤게모니의 전략과 관련이 있다고 나는 생각한다. 전자는 우리 한국인들을 더없이 깔보고 있는 자기 과시욕망의 속된 표현이며, 후자는 떼거지적인 수법으로 그 집단의 체제(이른바 문학과지성사)와 권력욕망을 더욱더 강화시키려는 속된 표현에 불과하다. 이미, '제3세계의 문화적 풍토병'과 '비평의 만장일치제도'에 젖어서 "한국문학의 이론은 세계적인 수준"이라고 호언장담을 했던 그로서는, 그 불모의 생산성을 통해서 진형준과 이인성을 서구의 제일급의 사상가들과 비교를 했던 것은 그래도 비교적 점잖고 괜찮은 것인지도 모른다(7: 112).
 그 다음 두 번째로, 김현이 "이 프로그램과 관련하여 내 머리에 곧 떠오르는 비평가가 정과리이다"라고 말할 때의, 이 프로그램은 푸코의 입장에 서서, 푸코와 하버마스의 유사성과 차이점을 살펴보고, 궁극적으로 푸코를 극복해 보고자 했던 드레퓌스/ 레비나우의 프로그램을 말한다. 김현이 단순하게 요약해서 정리한 드레퓌스/ 레비나우의 프로그램은 원전을 확인해 볼 수가 없는 나로서는 알듯말듯한 애매모호함 때문에, 그 세목들과 세목들간의 경계가 불분명해 지고, 그것을 설명하기가 여간 곤혹스러운 것이 아니다. "1) 현재의 우리의 실천을 묘사하고 해석하여, 우리에게 피할 수 없는 것으로 주어진 우리의 현대성의 여러 양상을 이해할 것; 2) 어떤 시대의 실천 속에 산만하게 나타나는, 아주 일반적인 의미로 불행한 사건이 발생했다는 감정의 특질을 규명할 것; 3) 넓은 분야에 공통되는, 오늘날까지 계몽 시대의 약속이 지켜지지 않았다는 감정을 더 깊이 조성할 것; 4) 현재에 대한 어떤 자세, 내용이 텅 빈 보편적인 규범을 제정하는 것이 아니라, 해석들의 갈등을 고무하는 자세를 취할 것; 5) 실증적인 후기—계몽의 실천들, 우리의 숱한 기술적, 법률적, 의학적 성취를 강화하고, 현재까지도 합리화나 규범화되어 있지 아니한 계몽 시대 이전의 실천들을 확인하고 보존하면서, 푸코보다 더 멀리 나아갈 것"이라는 글이 바로 그것이다(4: 168). 하지만 드레퓌스/ 레비나우는 푸코주의자들로서, 현대성의 여러 양상들 속에서 불행한 사건이나 감정의 특질을 규명하고 계몽 시대의 약속들이 전혀 지켜지지 않았다는 감정을 더 깊이 조성하려고 한다. 그들은 또한, 내용이 텅 빈 보편적인 규범보다도 해석의 갈등을 조성하고, 실증적인 후기 계몽의 실천들을 살펴보려고 한다. 따라서 그들은 계몽 시대 이전의 실천들을 확인하고 보존하면서 푸코보다도 더 멀리 나아가겠다는 프로그램을 세우게 된다. 그들은 어느 시대의 실천들 속에서 산만하게 나타나는 불행한 사건이나 감정의 특질들을 규명하려고 한다는 점에서는 계보학적인 시선을 간직하고 있으며, 후기 계몽의 실천들 속에, 혹은 그 이면에 숨겨져 있는 계몽 시대 이전의 실천들을 살펴보려고 한다는 점에서는 고고학적인 시선을 간직하고 있다. 그 계보학적인 시선과 고고학적인 시선은 푸코의 두 시선이며, 그들은 푸코의 시선으로 '현대성(계몽주의)의 기획'을 옹호하고 있는 하버마스를 비판한다. 그들의 프로그램은 비체계의 체계이며, 그들은 다같이 현대성의 기획을 끊임없이 비판하고 있다는 점에서는 무정부주의자들이라고 해도 과언이 아니다. 그들은 푸코의 방법론과 "이성의 한없는 자기 반성"의 태도를 수용하고, 푸코보다 더 극단적인 방법으로, 더 멀리 나아가 보겠다는 프로그램을 세우게 된 것이다(4: 175). 드레퓌스와 레비나우의 프로그램은 도전적이고 야심만만한 프로그램이며, 그들의 스승을 반드시 뛰어넘겠다는 의지를 표명하고 있다는 점에서는 바람직한 성숙성의 한 일면일 수도 있다.

하지만, 어떻게 해서 정과리는 「민중문학론의 인식 구조」라는 글과 「역 결정의 논리(?)」를 통해서 "푸코보다 더 멀리 나아간 사람"이 되었고, 또한 어떻게 해서 "하버마스의 실천은 그와 다른 입장들과의 대화의 거부 위에 세워져 있다"는 점에서(4: 169), 아직 성숙하지 못한 반면, 정과리는 "바람직한 성숙성"을 이룩하게 되었던 것일까? 도대체 정과리는 어떻게 해서 광기의 역사 자체를 썼던 푸코보다도 더 멀리 나아갔고, 현대성의 기획을 옹호하고 있는 하버마스보다도 더 성숙한 사상가가 되었던 것일까? 내가 알고 있는 한, 정과리의 "지배 체제가 글이라는 간접화 수단을 통하여, 피지배 집단을, 더 나아가, 세계 전체를 자신에 맞게 변용시킨 것이다"라는 글은 푸코의 권력론을 단순하게 차용한 것에 불과하고, "(다른 문학은) 민중들의 자기 동일성의 요구를 열어, 민중 내부의 상이한 여러 집단들내의 이타성의 인정과 그 이타성들과의 상호 관련을 맺는 방향을, 아주 조용히, 환기하고 암시할 수 있었을 것이다"라는 글은 민족문학 진영내의 상호 이타성의 인정과 그 열린 관계를 요구하는 단순한 말에 지나지 않는다. 정과리는 결코, 푸코의 『말과 사물』, 『담론의 질서』, 『감시와 처벌』이나 하버마스의 『현대성의 철학적 담론』 등과도 같은 체계적인 사상서를 쓴 적도 없고, 드레퓌스나 레비나우처럼, 푸코의 입장에 서서 푸코(스승)를 뛰어넘겠다는 구체적인 프로그램이나 그 의지를 표명한 적도 없다. 「민중문학론의 인식 구조」는 마르크스, 그람시, 알튀세르의 이론에 기대서서 민중문학 진영의 논자들—, 이를테면 백낙청, 김명인, 조정환 등을 비판한 글이고, 「역 결정의 논리(?)」는 알튀세르, 그람시, 프로이트, 푸코, 데리다의 이론에 기대서서 마르크스주의자들을 간접적으로 비판을 하고, 해체주의에 대한 그의 문학적 경사를 피력해 본 글에 지나지 않는다. 정과리와 서구 사상가들과의 관계는

> 상징적 관념의 추구가 현실의 일체의 것을, 가능한 등급을 고려치 않고, 모순으로 뒤엉킨 밑바닥을 보고, 그것들을 '민중의 역사적 주체로서의 일어섬'이라는 단일 관념을 향한 상징물들로 변환시키면서, 그것들을 뚫고 올라갔다면, 상징적 질서를 수립한 민족문학론은 그 '민중의 주체됨'을 이미 현존하는 것으로 파악한다. 그리고 그 현존에 기대어, 현실의 다양하고 이질적인 양상들에 등급을 매기고 그 각각에 적절한 자리를, 그리고 의무를 부여한다. 상징적 질서 속에선, 현실의 양상들은 절대의 흔적을 드러내는 은밀한 말의 자리가 아니다. 그것들은 이미 존재하는 상징에 의해, 그 의미를 부여받은 부분적 반영물들일 뿐이다.
> — 정과리, 「민중문학론의 인식 구조」(8: 217)

에서나,

> 알튀세르와 그람시의 이론적 공헌은 이데올로기가 단순히 추상적 개념 체계, 정신의 현상이 아니라, 생활 전반에서 구체적 형상물들을 통해 생생하게 표현된다는 것, 즉 물질성을 가진다는 것을 제시했다는 데 있다.

> 이데올로기는 자신을 표상할 수 있는 이미지를 선택할 뿐 아니라 그것들의 압축과 이동, 그리고 이차 수정이라는 재구성 작용을 통해 새롭게 재생산된다. 그것은, 학교, 법정, 군대, 감옥, 교회 등의 제도적 기구들, 그 기구 속에서 고안되고 실행되는 격식, 절차, 의례, 행사들, 그리고 그것들에 의해 만들어지고 동시에 그것들을 만드는 이미지, 표상, 신화들로 구조화된 총체이다.
>
> ─ 정과리, 「역 결정의 논리(?)」(8: 277)

에서처럼, 타인의 말과 타인의 사유 앞에서 노예적인 복종 태도를 지니고 있는 수직적인 관계이지, 수평적인 대등한 관계가 아니다. 전자는, 상징적 관념의 추구를 통해서 상징적 질서를 수립한 민중문학론자들의 담론의 구조를 날카롭고 예리하게 분석하고 해체한 글이기는 하지만, 그가 사용한 잣대는 서구의 합리주의자들, 즉, 데카르트 이후의 성상 파괴주의자들이 사용한 잣대에 지나지 않는다. 클로드 레비스토로스가 "신화적 사고란 고대 사회의 담론들의 부스러기를 가지고 이데올로기적인 궁전을 세우는 것이다"라고 역설했을 때(9: 58), 그가 상징주의적인 환원 방법을 통해 신화의 구조를 분석하고 해체하고 있는 것처럼, 정과리는 민중문학론의 담론의 구조(상징의 구조)가 "거짓과 오류의 원흉"이라는 서구의 합리주의자들, 즉 성상 파괴주의자들의 잣대를 이미 선험적으로 갖고 있었던 것이다(9: 28). 민중문학론자들이 그들의 상징적 질서를 서구의 사상가들의 문맥 속에서, 이미 선취했던 것이나 정과리가 그들의 담론 구조를 비판할 수 있는 잣대를 서구의 사상가들의 문맥 속에서, 이미 선취했던 것은 다같이 똑같은 방법의 다른 양상일 뿐이었던 것이다. 후자의 글은 이데올로기가 단순한 추상 개념의 체계가 아니라 물질성을 가진다는 것과 이데올로기가 생산되고 재생산 되는 여러 가지 현상들과 그 제도적인 장치와 절차들을 설명한 글이기는 하지만, 그의 사유는 단 한 마디조차도 드러나지 않고, 알튀세르와 그람시와 푸코의 사유만이 하나의 반죽덩어리처럼 드러나고 있는 글에 지나지 않는다. 정과리는 「역 결정의 논리(?)」에서, 민중문학론자들과는 달리, 문학 예술이 단순한 하부 구조(물적 토대)만을 반영하는 것이 아니라, 상부 구조가 하부 구조를 결정한다는 알튀세르의 '중층 결정론'을 역설한다. 그러면서도 그는 알튀세르의 '중층 결정론', 혹은 이데올로기의 개념이 "계급 투쟁의 생산성을 해명"하지 못한다고 비판을 하고, 프로이트의 "억압된 것의 회귀"와 그람시의 이데올로기론에 기대서서, "이 억압 속에 동시에 새겨지는 억압된 것의 회귀가 세계를 파괴와 전복의 가능성 속으로 떠민다"라고, 또 다시 역설을 한다. 그는 민중문학론자들(마르크스주의자들)을 비판할 때조차도 알튀세르에게 의지하고, 알튀세르를 비판할 때조차도 프로이트와 그람시에게 의지한다. 그리고 우리는 최종적으로 "문학은 현실 언어들의 의도를, 삶을, 구조를 드러내면서 그것을 해체한다"라는 글에서처럼, 그가 데리다의 "해체"라는 용어에 전적으로 기대고 있다는 것을 또한 발견하게 된다. 나는 그가 최종적으로 데리다의 사상에 기대서서 해체의 무목적성, 무오류성, 그리고 그 순수성을 역설하고 있을 때조차도 그것의 구체적인 목적과 그 의의를 발견하게 된다. 데리다의 "해체는 분석도 비판도 방법도 아니다"라고 그가 역설하고 있을 때조차도 그것은 데리다의 해체의 목적과 그 의의를 드러내고 있는 말에 지나지 않으며, 데리다가 하나의 기원은 없고 흔적만이 있다고 푸코를 비판할 때, 또 소쉬르와 라캉의 말(음성)중심주의를 비판할 때조차도,

데리다는 수많은 기원들의 흔적과 문자 중심주의를 상정하고 있었던 것이다. 정과리가 알고 이해하고 있는 것처럼, 그처럼 맑고 깨끗하고 순수한 해체는 있을 수가 없다. 정과리의 '해체'는 그가 잠시 차용을 해본 문학비평의 방법론이며, 그의 문학 중심주의의 전거를 이루고 있다고 해도 틀림이 없다. 정과리의 「역 결정의 논리(?)」는 그 논리의 섬세함과 그 적합성에도 불구하고 알튀세르, 그람시, 프로이트, 푸코, 데리다의 말만을 쫓아가 본 타자의 베끼기에 지나지 않으며, 서구인들의 사유 앞에서 노예적인 복종 태도를 보이고 있는 글에 지나지 않는다.

정과리는 「민중문학론의 인식 구조」라는 글에서도 마르크스의 말에만 전적으로 기대서, 진정한 민족 국가의 구성을 염원하는 백낙청에게 '민족의 소멸까지도 감당하라고 비판을 하고, 자본주의 사회의 구조적 모순을 해결하기 위하여 사생결단의 싸움을 벌이고 있는 사람들에게, "노동 계급에서 계급 모순을 극복할 수 있는 가능성을 보았다면" "노동자의 세계관"이 무엇인지, 그것을 어서 빨리, 제시해 보라고 다그치게 된다. 먼저, 첫 번째 민족 개념의 문제: 정과리가 백낙청에게 '민족 개념'의 '초역사성'을 지적하면서, "분단은 모순이되 세계 자본주의의 내부에 자리잡고 있으며, 동시에 그 안에 세계 자본주의가 새겨져 있는 모순이 아닌가"라고 비판을 할 때, 그는 자본주의 대 공산주의라는 좌우 이데올로기에 의한 분단 모순을 자본주의적인 시각으로만 바라보는 근본적인 오류를 범하고 있는 것이며, 민족의 소멸까지도 감당하라는 그 비판처럼 손쉽고 공허한 비판은 두 번 다시 없을 것이다. 그가 우리 한국 사회의 모순을 계급 모순으로 이해하고 있는 한, 백낙청의 '민족 개념'은 초역사적인 어떤 것일 수밖에 없는 것이다. 왜냐하면 그는 마르크스의 입장에서 민족 개념을 배제하고 전 세계적으로 계급이 없는 사회만을 상정하고 있기 때문이다. 그러나 한국 사회는 단일 민족으로 구성된 사회이며, 수천 년의 역사와 전통을 지니고 있는 사회이고, 근대 이후, 서구의 제국주의와 일본의 제국주의적인 침탈의 과정을 거쳐서, 좌우 이데올로기에 의해서 남북으로 분단된 사회이다. 마르크스 이전에도, 또 그 이후에도 이처럼 엄연한 역사와 전통을 간직하고 있는 사회에서, 진정한 민족 국가의 구성을 염원하는 백낙청의 노력을 지지해 주지는 못할 망정, 그 노력에 찬물을 뿌리고 '민족'의 소멸까지도 감당하라는 그의 비판이야말로 지극히 비역사적이고 초역사적일 수밖에 없는 것이다. 제국주의는 민족주의였고, 민족주의는 제국주의였다. 소련 연방의 역사는 슬라브 민족 중심의 역사였고, 미국의 역사는 영국인(혹은 서양인) 중심의 역사였고, 중국의 역사는 한족 중심의 역사였다. 이처럼 다 인종, 다 민족 국가의 역사마저도 특정 민족 중심의 역사라고 기술할 수가 있는 것인데, 한 민족의 역사 자체를 초역사적이라고 비판을 했다는 것은 그가 너무나도 순진하고 맹목적으로 마르크스의 말에만 경도되어 있었다는 사실을 여실히 증명해 주고도 남음이 있는 것이다.

 그 다음, 두 번째 계급의 문제: 그가 진정으로 계급 모순을 극복하고 계급이 없는 사회를 꿈꾸었다면, '노동자의 세계관'을 이론적으로 제시해 보라는 그의 요구는 전적으로 옳고, 절대적으로 무리가 없어 보인다. 그러나 인류의 역사상 가장 위대했던 마르크스조차도 노동자의 세계관을 이론적으로 정립해본 적이 없고, 내가 아는 한, 어느 누구 한 사람 그것을 이론적으로 정립한 적이 없다. 만일, 예수가, 부처가, 제우스가, 마호메트가 그러한 시도를 해보았다고 하더라도, 그처럼 손쉽게 성공을 할 수는 없었을 것이다. 자기 자신이 어떠한 문학 이론이나 사상도 정립하지 못한 제3세계의 하찮은 지식인—비평가인 주제에, 구체적으로 정립할 수도 없고 실천할 수도 없는 '노동자의 세계관'을 빌미 삼는다는 것은, 자본주의 사회의 구조적 모순을 해결하기 위한 어떠한 싸움도 중지를 하라는 말과도 똑같은 것이다. 정과리가 진정으로 민족의 역사를 거부하고 세계 시민으로 살아가고자 했다면 그의 과오는 용서를 받을 수도 있다. 또 그가 진정으로 계급의 소멸까지도 감당을 하며 계급이 없는 사회를 꿈꾸었다면 그의 과오는 용서를 받을 수도 있다. 하지만 그는 이 지구상의 최대의 수치인 분단 국가의 한국인이며, 그 한국인으로서 최고급의 교육을 받고, 우리 한국인들이 그토록 선망을 하고 있는 대학 교수이다. 그는 아마도 한국인이기를 절대로 포기하지도 않을 것이고, 죽어도 대학 교수이기를 포기하지도 않을 것이다. 정과리가 백낙청이 강조한 민족이라는 개념에서 '파시즘'의 사유 체계를 발견했다는 것은 자연스러운 현상일 수도 있지만, '살인을 하지 말라'는 모세의 십계명에도 불구하고 전지전능하신 하나님은 '가나안으로 가서 이민족을 모조리 살해하라'고 명령을 하신 적도 있다. 『문명의 충돌』을 쓴 하버드대학교 헌팅턴 교수는 그 민족의 개념을 문화적 차원으로 좀 더 넓고 깊이 있게 해석하면서 다음과 같은 말을 해놓고 있다.

  미국인은 우리가 서구인인가 아니면 다른 무엇인가라는 중요한 물음과 맞닥뜨려야 한다. 미국과 서구의 미래는 서구 문명의 일원이라는 자각을 미국 국민이 다시금 하느냐의 여부에 달려 있다. 국내적으로 그것은 문화 다원주의의 분열을 조장한다는 경보를 묵살하는 것이다. 국제적으로 그것은 미국을 아시아에 귀속시키려는 교묘한 논리를 거부하는 것이다. 아무리 경제적 결속이 강화된다 하더라도 아시아와 미국은 근본적인 문화적 차이로 한 살림을 차릴 수가 없다. 미국인은 문화적으로 서구 가족의 일원이다. 다원 문화주의자들은 이 관계를 훼손하고 심지어는 파괴하려고까지 하지만 그것은 부인 못할 엄연한 사실이다. 자신의 문화적 뿌리를 찾아 나선 미국인은 유럽에서 그것을 발견한다(10: 421).

헌팅턴 교수는 세계의 문화권을 여덟 개 내지, 아홉 개의 문화권으로 설정을 해놓고 있는데, 서구의 기독교 문화권, 그리스와 러시아의 정교 문화권, 중앙 아시아의 이슬람교 문화권, 인도의 힌두교 문화권, 아시아의 불교 문화권, 동아시아의 중화 문화권, 일본 문화권, 아프리카 문화권, 그리고 라틴 아메리카의 문화권이 바로 그것이다. 그는 좌우의 이데올로기에 의한 냉전의 체제가 무너져 내린 20세기 말의 이 시점에서, 문명과 문명 간의 충돌만이 세계적인 대 사건이 될 수 있다고 믿고 있는 것인지도 모른다. 아프리카와 라틴 아메리카의 문명은, 다만, 서구 추수적이거나 그 힘이 미약해서 그의 관심을 끌지 못하고, 오로지 그가 그의 관심을 집중시키면서 바라보고 있는 것은 이슬람 문명과 동아시아의 중화 문명이라고 하지 않을 수가 없다. 그는 이슬람의 문명과 서구의 문명, 그리고 중화 문명과 서구의 문명이 어떠한 형식—정치, 경제, 사회, 문화, 군사—으로이든지 간에, 충돌을 할 수밖에 없다고 진단을 하고 있다. 그는 냉전 체제가 무너져 내린 이후, 그들의 공통된 문화와 종교를 토대로 해서 급격하게 그 영역을 넓혀가고 있는 이슬람 문명을 주목하고 있는 것이며, 똑같은 맥락에서, 동아시아의 경제적 성장을 주목하고 있는 것이다. 그는 서구의 문명권에서 미국이 그 문명의 핵심국이 되어야 한다는 사실을 되풀이 강조하면서, 비록, 서구의 보편성은 '거짓'과 '부도덕성'과 '위험성'에 둘러싸여 있을지라도, "제국주의는 보편주의"이며 "논리적인 귀결"이라고 또한 역설을 해놓고 있다. 그는 모든 문화는 반드시 힘을 따르게 되어 있다는 미 제국주의의 옹호자이며, 그 신봉자이다. 그는 미 제국주의의 옹호자로서 서구의 문명과 이슬람의 문명이 충돌하는 여러 가지 사건들과 정황들을 날카롭고 예리하게 분석을 하고, 그리고 최종적으로는 2010년 경에는 세계 속의 최강대국으로 부상하게 될 중국과 미국 간의 무력 전쟁이라는 가상 시나리오를 구상해 보기도 한다. 하지만 미국이 서구 문명의 핵심국이 되고, 세계를 제멋대로 손질을 할 수 있는 힘을 유지해야 된다는 것, 바로 이것이 세계적인 정치학자로서의 헌팅턴 교수가 『문명의 충돌』을 저술하게 된 진짜 속셈인 것이다. 따라서 그는 문화적 다원주의자들에게 노골적으로 불쾌감을 표시하고, 아무리 경제적 결속이 중요하다고 하더라도 아시아인들과는 한 살림을 차릴 수는 없다고 단정을 내린다. 이론적으로 바라보면, 제국주의는 보편주의가 아니고, 보편주의는 제국주의가 아니다. 또한 도덕적으로 바라보더라도 보편주의는 진실과 도덕과 평화에 기초해 있지도 않고, 수많은 '거짓'과 '부도덕성'과 '위험성'에 둘러싸여 있을 뿐이다.

그러나, 근본적으로 힘에 의지를 하고 있는 우리 인간들의 입장에서 바라보면, 헌팅턴 교수의 말은 조금도 모자라거나 틀린 말이 아니다. 좀 더 과감하게 말한다면 '파시즘'은 우리 인간들의 삶의 본능의 옹호이며, 그 모든 것이라고 하지 않을 수가 없다. 대영 제국의 꿈, 천년 왕국을 꿈꾸었던 로마 제국의 꿈, 그리고 천자가 다스리는 나라를 꿈꾸었던 중화민국의 꿈―, 나는 그 제국의 꿈 속에서 그들만의 천년의 왕국과 거대한 바벨탑을 바라보지 않을 수가 없다.

오늘날, 파시즘을 마음 속 깊이 옹호하고 있는 제국주의자들은 대내적으로는 민주주의를 실천하고, 대외적으로는 식민주의를 꿈꾸고 있다. 우리 한국인들이 미 제국주의자들처럼 세계를 제멋대로 손질을 할 수 있는 힘을 가졌더라면, 우리 한국인들은 우리 민족의 우수성과 그 문화를 자랑하지, 그것을 파시즘적인 사유 체계의 산물이라고 비난을 하지 않았을는지도 모른다. 나는 새뮤얼 헌팅턴 교수를 비난하거나 탓하기는커녕, 그에게 무한한 존경과 경외를 표하고 싶다. 그의 철학은 힘에의 의지에 기초하고 있으며, 적어도 역사와 정치와 현실의 감각이 마비되어 있지가 않다. 이제 정과리는 대한민국의 최고의 지식인이자 최고의 권력자가 되었다. 대한민국의 최고의 지식인이자 최고의 권력자로서, 더 이상 '민족'이나 '계급'의 개념을 해체해야 된다고 역설을 하지 말고, 이제부터라도 제발 역사와 정치와 현실의 감각을 갖추라고 나는 그에게 요구를 하고 싶다. 그가 마땅히 해야 될 최고의 임무는 총과 칼에 의한 군사적 승리가 아니라, 최고급의 인식의 제전에서 최종적인 승리를 거두는 일일 것이다. 아마도 언젠가는 모든 세계인들이 우리 한국인들을 '사상가의 민족'이라고 부르게 될는지도 모른다.

 정과리의 '민족 개념의 소멸', '계급 개념의 해체', 그리고 '노동자의 세계관에 기초한 이론의 정립 요구'가 그의 역사 철학의 미성숙에서 나온 것에 불과하다면, 김현의 글들에서도 여기 저기에서 똑같은 과오들이 되풀이 되고 있다고 하지 않을 수가 없다. "계몽주의는 자신의 이름을 스스로 지어 부른 시대이다. 다시 말해 계몽주의는 자신의 현재성에 대한 의문을 스스로에게 던진 철학적 기능 중의 하나이다"라는 것이 그렇고(4: 151), "하버마스가 보들레르의 현대성에서 초현실주의와 같은 전위 운동으로의 이행을 하나의 개화, 현재에 대한 똑같은 의식의 강화로 묘사할 때, 그는 현대성과 전위 운동을 혼동하고 있다. 현대성은 전위 운동과는 다르게 모방자가 있을 수 없다"라는 것이 그렇다(4: 170). "계몽주의는 자신의 이름을 스스로 지어 부른 시대이다"라고 말할 때에도 김현의 오류는 드러나고, "다시 말해 계몽주의는 자신의 현재성에 대한 의문을 스스로에게 던진 철학적 기능 중의 하나이다"라고 말할 때에도 그의 오류는 드러난다. 계몽주의는 자신의 이름을 스스로 지어 부른 시대가 아니라, 자기 자신의 시대를 창출해 냈던 그 시대의 사상이다. 또한 계몽주의는 "자신의 현재성에 대한 의문을 스스로에게 던진 철학적 기능 중의 하나"가 아니라, "자신의 현재성에 대한 의문을 스스로에게 던진" 사상이다. 계몽주의는 시대가 아니라 철학이며, 그 시대를 창출해 냈던 그 시대의 산물이다. 따라서 계몽주의는 그 사상의 목표, 실천, 구체적인 방법, 여러 가지 기능들을 거느린 사상이지, 그 철학적 기능 중의 하나가 아닌 것이다.

그 다음, 김현은 하버마스와 푸코의 유사성과 차이점을 살펴보면서, 푸코의 입장에서 하버마스를 비판하고 있는 메쇼니크를 무비판적으로 옹호를 하고 있다고 하지 않을 수가 없다. 하버마스가 보들레르의 현대성에서 초현실주의와도 같은 개화를 보지만, 그는 "현대성과 전위 운동을 혼동하고 있다"는 것이 그것이다. 메쇼니크는 "전위 운동은 집단을 이루며 조직화된 공격성"을 자랑하지만, 현대주의자들은 "대개 집단을 이루지 않으며 고독한 개인으로서 작업을 한다"라고 말한다(4: 172). 다시 말해서 전위 운동은 모방자가 있지만, 현대성은 "모방자가 있을 수 없다"라고 말하고 있는 것이다. 그러나 메쇼니크는 계몽주의, 혹은 현대주의(모더니즘)라는 사상과 전위 운동을 동일하게 파악하는 오류를 범하고, 계몽주의, 혹은 현대주의(모더니즘)가 하나의 전위 운동으로서 수많은 모방자들을 낳았다는 역사적 사실을 간과하고 있다. 모든 사상은—그것이 고전주의이든, 낭만주의이든, 계몽주의이든, 현실주의이든, 실존주의이든, 초현실주의이든, 구조주의이든, 탈 구조주의이든지 간에—전위적인 것이며, 그것은 수많은 아류들과 모방자들을 낳게 된다. 나는 수많은 공산주의자들과 또 수많은 계몽주의자들이 있었다는 것을 너무나도 잘 알고 있으며, 열 번, 백 번을 말한다고 하더라도 모든 사상은 전위적—모든 새로운 사상은 불온한 것이다—인 것이라고 힘 주어 말할 수가 있다. 메쇼니크가 하나의 사상과 전위 운동을 동일하게 파악을 하고, 모든 사상들이 그 전위적인 운동을 통해서 자기 자신의 영역을 개척하고 확장을 시켜나갔다는 사실을 몰이해하고 있는 것도 문제이기는 하지만, 김현이 '시대와 사상', '철학과 그 철학에 따른 여러 가지 기능'들을 구분하지 못하고, 무비판적으로 메쇼니크의 말만을 쫓아갔다는 것이 더 큰 문제라고 하지 않을 수가 없다. 선무당이 사람을 잡고 주인이 없는 배가 산으로 기어 올라간다. 김현은 이처럼 철두철미하게 역사 철학적인 감각이 마비되어 있었기 때문에, 세계적인 대 사상가이자 현대성의 기획의 옹호자인 하버마스를 때려잡고, 우리 한국인들로 하여금 주인이 없는 배의 사공이 되어가게 했던 것인지도 모른다. 김현도 주인이 없는 배의 사공이었고, 정과리도 주인이 없는 배의 사공이었다. 그들은 아무 것이나 제멋대로 모방을 하고, 또 아무 것이나 제멋대로 베껴 먹는다. 학문 연구의 주제도 없고, 역사 철학적인 안목도 없고, 따라서 선과 악이나 어떠한 진위를 구별할 수 있는 능력도 없다. 서구의 대부분의 사상가들은 20~30대에 박사 학위를 받고 그 연구 주제를 통해서 세계의 사상계를 석권한 천재들이었지만, 우리 한국인들은 학문 연구의 주제는커녕, 주인을 잃은 배의 사공이라는 표지로서 그 박사 학위들을 소지하고 있다. 나침반도 없고, 지도도 없고, 그들이 가고 있는 학문의 최종적인 목적지도 없다. 오직 있는 것이라고는 사상적인 불임의 동물들로서 이전투구와도 같은 싸움 뿐이다. "밤 늦게까지 연구실에 불을 켜놓지 말아라, 그렇지 않으면 너는 소위 '왕따'의 신세를 면치 못할 것이다. 회식 자리에 두 번 이상을 빠지지 말아라, 그렇지 않으면 너는 소위 '씹'히게 될 것이다." 똑같은 과오와 똑같은 실수를 되풀이 범하고 있으면서도, 언제나 무리를 짓고 집단 패싸움을 더욱더 좋아하는 우리 한국의 학자들―. 더 이상 이 따위 일고의 가치도 없는 글을 쓰고 싶지는 않았지만, 우리 한국인들의 미래의 백만 두뇌가 가장 확실하게 무력화되어가고 있는 현실을 더 이상 묵과할 수만은 없었다는 것이 나의 솔직한 심정이기도 하다.

  나는 이제까지 김현의 제자에 대한 '천사적 사랑'의 전모를 분석하고 해체해 보고자 최선의 노력을 다해 왔다. 김현의 제자들에 대한 사랑은 '거짓과 오류' 위에 기초해 있는 사랑이며, 아주 유치하고 저질적인 사랑이다. 역사 철학적인 감각의 마비, 똑같은 과오와 똑같은 실수, 타인의 말과 타인의 사유에 대한 노예적인 복종 태도―. 그런데도 서투른 외국어 실력을 이용해서 푸코를 번역 소개하면 푸코보다 더 나은 사상가가 되고, 데리다를 번역 소개하면 데리다보다 더 나은 사상가가 된다. 김현은 불문학자로서 그 나무아미타불과도 같은 기적을 연출해 내면서, 전혀 참조의 대상이 다르고 일고의 가치도 없는 작업의 근거를 가지고 그의 제자들을, 마치, 세계적인 대 사상가나 된 것처럼 최고급의 칭찬을 해놓고 있는 것이다. 가히 천사와도 같은 사랑이며, 인면수심人面獸心의 사랑이라고 하지 않을 수가 없다. 스승은 자기 자신의 품 안에 모든 제자들을 묶어 두려고만 하고, 그의 제자들은 한결같이 아름답고 멋진 비상의 방법을 모른다. 그들은 다같이 세속적인 돈과 명예와 권력만을 사랑하지, 어떠한 모험이나 고통 따위에는 전혀 관심이 없다. 다른 사상, 다른 하늘, 또다른 저편의 세계가 있다는 것은 우리 한국의 학자들에게는 조금도 흥미거리가 되지 못하고, 날개가 없고 비상의 방법을 모른다는 것은 우리 학자들의 행복에 기여를 하게 된다. 날개가 있다는 것은 추락을 한다는 말과도 같고, 날개가 없다는 것은 제3세계의 문화적 풍토병과 비평의 만장일치제도 속에 깊이 있게 뿌리를 내린다는 말과도 같다. 나는 실증주의자도 아니고, 선험적 가치판단을 신봉하지도 않는다. 그러나 이때처럼 모든 사건은 원인을 갖는다는 말이 더욱더 절실하게 울려 퍼지고 있는 때도 없는 것 같다. 이미, 나는 김현의 제자에 대한 사랑이 "우리 한국인들을 더없이 깔보고 있는 자기과시 욕망의 속된 표현이며, 떼거지적인 수법으로 그의 집단의 체제와 권력 욕망을 더욱더 강화시키려는 속된 표현에 불과하다"라고 시사를 해놓고 있는 만큼, 이제는 정과리의 스승에 대한 '천사적 사랑'을 살펴보고자 한다.

그의 비평이 사일구에 연원을 두고 있다는 것은 의심할 여지가 없으나, 사일구 세대의 비평도 그의 비평도 한없이 다채롭기만 하다. 사일구 세대 비평가들에게서 거의 공통적으로 드러나는 인간주의적 이념, 문학의 자율성에 대한 믿음과 삶의 주체성을 향한 열망, 문학과 사회의 대결 의지, 실제비평으로부터 출발하기, 집약된 일관성에 대한 선호 등은 그 무한한 다수성 속의 아주 작은 공분모이거나, 혹은 거꾸로 그것들의 연관의 결과이지, 전체도 전제도 아니다. 김현의 비평이 사일구 세대의 비평의 이룸에 가담하는 것이지, 사일구가 김현 비평을 결정하는 것이 아니다.
— 정과리, 「김현문학의 밑자리」(11: 1372)

그는 문학의 자율성만을 주장한 것만이 아니었다. 그는 문학의 생성과 전개, 그것의 구조와 기능, 세계내 좌표를 추적하고 탐사하였고, 그 결과를 독특한 이론 체계로 만들어내었다. 그는 문학의 전부면을 체계적으로 재구성한 몇 안되는 비평 중의 하나였다. 마치 모두가 이성을 실천하였지만, 그것을 기치와 추구의 차원으로부터 과학의 차원으로 바꾼 계몽주의자가 몽테스키외와 비코를 제외하면, 없었던 것과 마찬가지로.
— 정과리, 「김현문학의 밑자리」(11: 1380)

김현은 역사 철학의 감각이 마비된 비평가였지, "문학의 전부면을 체계적으로 재구성한" "비평가"가 결코 아니었다. 그는 역사 철학의 감각이 마비된 채, 자기 자신을 '분석적 해체주의자'라는 정체불명의 용어로써 설명한 비평가였지, 진정한 의미에서 명명의 힘을 지니고 '문학 이론'을 정립한 비평가가 결코 아니었다. 서구의 문화 선진국에서는 사상과 이념의 차원에서 자기 자신들의 시대를 창출하고, 그것을 '고전주의, 낭만주의, 계몽주의, 현실주의, 초현실주의, 실존주의, 구조주의, 탈 구조주의'라고 명명을 한 바가 있지만, 김현이 기껏해야 명명을 한 것은 '4·19 세대, 유신 세대, 광주 세대'라는 정체불명의 괴상한 용어들일 뿐이었다. '4·19 세대, 유신 세대, 광주 세대는 독창적인 명명의 힘이 없는 우리 한국인들이 잠정적이며 일시적으로 붙여본 용어일 수도 있지만, 그것은 어디까지나 우리 한국인들의 무식함과 사상의 부재만을 드러내고 있는 것에 지나지 않는다. 이를테면, 4·19 세대의 이면은 5·16 세대이며, 4·19

세대라는 선명한 기치 속에서도 군사 독재 정권의 탄생이 배태되어 있을 수밖에 없는 것이다. 유신 세대의 대부분의 지식인들은 유신 철폐와 군사독재정권 타도를 위해서 그처럼 수많은 피를 흘리고 엄청나게 항거를 했는데도 왜 "박정희를 닮아 권위적"이라는 터무니 없는 굴레를 덮어 써야만 하는가(12)? 자기 자신의 세대는 정치적 자유와 민주주의를 위해서 혁명을 이룩했지만, 유신 세대는 군사독재정권에 가담했다는 식의 논리가 또한 어떻게 성립될 수가 있단 말인가? 세대론은 문단의 헤게모니만을 잡기 위한 야만적인 용어일 뿐인 것이지, 그것은 역사 철학의 용어가 결코 될 수가 없다. 그런데도 정과리는 김현이 불러준 대로 김현의 세대를 4·19 세대라고 부르고, 자기 자신의 세대를 아주 모멸적이고도 굴욕적으로, 유신 세대―"세칭 유신 세대인 나는"―라고 부른다(13: 35). 내가 한국 문학비평을 인정 사정없이 깔아 뭉개버리면서, 소위 '三不 현상'―'주제비평의 부재', '독창적인 비평방법론의 부재', '철학의 부재 현상'―을 지적했던 까닭이 바로 여기에 있다. 위의 예문들은, 이미, 「퇴폐주의를 어떻게 할 것인가?―황지우, 김현, 정과리 비판」이라는 글을 통해서 비판을 한 바가 있고, 이 글에서는 더 이상 깊이 있게 거론할 필요가 없을 것 같다. 다만, 정과리가 성화시킨 신전은 서양이라는 타자의 신전이며, 그 신전의 건축 양식은 바슐라르와 아도르노와 골드만과 프로이트의 기법이 혼재되어 있을 뿐이라는 사실을 밝혀두고자 한다. 정과리는 자기 자신의 스승을 가장 현란하고 화려한 수사로 성화시키기에 앞서서, 그 신전의 건축양식을 성실하게 따져보는 노력을 기울였어야 했을 것이고, 그리고 나서 김현이라는 불세출의 비평가(?)와 세계적인 제일급의 비평가들과 비교를 하고, 그 비교 우위성을 입증했어야만 마땅했던 것이다.

정과리의 스승에 대한 사랑은 '거짓과 오류' 위에 기초해 있는 사랑이며, 아주 유치하고 저질적인 사랑이다.

역사 철학의 감각이 마비되어서 아무런 이론적 성과도 없이 수많은 오류만을 낳은 스승이, "정과리야, 너는 푸코의 권력 이해의 핵심에 다가갔고, 궁극적으로는 푸코를 뛰어넘었단다. 현대성의 기획의 옹호자인 하버마스는 아직도 미성숙하지만, 너는 바람직한 성숙성을 이룩한 제일급의 비평가가 되었단다"라고, 전혀 터무니 없고 근거가 없는 칭찬을 하면, 정과리는 더없이 황송해져서, "존경하는 김현 선생님이시여, 선생님은 사일구 세대의 선구자이시며, 문학의 전부면을 체계적으로 재구성한 비평가 중의 한 사람이십니다. 선생님의 독특한 문학 이론은 미셸 푸코와 데리다를 뛰어 넘어서서, 이 땅의 한국문학비평을 더없이 아름답고 풍요롭게 꽃 피워낸 불후의 고전이라고 하지 않을 수가 없습니다"라고, 비평하기보다는 기꺼이 찬양을 하는 못난 제자의 최종적인 행태를 보여준다. 그러나 그들의 사랑에는 더없이 불순한 음모와 이성의 간계가 숨어 있다. 스승은 학회, 언론, 출판사, 대학 제도, ○○문학상의 제도를 한 손에 움켜쥐고 있는 최고의 권력자이며, 제자는 스승의 권력에 의지하여 그 유산을 상속받으려고 애를 쓰고 있는 제자이다. 스승은 자기 자신의 권력을 유지하기 위하여 제자를 그 집단의 충복으로 만들려고 하고, 제자는 "문학 비평은 스승의 울타리 밖"이라고 말하면서도 그 스승의 품 안을 좀처럼 떠나지 못한다(14: 466). 만일, 정과리가 김현이라는 스승의 품 안을 벗어났다면, 그의 뛰어난 두뇌와 날카롭고 예리한 분석력을 통하여 한국 문학비평을 세계적인 수준으로 끌어올리고, 그는 모든 인류의 대스승이 되었을는지도 모른다. 정과리가 자기 스승의 품 안을 벗어나지 못하고, 그의 제자인 반경환에 의해서 이처럼 비판을 받게 되었다는 것은 한국문학사의 가장 가슴 아픈 대목이 될는지도 모른다. 그는 독창적인 사상과 독창적인 문학 이론의 정립을 포기한 비평가이며, 그의 천재성을 비겁한 권력 욕망 앞에서 마모시켜버린 가엾은 비평가이기도 하다. 낙천주의의 사상가인 반경환이 아무런 사상도 없는 정과리와 논쟁을 벌인다면, 이것은 분명히 해외 토픽감이고, 서구의 사상가들이 배를 잡고 웃게 될는지도 모른다. 그들은 반경환이마저도 우습게 볼 것이고, 따라서 나는—정과리의 '반론'을 손꼽아 기다리고 있으면서도—정과리와 논쟁을 하자고 이 글을 쓰고 있는 것은 아니다. 나는 그가 최고의 권력자이기 때문에, 그 권력자의 우매함을 바로잡기 위해서 이 글을 쓰고 있는 것이다. 제3세계의 문화적 풍토병과 비평의 만장일치제도는 정과리와도 같은 천재를 우둔한 바보로 만들고, 우리 한국인들의 백만 두뇌를 가장 확실하게 무력화시켜 놓는 암적인 종양들일 뿐이다.

그러나 나는 정과리의 권력을 질투하거나 시기만을 하고 있는 것은 아니다. 오히려 그가 그의 권력을 더욱더 공고히 하고, 거기에 걸맞는 통치 철학을 보여 주었으면 하는 것이다. 첫째로, 그는 그의 문학비평의 주제를 정하고, 그것을 사상과 이념의 차원에서 정립을 하는 일일 것이다. 하루에 열 시간씩, 열두 시간씩 공부를 하고, 그 공부를 위하여 대학교수는 물론, 문학과지성사의 최고의 권력자의 자리마저도, 마치 헌신짝처럼 내던져 버리는 용기가 그에게는 필요하다. 니체, 쇼펜하우어, 스피노자, 데카르트 등, 모든 제일급의 사상가들이 그들의 사상의 신전을 짓기 위하여 대부분이 그렇게 하지 않았던가? 제3세계의 문화적 풍토병과 비평의 만장일치제도, 혹은 우리 한국인들의 '근친상간의 역사'와 '저능아들의 집단 유희의 역사는 좋은 학습의 태도와 좋은 생활의 태도 속에서 고쳐질 수가 있는 것이지, 그처럼 나쁜 제도와 나쁜 역사를 움직여 나가고 있는 최고의 권력자에 의해서 고쳐질 수가 있는 것이 아니다.

아아, 그러나 한국문학 이론의 정립과 낙천주의 사상을 정립하기 위한 나의 어렵고도 힘든 노력들은 거들떠 보지도 않고, "한국문학비평은 격렬하지만 사소하다"라고, 깔아 뭉개버리고, 마르크스가, 미셸 푸코가, 데리다가, 니체가, 쇼펜하우어가 택할 수밖에 없었던 "주제비평"을 극단적으로 폄하하고 있는 정과리의 무지와 그 타락을 더 이상 어떻게 설명을 할 수가 있단 말인가(15)? 진정으로 권력에 눈이 멀면 우매해지기 마련인 모양이지만, 정과리는 權不十年이라는 말을 마음 속 깊이 유념을 하고, 더 이상 역사와 민족 앞에서 죄를 지어서는 안 된다. 나는 그러나, 정과리의 제자로서, 사상의 신전을 짓고 싶지, 권력의 신전을 짓고 싶지는 않다.

둘째로, 정과리는 『문학과사회』나 이광호와 우찬제에 의해서 새롭게 형성될 집단들을 과감하게 해체하고, 문학과지성사에서 독립을 하여 프랑크프루트 학파나 제네바 학파, 그리고 아날 학파와도 같은 학파를 결성하는 것도 하나의 차선책으로서 고려해볼 수도 있을 것이다. 저마다 제각각의 연구 주제를 가지고 학파를 결성하게 되면 그 집단 내의 상호경쟁적인 지적욕망을 자극시키는 것은 물론, '근친상간'의 나쁜 폐해와 무조건 돈과 명예와 권력만을 추구하는 '저능아들의 집단 유희'의 폐해를 중단시킬 수도 있을 것이다. 가령, 예컨대, 『문학과사회』를 출범시킨지, 겨우 10년 만에, "매너리즘과 상상력이 고갈"되었다는 것은 솔직하고 정직한 고백일 수도 있지만, 그러나 그것은 정과리, 이인성, 홍정선, 성민엽, 권오룡 등이, 이미, 조로 현상을 보이고 있다는 증거가 되고, 그들이 다같이 어떠한 비평의 주제나 자기 문학이론을 정립하지 못했다는 살아 있는 증거가 될 수도 있다(16). 서구의 철학자들(비평가들)은 60~70대에 이르러서도 더욱더 중후하고 원숙한 필치로 자기 자신들만의 사상을 완성할 수가 있지만, 그들은 결코 그렇게 할 수가 없다. 따라서 그들은 자기 자신들의 조로 현상을 '근친상간의 역사'와 '저능아들의 집단 유희의 역사'로 설명을 하고, 다시는 이러한 후진적이며 비학문적인 작태들이 더 이상 되풀이 되어서는 안 된다고 역사와 민족 앞에 정직하게 고백을 하고 은퇴를 하면 용서를 받을 수도 있지만, 그렇지 않으면 그들의 대역죄는 결코 용서를 받을 수가 없다. 왜냐하면 그들은, 이미 40대 초 중반에 학문적으로 '불임의 동물들'이라는 것이 판명되었는데도 불구하고, 자기 자신들이 소속된 집단만을 더욱더 중요시하고, 『문학과사회』의 편집위원, 대학사회의 주요 보직, 언론, 학회, 각종 세미나의 연사, 각종 문학상의 심사위원의 자리만을 차지하려는 권력욕망만을 더욱더 드러내놓고 있는 것이기 때문이다―제발 '조로 현상'과 '학문적으로 불임의 동물', 그리고 '근친상간의 역사'와 '저능아들의 집단 유희의 역사'라는 나의 말에 흥분을 하지 말기를 바란다. 들뢰즈는 그의 박사 학위의 논문인 『차이와 반복』 이후, 그가 죽기 직전 68세의 나이로 『비평과 임상의학』을 썼고, 칸트는 64세에 『순수이성비판』을 출간했고, 그 이후 『실천이성비판』과 『판단력비판』을 썼다. 쇼펜하우어와 프로이트도 마찬가지이다. 자기 자신만의 학문의 연구 주제를 가진 자와 그렇지 못한 자와의 차이는 하늘과 땅 차이보다도 더 크다. 정과리, 이인성, 홍정선, 성민엽, 권오룡 등은 이 사실을 직시하고, 우리 한국인들의 백만 두뇌를 양성해낼 수 있는 세계적인 대 사상에 도전하기를 바란다 ―. 나는 정과리가 1988년, 『스밈과 짜임』을 출간한 이후, 지난 10여년 동안, 두 세 권 분량의 원고가 쌓여 있을 텐데도 그것을 책으로 엮어내지 못하고 있는 속사정을 너무나도 잘 알고 있다. 첫 번째로는, 내가 『행복의 깊이 1』, 『한국문학비평의 혁명』(『행복의 깊이 2』), 『어느 철학자의 행복』(『행복의 깊이 3』) 등의 저서들을 내놓은 결과, 단편적인 짜깁기에 불과한 평론집의 가치가 상실되었기 때문이고, 두 번째로는, 나의 비판에 의해서 김현 문학비평의 절대성과 정체불명의 괴상한 용어들—소위 '4·19 세대, 유신 세대, 한글 세대, 신 세대, 신 감각주의, 신 서정, 다리의 상상력' 등—이 거의, 모두가, 다 무너져 내렸기 때문이다. 정과리는 이미, 마음 속 깊이 입은 내상의 상처를 감추고 아직도 김현의 문학비평에 의존하는 글을 쓰고 있기는 하지만, 후세의 문학사가들의 심판이 두려운 것이다—정과리는 내가 이 글을 쓴 이후, 1999년 11월, 『무덤 속의 마젤란』이라는 아주 기만적인 평론집을 출간했다. 『무덤 속의 마젤란』이 왜 기만적인가 하면, 지난 11년 동안 가장 중요했던 그의 글들, 예컨대 「김현 문학의 밑자리」, 「못다 쓴 해설」, 「특이한 생존, 한국비평의 현상학」, 「옛날 옛적에 문학이 있었다」 등이 모두 빠져 있고, 텍스트의 풍요로움은커녕, 그의 앙상하고 메마른 논리만이 드러나고 있는 시론집에 불과하기 때문이다. 그런데도 정과리는 김병익의 뒤를 이어 문학과지성사의 대권을 물려받고, 그후, 마치 나폴레옹처럼 모든 언론들의 집중 조명을 받았다. 40대 초반의 나이에 이미 학문적으로는 불임의 동물이라는 사실이 판명되었지만, 각종 문학상의 심사위원, 각종 세미나의 연사, 2000년도 '현대문학상 수상', 『문학과사회』 편집위원, 월간 『현대시』 편집위원, 『동서문학』과 『현대문학』 등에 그의 절대적인 권력을 행사할 수 있게 되었다. 이 세상에서 가장 찬란하고 화려한 그의 명예와 명성을 위해서라면 일주일에 이틀씩을 길바닥에 깔아버리고도 아무런 양심의 가책이 없는 서울 거주의 지방 대학 선생도 전혀 이상할 것이 하나 없고, 우리 한국인들이 앎의 투쟁에서 패배를 하여 정신의 IMF 사태를 맞이하게 된 것도 전혀 이상할 것이 없다. 나는 진정으로 학문을 사랑하는 한 사람의 철학자로서 온몸이 갈갈이 찢어지고 능지처참을 당하더라도 이 말만은 반드시 전해두고 싶다. 정과리는 근친상간으로 태어나 저능아들의 집단 유희나 벌이다가 사라져갈 정신적인 괴물일 뿐이라구—. 나는 언제, 어느 때나 정과리 따위는 단칼에 베어버릴 수 있는 실력을 갖추고 있다고 자부한다. 왜, 나는 독창적인 명명의 힘과 독창적인 사상을 정립한 진정한 철학자이니까!—. 모든 학문, 예술이란 만인들의 반대 방향에서 외롭고 고독하지만, 그러나 의연하고 떳떳하게 자기 자신들의 길을 걸어간 사람들에 의하여 이루어지는 것이지, 무리를 이룬 다수에 의해서 이루어지는 것이 아니다. 전자는 인간이라는 종의 건강과 그 문명과 문화의 발전에 기여를 하게 되지만, 후자는 전혀 그렇게 할 수가 없다.

제3세계의 문화적 풍토병과 비평의 만장일치제도, 혹은 우리 한국인들의 근친상간의 역사와 저능아들의 집단 유희의 역사는 두 가지 차원에서 아주 깊이 있고, 폭넓게 펼쳐지고 있다고 하지 않을 수가 없다. 그 하나는 사제지간의 차원이며, 나머지 하나는 상업주의적인 차원이다. 사제지간의 차원에서 펼쳐지고 있는 아름다운 곡예들은 이미, 김현과 정과리의 경우에서 살펴본 바가 있지만, 『문학과사회』의 어느 지면을 살펴보더라도 그것은 아주 손쉽게 찾아볼 수가 있다. 그들은 '숨어 있는 걸작들을 다시 읽는다'라고 하면서도 그들을 비평하기 이전에 기꺼이 찬양을 하고(17), 더욱더 정교하고 세밀한 검증 과정도 없이 "김병익과 김윤식"을 "두 원로 비평가"라고, 비평하기보다는 기꺼이 찬양을 한다(17). 스승이 그의 제자들에게 "비평하기보다는 기꺼이 찬양을 하세요! 출세의 월계관은 우리들의 손 안에 있습니다"라고 말하면, 제자는 그의 스승들에게 "선생님의 말씀은 여전히 진리이고 진리는 신성하다는 사실을 저희들은 매우 잘 알고 있습니다"라고, 즉시 답변을 올린다. 스승은 언제나 예의 바르고 겸손하게 자신의 곁을 떠나지 않는 제자를 더욱더 사랑하고, 제자는 언제나 가부장적인 권위를 지니고 있으면서도 모든 것을 베풀어 줄줄 아는 스승을 더욱더 존경한다. 자기 자신의 학문을 위해서 대학 사회를 떠나거나 한 사람의 제자도 키우지 못한 세계적인 사상가들―, 이를테면 데카르트, 스피노자, 라이프니츠, 니체, 쇼펜하우어는 어디까지나 반 사회적인 인물들일 뿐이며, 소 영웅주의적인 사고방식에 사로잡혀서, '아니다', '그렇지 않다'라고, 사사건건 말대답을 일삼고 있는 제자는 더 이상 상종할 수 없는 인간 망나니에 지나지 않는다. 단 한 번도 옷깃을 스치거나 눈길 한 번 마주친 적이 없는 칸트를 스승으로 섬겨온 쇼펜하우어도 인간 망나니이고, 그 쇼펜하우어를 섬겨온 니체도 인간 망나니이다. 자기 자신의 사상적 계보를 바슐라르―캉기옘―푸코(이들의 관계가 진짜 스승과 제자의 관계이다)로 설명을 하지 않고, 헤겔―니체―맑스 베버―프랑크프루트 학파―푸코로 설명을 한 푸코도 인간 망나니이며, 일찍이 자기 자신을 가르쳐 준 푸코를 비판하고 니체―하이데거―데리다 속에 자기 자신의 사상적 계보를 설정한 데리다도 인간 망나니이다. 우리 한국 사회에서의 스승과 제자의 관계는 유교 문화의 전통에 속해 있으며, 제3세계의 문화적 풍토병과 비평의 만장일치제도의 전거를 이루고 있다. 따라서 그들의 관계는 데카르트, 스피노자, 라이프니츠, 칸트, 헤겔, 쇼펜하우어, 니체, 맑스 베버, 푸코, 데리다의 인간 망나니 관계를 넘어서서, 진정한 인간의 관계로 나아간 관계이며, 그 바람직한 인간 관계를 생각해 볼 때, 우리 인간들의 성숙성의 정점에까지 도달해 있다고 해도 과언이 아니다. 오늘도 김현/ 정과리, 김현/ 진형준, 김현/ 이인성은 '제3세계의 문화적 풍토병'과 '비평의 만장일치제도' 위에 군림을 하면서 우리 한국인들의 백만 두뇌를 모조리 무력화시켜 나가고 있는 기적을 연출해 내고 있는 것인지도 모른다. 하지만 한국의 비평 정신이 제대로 살아 있으려면 최인훈과 또스트옙프스키, 황동규와 엘리어트, 김현과 미셸 푸코, 김윤식과 루카치, 정과리와 데리다 등을 비교 문학의 차원에서 검토하고 그들의 장, 단점들을 드러내는 것이 더 바람직하고 생산적인 일이 될 수도 있을 것이라고 나는 생각한다. 상업주의에 의한 근친상간의 예도 『문학과사회』의 지면에 넘쳐나고 있고, 그것 역시도 우리 한국문학의 후진성을 극명하게 드러내 보여주고 있는 것이라고 하지 않을 수가 없다. '기획특집'에서부터 '집중조명'에 이르기까지, 오늘의 '한국문학란'에서 '서평란'에 이르기까지, 어느 한 부분 제대로 오염되지 않은 곳이 없다. 그것은 문학과지성사의 구성원들이 사악하고 나쁜 인간들이기 때문만이 아니다. 문학과지성사는 자본주의 사회에서 영리를 추구하는 출판사에 지나지 않으며, 그 출판사의 목적에 따라서 그들이 출간해낸 책들과 작가들에게는 무조건적인 칭찬만을 하게 되어 있는 것이다. 상품의 홍보와 영리의 추구가 먼저이지, 그 상품의 질이 먼저인 것은 아니다. 언제, 어느 때 최인훈, 황동규, 정현종, 오규원, 김원일, 홍성원, 김현, 김병익, 정과리, 이인성, 임철우, 황지우, 신경숙 등이 제대로 비판을 받고 평가를 받은 적이 있었던가? 가외의 얘기가 될는지도 모르지만, 대한민국의 최고의 출판사가 수 년 동안의 적자를 견디다 못해, 죄를 짓고 미국으로 도망을 간 카지노 업계의 대부에게 손을 벌리고 거액의 자금을 입수했다는 확인되지 않은 설들이 난무를 하고 있다.

　문학과지성사는 아무리 대한민국의 최고의 출판사라고 하더라도 영리를 추구하는 출판사에 지나지 않으며, 대한민국에서의 최우선적인 과제는 그 출판사의 상업주의를 배제하고, 학문 연구를 진전시킬 수 있는 학파의 출현이라고 하지 않을 수가 없다. 프랑크프루트 학파, 제네바 학파, 아날 학파 등은 그들의 공통된 연구 주제를 가지고 상호 토론과 상호 논쟁을 하면서, 그 구성원들 모두가 세계적인 석학들이 되지 않았던가? 그리고 그 구성원들이 세계적인 석학이 된 다음에는 모두들 뿔뿔이 흩어져 저마다의 독자적인 길들을 걸어가지 않았던가? 우리 한국인들은 그들의 독창적인 사상과 독창적인 명명의 힘을 배우지 못하고, 또한 그들의 좋은 학습의 태도와 좋은 생활의 태도를 배우지 못하고, 그 떼거지적인 수법으로 눈앞의 명예와 명성만을 추구하지 않았던가? 정신의 IMF와 경제의 IMF 사태는 어디까지나 앎의 투쟁에서의 패배의 결과일 뿐이고, 이러한 점에서 있어서 김현과 정과리는 우리 한국인들의 백만 두뇌를 무력화시켜 놓은 장본인들일 수밖에 없는 것이다. 하루바삐 학문적으로는 불임의 집단에 불과한 '문사'나 '문지' 집단을 해체하고 프랑크프루트 학파나 제네바 학파, 그리고 아날 학파와도 같은 학파를 결성해야 할 필요성이 바로 여기에 있는 것이다. 만일, 우리 한국인들이 그 학파들을 결성하게 된다면, 예컨대,

　　1, 우리 한국인들의 사상과 문학 이론의 정립;
　　2, 한국문학의 세계적인 수준으로의 향상;

3, 우리 한국인들의 미래의 백만 두뇌 양성;

  4, 한국어와 한국문학의 영역과 지적 시장의 확대;

  5, 우리 한국인들의 사회적, 문화적 지위 향상(예를 들면 '사상가의 민족'이라는 칭송과 존경 같은 것);

  6, 교육 부문에서의 역조 현상 개선(외국의 수많은 유학생들을 유치하는 것);

등과도 같은 이점들이 있을는지도 모른다.

나는 우리 한국인들의 삶을 옹호하고 찬양을 하고 있는 한 사람의 신성모독자이다. 나는 낙천주의자이며, 우리 한국인들을 위해서 '사색인의 십계명'을 지어 바친 바가 있다.

  1, 깊이 있게 배운다;
  우리는 타인의 말과 타인의 사유와 함께, 오래 오래 살아볼 필요가 있다.
  內面化의 오랜 과정—.
  우리에게 필요한 것은 앎에 의한 제이의 천성이지, 앎 이전의 제일의 천성이 아니다.

  2, 잘 질문한다;
  외디프스가 그의 수수께끼를 풀었을 때에도 스핑크스는 자살을 할 수밖에 없었고, 오딧세우스가 그녀의 노래 소리를 들었을 때에도 사이렌은 자살을 할 수밖에 없었다.
  우리에게는 영웅적인 용기와 匕首가 필요하다.
  모든 진리는 시간과 장소에 의해서 규정되는 잠정적인 진리에 불과하다.

우리 학자님들, 그대들은 왜 노벨상을 타지 못하고, 한국문학 이론을 정립하지 못하는 즐거움만을 만끽하고 계시는지요? 도대체가 아무런 명명의 힘도 없는 그대들이 한국 사회의 파산 상태의 주범들이 아니시던가요?

3, 神의 권위도 인정하지 말라;
신은 우리 인간들에게 무조건의 예배와 복종을 강요하지만, 나는 그가 발기부전증의 환자라고 생각한다. 하나님은 동정녀 마리아와의 간통으로 예수를 얻었지만, 바로 그때, 치명적인 매독으로 성 기능의 장애를 입었다는 것을 우리 신성모독자들은 누구나 잘 알고 있다.
예수 이후, 하나님이 아들을 얻었다는 증거는 어디에도 없다.
神正論은 우리 인간들을 개나 돼지처럼 학대하는 관점에 불과하다.

4, 사상의 신전을 짓고 모든 사람들을 초대하라;
우리는 자기 자신을 세계의 중심에 놓을 필요가 있다.
나는 낙천주의자로서 '세계는 나의 범죄의 표상이다'라고 역설한 바가 있다. 이 말은 나의 범죄 행위가 있고, 그 다음에 세계가 있다라는 뜻이다.
創字에는 칼 도刀字가 들어 있다.
나의 사상의 신전, 낙천주의 속에는 우리 인간들의 꿈과 행복이 들어 있고, 언제나 행운의 여신이 미소를 짓고 있다.

5, 최고급의 인식의 제전을 펼쳐 보아라;
넓고 깊은 바다에는 모든 강물들이 다 흘러 들어오고 있다.
오늘도 파도와 파도가 부서지고 있다.
모든 물고기들은 '논쟁의 문화'를 향유하고 있다.

장미 같은 지식, 언제나 충직한 개 같은 지식, 화류계 여자 같은 지식, 기생 오래비 같은 지식, 사이비 학자 같은 지식, 일본병정이나 독일 병정 같은 지식, 유태인이나 중국인 같이 돈만 아는 지식, 단 하나의 진리만을 선호하는 기독교인이나 공산주의자 같은 지식, 공공복리와 애국심만을 떠들어 대는 지식, 언제나 인간이라는 종의 건강을 위해서 고군분투하고 있는 지식 등—.

우리들이 진정으로 소망하고 있는 최고급의 인식의 제전의 전사는 부분을 전체와 관련시켜 이해하고, 전체를 부분과 관련시켜 볼 줄 아는 깊이 있고 종합적인 시야를 확보한 지식인일 수밖에 없다.

(생략)

— 반경환, 「사색인의 십계명」 중에서(3: 85-87)

그 신성모독자의 눈으로 바라보면, 항간의 '권력'과 '상업주의'를 둘러싼 논쟁은 지극히 비 생산적이고 소모적인 논쟁으로밖에는 보이지를 않는다. 거기에는 비판하는 사람이나 비판을 당하는 사람이나 다같이 권력을 잡기 위한 저질적이고도 야만적인 투쟁들만이 있을 뿐이지, 아버지를 살해하려는 도전적이고도 야심만만한 관점들은 전혀 찾아볼 수가 없다. 다시 말한다면, 김현, 김윤식, 백낙청, 유종호, 김우창, 정과리의 문학비평과 그 한계를 비판하고 새로운 문학비평의 방법론을 제시하는 것이 진정으로 생산적인 논쟁이 되고, 우리 한국문학비평을 한 차원 높게 끌어 올릴 수가 있는 길이라고 해도 과언이 아니다. 너무나도 꿈 같은 얘기가 될는지도 모르지만, 유태인들이 수천 년 동안 세계 곳곳으로 뿔뿔이 흩어져 살아왔으면서도 오늘날 세계를 정복하게 되었던 것은 그들의 앎에의 의지를 신성모독적인 방법—서구의 기독교인들에 의해서 유태인들이 얼마나 가혹하고 엄청나게 억압과 탄압을 받아 왔는가를 더 이상 설명할 필요가 있을까? 이상한 역설같지만, 지배 계급의 종교를 믿고 있는 유태인들이 피지배 계급의 종교를 믿고 있는 기독교인들에게 대항하여, 신성모독적인 방법으로 그들의 역사와 전통과 종교를 지켜 왔다는 사실도 우리 한국인들은 좀 더 냉정하고 객관적으로 분석해볼 필요가 있을 것이다—으로 극단화시켜 왔기 때문일는지도 모른다. 우리 한국인들과 유태인들 중, 어느 민족이 삼류 민족이고, 어느 민족이 제일급의 민족이라는 것은 더 이상 설명을 할 필요가 없을 것이다.

| 참고 문헌 |

1, 반경환, 『행복의 깊이』, 한국문연, 1994
2, ──, 『한국문학비평의 혁명』, 국학자료원, 1997
3, ──, 『어느 철학자의 행복』, 국학자료원, 1999
4, 김현, 『시칠리아의 암소』, 문학과지성사, 1990
5, 자크 데리다, 『해체』, 김보현 편역, 문예출판사, 1996
6, 진형준, 『깊이의 시학』, 문학과지성사, 1986
7, 김현, 『문예중앙』 좌담, 1988, 봄호
8, 정과리, 『스밈과 짜임』, 문학과지성사, 1988
9, 질베르 뒤랑, 『상징적 상상력』, 문학지성사, 1988
10, 새뮤얼 헌팅턴, 『문명의 충돌』, 김영사, 1997
11, 정과리, 『문학과사회』, 1990, 겨울호
12, 김현, 『행복한 책읽기』, 문학과지성사, 1992
13, 정과리, 「특이한 생존, 한국비평의 현상학」, 『문학과사회』, 1994, 봄호
14, ──, 「못다 쓴 해설」, 『전체에 대한 통찰』 해설, 나남출판사, 1990
15, ──, 「한국비평의 현상학, 두 번째」, 『문예중앙』, 1999, 가을호
16, ──, 『문학과사회』, 1999, 여름호
17, ──, 『문학과사회』, 1999, 가을호

김윤식, 유종호, 백낙청 비판
― 한국문학의 이론적 정립을 위하여

　구약 성경 이외에도 또 하나의 경전인 『탈무드』에는 섹스가 일(노동)이라면 비 유태인을 고용해서 그 짓을 시킬 것이라는 음담이 나오는가 하면, 마누라의 장례식 날 이층의 다락방에서 하녀와 정사를 벌이다가 들킨 녀석이 "자네들은 잘 몰라, 나는 너무 슬픈 끝에 머리가 돌아버린 거야"라고 변명을 해대고 있는 장면도 나온다. '탈무드'라는 말이 '깊이 배운다'라는 뜻을 지니고 있다고는 하지만, 이 세상에서 가장 위대하고 지혜로운 유태인들은 블랙 유머를 사용할 때조차도 아주 깊이가 있고 고급스러운 품위가 있다고 생각된다. 유태인은 아버지와 교사가 다 같이 감옥에 갇혀 있다면 교사를 먼저 꺼내 온다고 한다. 또 교사를 사위나 며느리로 맞이하게 되면 전재산을 기꺼이 헌납해도 기쁘게 생각한다고 한다. 왜냐하면 유태 사회에서는 교사가 아버지보다도, 전재산보다도 더욱더 소중했기 때문이다.
　인류의 역사상 가장 불운했던 유태인들, 사랑하는 조국을 잃고 수천 년 동안이나 세계 각처로 뿔뿔이 흩어져야만 했던 유태인들—, 그러나 오늘날 유태인들이 수천 년 동안 유태의 역사와 전통과 종교를 잃지 않고 세계를 지배하게 된 것은 깊이 있게 배운다는 '앎에의 의지'가 육화되어 있기 때문일 것이다. 미국 사회에서 유태인의 인구 비율은 3.2%에 불과하지만, 미국의 대학원생의 비율은 29%이며, 미국 고등학교의 IQ 테스트에 의하면 유태인의 자녀들이 다른 민족의 자녀들보다 11.8%가 높게 나타난다고 한다. 깊이 있게 배운다는 것은 "만나는 사람 모두에게서 무언가 배울 수 있는 사람이 제일 현명하다"는 교훈을 낳게 되고, 또한 깊이 있게 배운다는 것은 "하루라도 공부를 하지 않으면 그것을 되찾는 데 이틀이 걸린다. 이틀을 공부하지 않으면 나흘이 걸린다. 1년을 공부하지 않으면 그것을 되찾는 데 2년이 걸린다"라는 교훈을 낳게 된다.

예루살렘이 로마군에 의해서 포위를 당했을 때, 항복 조건으로 단 하나의 학교만은 존속시켜 줄 것을 요청했던 유태인, 유태교, 기독교, 이슬람교 등, 세계의 삼대 종교를 안출해냈던 유태인, 아브라함, 예수, 성모 마리아, 사도 바울 앞에서는 전 세계인이 무릎을 꿇고 기도를 드리지 않을 수가 없게 만든 유태인, 수많은 박해와 탄압과 압제 밑에서도 하나님께 선택받은 민족이라는 긍지를 잃지 않으면서, 그들의 앎에의 의지를 육화시켜 나갔던 유태인, 세계인구의 0.38%에 불과하면서도 노벨 경제학상 65%, 노벨 의학상 23%, 노벨 물리학상 22%, 노벨 화학상 11%, 노벨문학상 7%를 점유해버린 유태인, 마르크스, 프로이트, 아인시타인, 카프카, 스피노자, 오펜하이머, 앙리 베르그송 등 수많은 석학들을 배출해낸 유태인, 수많은 불행, 위기, 곤궁, 우연들 앞에서도 눈 하나 깜짝하지 않을 정도로 최고급의 지혜와 힘의 감정을 지닌 유태인, 다섯 번씩, 여섯 번씩 거듭된 실패에도 불구하고 "오 주여, 저에게 이처럼 엄청난 고통과 시련을 주셔서 감사합니다"라고, 다시 일어설 줄을 알았던 유태인, 자기 자신을 끊임없이 학대하고 못살게 만드는 천재 생산의 교수법을 지녀온 유태인一. 모든 학문의 목표가 수많은 이민족들의 백만 두뇌를 무력화시키기 위한 세계정복운동이라면, 오늘날 유태인들이 세계를 지배하고 있다고 해서 조금도 이상할 것이 없다는 생각도 다 든다.

유태인들은 유태교를 통해서 그들의 삶을 찬양하고 긍정할 수 있는 낙천주의를 양식화시켰다. 또 그들은 로마 제국의 압제 밑에서 이 세상의 삶을 헐뜯고 저주하고 비방할 수 있는 염세주의를 양식화시켰다. 앎의 궁극적인 목표는 새로운 사건과 사물에 이름을 부여하고, 그 주체자가 언어 자체의 기원을 간직하게 되는 것이라고 하지 않을 수가 없다. "새로운 것은 낯선 것이며 알 수 없는 것이고, 그 현상들을 보편적이고도 합리적으로 설명할 수가 없다면 우리 인간들은 엄청난 가치의 혼란과 무질서의 소용돌이 속에 빠져들지 않을 수가 없게 된다. 새로운 것은 반드시 일시적이고 잠정적인 현상이어야 하지, 정반대 방향에서, 영속적이고 항구적인 현상이어서는 안 된다. 명명의 힘이란 새로운 사건과 사물에 이름을 부여할 수 있는 힘을 말하고, 하나의 개념이란 그 명명의 힘에 의해서 새로운 사건과 사물에 대한 이해를 담지하고 있는 어떤 것을 말한다. 하나의 개념은 그것이 설명하고 있는 최초의 대상에 대한 이해를 담지하고 있고, 한 걸음 더 나아가, 더 큰 사회 역사적인 문맥 속에서"(반경환, 「앎에의 의지」) 어떠한 체계적인 사유를 드러낼 수가 있다면 그것을 곧 바로 이론이라고 할 수가 있는 것이다. 이러한 이론에 의해서 새로운 문명과 문화가 창조되고 우리 인간들의 삶이 향상되어 왔다고 해도 틀림이 없다. 유태교와 기독교도 하나의 정교한 이론이며, '너 자신을 알라', '신은 죽었다', '지동설', '방법적 회의' 등도 하나의 정교한 이론이다. 그런데 이 세상에는 공짜가 없다. 명명의 힘을 가진 자나 자기 이론의 창시자는 니체의 말대로 "언어 자체의 기원을 지배자의 권력 표시"(니체, 『도덕의 계보』)처럼 간직하게 되었던 것이다.

그렇다면 문학 이론을 어떻게 정립할 것인가라는 문제와도 마주하지 않을 수가 없다. 문학 이론의 창시자라면 화려한 사교장의 무대를 멀리한 채, 시계바늘처럼 단조로운 왕복운동을 하고 있는 것처럼 보이지만, 그러나 그것은 일 분, 일 초의 오차도 있을 수가 없는 사유의 운동으로 꽉 차 있는 운동이지 않으면 안 된다. 또한 그는 가장 찬란한 인식의 제전의 전사로서 새로운 사건과 사물에 이름을 부여할 수 있는 명명의 힘으로 무장되어 있지 않으면 안 된다. 그는 거듭거듭 되풀이 죽어야만 하는 고통의 지옥훈련과정을 통해서 하나의 가설을 설정하고, 그것을 구체적인 작품 분석을 통하여 전인미답의 금자탑(정교한 이론)으로 세우지 않으면 안 된다. 예컨대, "소설은 '신이 버린 세계의 서사시'이며, '범죄와 광기는 선험적 고향 상실의 객관화 과정'(『소설의 이론』)이라는 과감한 가설을 통해서 '추상적 이상주의'(『동키호테』, 『적과 흑』), '환멸적 낭만주의'(『감정교육』), '교양소설'(『빌헬름 마이스터』), '현대 서사형식의 유형'(『전쟁과 평화』) 등, 네 유형의 소설을 분석하고, '소설의 이론'을 정립했던 루카치나 문학 작품의 구조와 사회 역사적 구조와의 상동 관계에 주목하면서 파스칼의 『팡세』와 라신의 『비극』을 분석하고 '발생론적 구조주의'를 정립했던 뤼시엥 골드만을 생각하여 보라! 비록, 정신분석학자이긴 하지만, 우리 인간들의 욕망은 '성적 욕망이다'라는 과감한 가설을 통해서 『그리스 로마 신화』와 소포클레스의 『외디프스 왕』, 그리고 백과전서파인 디드로의 『라모의 조카』 등의 분석을 통해서 '승화 이론'을 정립했던 프로이트나 "시적 몽상은 우주적 몽상이다"라는 과감한 가설을 통해서 수많은 시들을 다양하게 분석하고, 우주론적 행복론, 혹은 '몽상의 시학'을 정립했던 가스통 바슐라르를 생각하여 보라!"(반경환, 「황지우, 김현, 정과리 비판 - 퇴폐주의를 어떻게 할 것인가?」)

부처, 예수, 소크라테스, 니체, 갈릴레오, 데카르트, 루카치, 골드만, 프로이트, 바슐라르 등은 언어 자체의 기원을 향유함으로써 최초의 종족창시자와도 같아진 인물들이라고 해도 틀림이 없다. 그들은 이미 죽어갔지만 그들이 발견했던 최초의 진리는 그들의 이름과 함께 살아 남아 우리들의 피와 살과 뼈가 되어주고 있는 것이다. 다시 한 번 더 강조한다면, 어떠한 개념이나 이론에는 그만큼의 피와 잔인성과 고문의 냄새가 짙게 배어 있기 마련인 것이다. 위대한 영웅이나 대작가나 종족창시자는 그냥 우연히 저절로 되는 것이 아니다. 십자가에 못박힌 예수, 고귀하고 위대한 왕자의 신분에서 일개 떠돌이 탁발승이 되어야만 했던 부처, 소크라테스의 독배, 스피노자와 니체의 요절, 반 고호와 폴 고갱의 정신 착란 등이 바로 그것이라고 하지 않을 수가 없다.

한국문학에 있어서 가장 시급하고 도전적인 과제는 타인의 말과 타인의 사유 앞에서 노예적인 복종태도를 보여주고 있는 '주석비평'을 극복하고, 독창적인 문학이론을 생산해 내는 일이라고 하지 않을 수가 없다. 신문학의 역사가 일천한 탓도 있겠지만, 이 땅의 모든 비평가들은 '한국문학의 이론적 정립을 어떻게 할 것인가?'라는 話頭를 가져보거나 던져 본 적도 없다. 『문학과사회』, 1997년 여름호에도 '한국문학: 걸어온 길, 나아갈 길'이란 기획 특집에 걸맞게 글을 쓴 사람은 단 한 명도 없으며, 좀 시건방진 생각이긴 하지만 그 중진비평가들의 글을 평가한다면 D학점이나 F학점으로밖에 처리할 수가 없을 것 같다. 참으로 민망스러울 정도로 부끄럽고 창피한 일이 아닐 수가 없다. 이미 그들은 백낙청이 솔직하게 인정하고 있듯이, '비평의 대가'가 되기 이전에 특집의 주제마저도 제대로 소화를 해내지 못할 정도로 문필의 황혼기를 맞이하고 있는 것이나 아닌지 모르겠다. 김윤식의 「비평의 현장성이란 무엇인가」라는 글은 밑 빠진 독에다가 물을 길어다 붓는 식의 도로아미타불의 수고에 값하는 글이라고 할 수가 있다. 비평의 현장성, 즉 월평의 자리란 '독서안내 담당교사'의 자리이지, 새로운 사건과 사물에 이름을 부여하고 그것을 하나의 거대한 이론 체계로 정립해야 할 비평가의 몫이 아니다. 그의 비평 행위의 도식, 즉, 문학—의식—언어—죽음의 도식마저도 전적으로 서구의 이론에 기대고 있는 것이며, 그것마저도 죽음의 문제를 해명하지 못함으로써 아무 것도 설명하지 못하는 우를 범한다. 우리가 살아 있는 한 죽음이란 없고 죽음이 찾아오면 우리 인간들은 존재하지 않는다는 에피쿠로스의 유쾌한 해명이나 "악마도 없고 지옥도 없다"(『짜라투스트라는 이렇게 말했다』)라는 전제 아래 이 땅에 두 발을 튼튼히 내린 짜라투스트라, 즉 고귀하고 위대한 '초인의 상'을 제시했던 니체의 해명도 제대로 알지 못하고, 다만, 그는 '이 세상은 어떠한 의미도 없다'('환각으로서의 죽음')라는 식의 염세주의의 색채만을 드러내고 있을 뿐인 것이다. 김윤식의 문체는 '… 일 터', '…것'의 종결어미 생략과 '…아니던가'의 중복된 반복어법이 지배하는 문체이며, 비문법의 수사학이 지배하는 대표적인 예에 해당된다.

딱하기는 질문자도 마찬가지. 재미없는 작품에 대한 재미없는 월평이나 너절한 문예지에 실린 너절한 글이나 넘겨다 보고 있는 상황에서라면 이내 문학 행위 자체에 대한 부정으로 치닫게 마련일 터. 월평 나부랭이를 쓰고 있는 저나 그걸 붙들고 질문하는 사람이나 딱하기는 마찬가지라는 것. 문제는 이 딱하기(딱한 상황)에 있지 않겠는가.
― 김윤식, 「비평의 현장성이란 무엇인가」에서

김윤식의 문학비평의 성과에 대해서는 좀 더 따져보아야 하겠지만, 한국문학 비평에 있어서 그의 영향력은 대단하다. 하지만 나는 이런 식의 종결어미 생략과 반복어법, 그리고 비문법의 수사학에 대해서는 생리적인 혐오감을 갖고 있으며, 김윤식의 문체를 모방하고 있는 그의 제자들을 생각해볼 때, 악화가 양화를 구축한다는 말로밖에는 더 이상의 설명이 필요 없을 것 같다.

유종호의 「20세기의 막바지에서」라는 글은 성장의 신화와 혁명의 신화를 두 축으로 삼으면서 꽤 정성스럽게 쓴 글이기는 하지만, 문학비평가의 가장 큰 도전적인 과제가 빠져 있는 글이라고 하지 않을 수가 없다. "혁명의 신화도 성장의 신화도 주저앉은 상황에서 사람들은 어떻게 살아가고 있으며, 또 아노미 상태에 빠지지 않고 어떻게 살아가야 할 것인가를 진지하게 묘사하고 모색하는 것이 문학인의 당연한 소임"이라고 말하면서까지도 문학 이론을 어떻게 정립해야 될 것인가에 대한 모색이 없는 것이다. 유종호는 한국문학 비평의 역사상, 그 유례를 찾아보기가 힘들 정도로 현실주의자로서의 꿋꿋함과 한국문학 이론의 가능성을 보여주기도 했지만, 그 어떤 것도 이룩하지 못한 채, 서구의 문학 이론만을 쫓아다닌 안타까운 비평가일 뿐이었다. 한없이 소모적이고 비 생산적인 시간 낭비풍토, 돈과 먹고 살아야 하는 일, 유치하다 못해 낡아빠진 대학 강단의 문학연구 풍토 이외에도, 언제나 광기를 인정하지 않으려는 도덕적 편견과 산문시, 혹은 모더니즘에 대한 경멸적인 혐오감, 그리고 성실성과 도전적인 용기 부족이 그의 뛰어난 재능과 그 가능성을 갉아먹지 않았나 싶은 것이다. 유종호가 「20세기의 막바지에서」 니체를 거론하고 있으니까 하는 말이지만, 니체는 이성이 광기가 되고 회의가 죄였던 시대를 전면적으로 비판하면서 인류의 역사에 있어서 가장 위대한 철학자가 되어갔던 것이고, 그의 자기 고백적이자 잠언적 문체는 산문시의 경지로까지 승화되었던 것이라고 할 수가 있다. 진리는 하나이되 현자는 이를 여러 이름으로 언표한다는 말처럼, 시는 본질적으로 "의미의 혼란을 가져오는 것이 아니라" 다의적인 언어를 편애한다. 시의 모호성이나 난해성은 마치, 우리들의 인생이 풀어도 풀어도 풀리지 않는 수수께끼인 것처럼, 그 언어의 다의적인 성격에서 파생된 것에 지나지 않는다. 중진이나 원로는 부단히 자기 갱신의 노력을 하며 전인미답의 새로운 영역을 개척해 나가고 있는 사람들에게 붙여지고 있는 헌사이지, 좋은 제도, 좋은 상의 심사위원의 자리나 지키고 있는 인사들에게 붙여지는 헌사가 아니다. 전자의 유형은 한국문학비평의 앞날에 희망을 가져다주지만, 후자의 유형은 그야말로 어두운 암영만을 드리우게 된다.

백낙청의 「비평과 비평가에 관한 단상」은 '문학비평이란 무엇인가'라는 본질의 문제를 건드리고 있는 아주 중요한 단상의 글이라고 하지 않을 수가 없다. 그것은 또한 "한국 근대문학의 짧은 연륜이나 전근대 작품 수용에 따르는 수많은 제약을 인정할 때 우리는 아직도 비평의 대가를 갖기에는 시기상조라는" 솔직한 고백과 함께, 손경목이 백낙청을 포함하여 몇몇 중진들을 '비평의 대가'라고 부르고 있는 것을 점잖게 꾸짖고 있는 글이기도 하다. 대부분의 한국의 문학비평가들이 그들의 위상이나 수준 이하의 업적을 망각한 채, 찬양의 말에는 대단히 약하게 마련이지만, 이러한 솔직한 고백의 모습은 비평가로서의 그가 자랑스럽고 존경스럽기까지도 했다. 백낙청의 이러한 솔직한 고백의 말은 한국문학의 이론은 세계적인 수준이라던 불세출의 대형비평가의 사기와 과대망상을 넘어서서, 한국문학의 이론적 혈로를 뚫을 수 있는—정지 작업의 일환으로서의—비판적 지성인의 양심의 말이기도 했다. 그는 열린 의식의 소유자로서 '민족문학과 세계문학'의 위상을 제대로 파악하고 '한국문학비평의 가난함'을 극복할수 있는 방법으로써 문학비평의 전문성을 더욱더 강화시켜 나가야 한다는 의지를 천명하고 있다고 해도 과언이 아니었다.

그러나 나는 비평의 대가가 없다는 그의 솔직한 발언에도 불구하고, 그가 매우 경직되게 전문가라는 함정에 빠져 있는 것이 아닌가라는 혐의점을 지울 수가 없었다. 그는 20세기의 위대한 비평가 중의 하나인 루카치가 비평적 사유와 철학적 사유를 동일시 했음을 상기하고 있는데, 왜냐하면 루카치의 사고방식이야말로 "서양의 오래된 형이상학적 사고의 타성이며, 문학이 지닌 형이상학 극복의 잠재력을 외면하는 잘못"을 범했기 때문이다. 그는 루카치가 제시한 비평가의 두 유형, 즉 창작자 비평가—대표적인 예로 "레씽, 괴테, 쉴러, 뿌슈긴, 발자끄, 고르끼" 등—와 철학자 비평가—대표적인 예로 "플라톤, 아리스토텔레스, 헤겔, 맑스, 벨린스끼, 체르느이셰프스키" 등—를 부정하고, "창작자 비평가와 비창작자 비평가(전문적 비평가)로 가르는 것이 루카치의 분류보다도 한결 원만하리라고" 제시해 놓는다. 20세기의 가장 위대한 비평가 중의 한 사람인 루카치에 대한 외경감이나 두려움이 없다는 것이 장점이긴 하지만, 이때의 전문적 비평가는 생산과 수용의 영역에 양다리를 걸친 모호한 존재라는 괴물로 변모하게 된다.

> 실제로 비평가는 평범한 독자의 처지에서 출발하되 평론을 쓰는 특수한 독자로까지 나아간다는 점에서, 적어도 그가 의식의 언어를 극대화하려는 노력을 여타 독자보다 더 기울이는 인물임은 분명하다. 그러나 창작과 비평이 아니라 생산과 수용이 문학의 양대 영역이요 비평가는 그 양쪽 모두에 소속된 모호한 존재라는 나 자신의 비유를 고수한다면 비평가가 아무리 의식화를 추구한다고 하더라도 '무의식의 언어'에서 아주 벗어나지는 못하고 그래서도 안 된다.
> ─ 백낙청, 「비평과 비평가에 관한 단상」에서

그는 바슐라르를 비롯하여 죠르쥬 풀레, 알베르 베갱과도 같은 '창조적 비평'─나의 용어로는 '비평예술'─을 부정하고, 비평적 사유와 철학적 사유를 동일시하고 있는 루카치의 사고방식마저도 부정한다. 문학비평가는 어디까지나 생산과 수용, 즉 창작자와 독자 사이에 양다리를 걸치고 있는 모호한 존재일 뿐, 자기의 분수를 넘어서서 철학자의 지위를 넘보거나 비평예술(창조적 비평) 운운하면서 창작자의 지위를 넘보아서는 안 된다는 것이 그의 진단인 것처럼 보인다. 그러나 비평가가 창작자와 독자 사이에 양다리를 걸친 모호한 존재에서 어떻게 창작자(생산자)가 아닌 독자로서 발언을 하고 일반독자(수용자)를 대표할 수 있는 권위를 갖게 되는가를 의심하지 않을 수가 없고, 또한 어떻게 비평가가 문학 이론의 전거가 되어주고 있는 철학적 사유를 간과한 채, 독창적인 명명의 힘을 갖게 되는가를 의심하지 않을 수가 없다.

　나는 루카치의 창작자 비평가와 철학자 비평가나 백낙청의 창작자 비평가와 비창작자 비평가(전문적 비평가) 등, 그 어느 것에도 동의해 줄 수가 없다. 20세기의 문학비평의 최대의 성과는 '쓸 수 있는 텍스트'의 탄생이며, 비평예술의 힘찬 도약이라고 하지 않을 수가 없다. 왜냐하면 글을 쓴다는 것은 본질적으로 창작 행위이지, 어느 특정 분야에 종속된 행위가 아니기 때문이다. 비평가의 비평 행위가 창작품을 전제로 행해진다는 말도 맞는 말이지만, 창작자의 창작 행위 역시도 비평을 전제로 행해진다는 말도 맞는 말이다. 비평이 이해하고 분석하고 가치평가하는 것이라면 비평가의 비평—좀 더 고귀하고 훌륭한 평가—을 전제로 씌어지지 않은 창작품이 어디 있겠으며, 또한 창작품이 그것을 쓴 작가의 세계관의 산물이라면 창작품을 전제로 씌어지지 않은 비평이 어디 있겠는가? 백낙청의 전문가적 함정은 텍스트에 종속된 비평 행위를 낳으면서 비평가와 철학자를 인위적으로 분리하려는 모순된 행위를 낳게 된다. 정치적으로는 왕당파이면서도 보수주의자인 발자크가 19세기 현실주의의 대가가 된 것은 자기 자신이 속한 계급이 반드시 사멸하거나 몰락해 갈 수밖에 없는 존재들을 묘사하지 않을 수가 없었기 때문이며, 그것이 마르크스와 엥겔스로 하여금 '위대한 리얼리즘의 승리'라는 이론적 전거가 되어주었기 때문이다. 괴테가 독일적 사건이 아니라 세계적인 대 사건이 된 것은 그가 자기 자신의 분신인 파우스트 박사와 악마와의 계약을 통해서 선과 악, 이성과 비이성, 합리성과 비합리성의 이분법적 도식을 극복하고, 쇼펜하우어, 니체, 푸코 등, 수많은 철학자들에게 엄청난 영향을 끼쳤기 때문이다. 이와 마찬가지로 소크라테스의 '너 자신을 알라', 데카르트의 '나는 생각한다, 고로 존재한다', 니체의 '신은 죽었다', 아리스토텔레스의 '인간은 사회적 동물이다', 미셸 푸코의 '정상/ 비정상은 권력의 조작이다'라는 말은 수많은 시인과 작가와 예술가들에게 엄청난 영향을 끼친 말이라고 하지 않을 수가 없다. 비평가(철학자)는 그의 경직된 논리에 구체적인 사례와 유연성을 보완하기 위하여 수많은 시인과 작가와 예술가들의 상상력을 빌어오고, 시인과 작가와 예술가들은 그들의 감성에 치우친 논리의 약점을 보완하기 위하여 비평가(철학자)들의 사유 체계를 빌어오게 된다. 따지고 보면 글을 쓴다는 것은 본질적으로 창작-비평행위이지, 창작/ 비평이 본질적으로 대립되거나 분리되어 있는 행위가 아니다. 창작자들도 그들 나름대로 세계를 이해하고 분석하고 가치평가를 하고, 비평가(철학자)들도 그들 나름대로 새로운 세계를 상상하고 묘사를 한다. 피라미트의 꼭지점은 우주로 통하게 되어 있다. 그들은 그들 나름대로의 종사하고 있는 분야가 다를 뿐, 서로가 서로에게 영향을 주고 받는 관계이지, 절대적인 대립 관계가 아닌 것이다.

　백낙청이 어떠한 의미로 문학이 서양의 형이상학을 극복할 수 있는 잠재력이 있다고 말했는지는 모르지만, 그 말만큼 더 큰 실언은 없는 것 같다. 형이하학, 혹은 자연과학이나 물리학은 모든 것을 원인과 결과라는 인과론적 측면에서 다루지만, 형이상학은 원인과 결과로 쥐어짤 수 없는 비 인과론적 측면에서 모든 것을 다룬다. 형이하학, 혹은 자연과학이나 물리학이 분석적이며 가시적인 대상들을 다룬다면, 형이상학은 직관적이며 비가시적인 측면에서 모든 대상들을 다룬다. 인공위성이나 비행기가 하늘을 날아오르고, 특정한 온도와 조건 아래서 어떤 생명체가 자라나고 쇠퇴하는 것을 다루는 것은 형이하학의 일이지만, 우리 인간 존재의 본질이나 죽음,

영혼 불멸, 신, 종교, 도덕 등은 형이하학의 일이 될 수가 없다. 자연과학이나 물리학의 엄청난 발전과 진보에도 불구하고, 형이상학의 영역은 좀처럼 줄어들지 않고 있는데, 왜냐하면 "어느 나라, 어느 시대에도 신전神殿이나 교회, 사당祠堂이나 사원寺院 등이 화려하고 웅장하게 세워지며, 형이상학적 요구가"(쇼펜하우어, 『의지와 표상으로서의 세계』) 끊임없이 증가하고 있기 때문이다. 인간 존재의 본질과 죽음이란 무엇이며, 신과 영혼 불멸이란 무엇인가? 종교와 도덕은 무엇이며, 내세의 천국이란 과연 무엇인가? 인류의 역사와 함께 이러한 질문들은 수없이 되풀이 되고 반복되어 왔지만, 어느 것 하나 제대로 해명된 것이 없다. 단 하나의 해답이 주어질 수도 없고 검증이 가능하지도 않은 수많은 해답들……, 이처럼 형이상학적 질문들이란 다양한 해답을 낳게 되고, 그 해답마저도 해석자의 주관적인 오류이기가 십상인 것이다. 만일 인간 존재의 본질이나 죽음의 문제가 해명된다면 우리 인간들은 고뇌하지 않아도 되고, 이와 마찬가지로 신이나 영혼 불멸, 종교와 도덕의 문제가 해명된다면 우리 인간들은 수많은 신전이나 교회를 지을 필요도 없고, 가짜 성상들 앞에서 두려워하거나 공포에 떨고 있을 필요조차도 없다. 어떻게 단 하나의 해답이 가능하고 자명한 인과론적 법칙이 작용하고 있는 곳에서 고민할 필요가 있겠으며, 또한 어떻게 신, 영혼 불멸, 종교, 도덕의 본질이 드러난 마당에, 수많은 신전과 교회를 짓고 가짜 성상들 앞에서 두려워하고 공포에 떨고 있을 필요가 있겠는가? 인간 존재의 본질, 죽음, 영혼 불멸, 신, 종교, 도덕 등은 영원히 해명이 가능하지 않은 형이상학적인 話頭들이라고 하지 않을 수가 없다.

이러한 형이상학적인 화두들이 해명된다면 문학은 가능하지도 않고, 문학이 가능하지 않다면 우리 인간들의 삶도 더 이상 가능하지가 않을 것이다. 백낙청은 비평가와 철학자, 창작자와 비평가, 그리고 형이상학과 문학의 범주와 상호 영향 관계를 제대로 파악하지 못하고 너무나도 깊숙이 낡디 낡은 전문가라는 함정에 빠져 있는 것처럼 보인다. 문학비평을 문학비평이란 무엇인가라는 유치한 질문으로 설명할 수는 없고, 문학 작품을 그 사유의 뿌리가 되어주고 있는 철학에 대한 이해를 생략한 채, 지나치게 편협한 문학비평으로만 설명할 수는 없다. 제3세계의 문화적 풍토병 중의 하나는 문학비평을 문학비평으로만 설명하고 있는 것이고, 문학 작품을 다만, 문학 이론으로만 설명하고 있는 것이라고 해도 과언이 아니다. 니체도 제일급의 철학자이자 문학비평가였고, 마르크스도 제일급의 철학자이자 문학비평가였다. 프로이트도 제일급의 정신분석학자이자 문학비평가였고, 바슐라르도 제일급의 철학자이자 문학비평가였다. 한국문학의 고질적인 병폐 중의 하나는 이처럼 너무나도 자명한 사실을 간과한 채, 유치하다 못해 케케묵고 낡아빠진 전문가라는 함정에 빠져 있다는 사실일 것이다.

김윤식, 유종호, 백낙청, 그리고 이 글에서 거론하지는 않았지만 김병익과 김현 선생께 무례함을 예법이라고 강변하면서, 대단한 결례를 범하지나 않았는지도 모른다. 어쨌거나 그 선생님들은 한국문학비평이라는 불모지대를 개간한 선구자들이고, 우리들은 모두가 그 선생님들의 훈도를 받고 자라왔다는 사실을 부정하고 싶은 생각은 추호도 없다. 아들이 아버지보다도 못한 가정은 미래의 희망이 없는 가정이며, 제자가 스승보다 못한 사회 역시도 어떠한 희망도 없는 사회에 지나지 않는다. 1992년 『시와 시인』을 문학과지성사에서 출간한 이후, 『행복의 깊이 1』에서부터 최근에 연재를 끝낸

『한국문학비평의 혁명』(『행복의 깊이 2』)에 이르기까지, 나의 모든 문학비평 행위는 그 스승들에 대한 도전의 형태—왜냐하면 그것만이 그 스승들의 훈도에 대한 최선의 보은이기 때문이다—를 띠고, 또 그것을 넘어서서 한국문학 이론의 정립을 위해서 최선의 노력을 다해 왔다고 해도 과언이 아니다. 그 결과, "세계는 나의 범죄의 표상이다, 고로 행복하다", "나는 신성모독을 범한다, 고로 존재한다"라는 두 개의 명제를 동시에 밀고 나가면서『행복의 깊이 1』—이 책은 다시 한 권의 이론서로 쓸 예정이다—를 천착해낸 바가 있고, 시의 네 가지 효과—진정제 효과, 강장제 효과, 흥분제 효과, 영생불사의 효과—를 명명하고, 쇼펜하우어의 염세주의와 니체의 건강한 염세주의를 전복시키면서 내 나름대로의 낙천주의—영원불멸의 삶에 대하여—를 양식화시킬 수가 있게 되었다. 언젠가 나에 대한 '배은망덕한 놈'이라는 꼬리표가 떨어지고 '신성모독죄'에 대한 사면복권이 이루어진다면, 제1장,「영원불멸의 삶에 대하여」, 제2장,「앎에의 의지」, 제3장,「무지에의 의지」, 제4장,「진실에의 의지」, 제5장,「거짓에의 의지」로 되어있는『한국문학비평의 혁명』(『행복의 깊이 2』)이 빛을 보게 되고, 한국문학사상 최초로 한국문학 이론을 정립한 책으로 읽혀질 수 있기를 대청호반을 거닐면서 기대를 해본다.

그러나 매우 착잡하고 불안해진다. 한국 사회의 교육 제도는 유태 사회의 반대 방향에서, 살아 있는 참 교육은커녕, '스승은 진리이며 진리는 신성하다'라는 나의 말대로 '비평의 만장일치 제도'가 양성화되어 있고, 수많은 천재와 미래의 주인공들의 백만 두뇌를 가장 확실하게 무력화시키는 어중이떠중이들의 생산에 여념이 없는 것처럼 보인다. 한국 사회는 앎이 육화되지 않은 사회이며, 타인의 두뇌와 심장으로 움직이는 교육 제도에 의해서 박제화된 사상과 이념만을 가르치고 있는 사회라고 해도 틀림이 없다. 나는 읽히지 않을 것이다, 나는 결코 정당하게 평가받지 못할 것이다라는 확신과 함께, 그러나 돌멩이 하나를 힘차게 호숫가에 던져본다. 맑고 잔잔하고 푸른 수면에 자그만 파문이 일어난다. 어쨌든 기분이 좋고 최고급의 지혜에 대한 사랑과 함께, 앎에의 의지가 증폭되어가고 있는 것을 느끼지 않을 수가 없다. 그 앎에의 의지를 빌어서 나의 글의 한 대목을 되풀이 되풀이 외쳐본다.

오오! 한국문학의 이론적 정립을 위하여!

그러나 비평예술가란 사물에 이름을 부여할 줄 아는 가치창조자이며, 그의 첫 번째 임무도 자기 자신의 이론을 정립하는 것이며, 그의 마지막 임무도 자기 자신의 이론을 정립하는 것이다. 뉴우튼의 역학 이론, 아인시타인의 상대성 이론, 루카치의 『소설의 이론』, 가스통 바슐라르의 『몽상의 시학』, 아도르노의 『미학 이론』, 니체의 『비극의 탄생』과도 같은 문학 이론서들이 나올 수 있을 때, 한국문학 비평은 비로소 세계적인 시장에서 지적 소유권을 인정받을 수가 있을 것이다. 고급문화나 삶의 지혜는 지적 소유권을 주장하지 않더라도 어떠한 복제도 가능하지가 않다. 타인의 말과 타인의 사유에 대한 노예적인 복종 태도로 이루어진 민족문학론이 무엇이고, 5·16 세대나 전두환 세대(혹은 광주세대)*가 다 무엇이란 말인가? 이제부터라도 한국문학 비평은 잡다한 지식과 단편적인 사유의 총체인 문학평론집들을 대량생산하지 말고, 아주 세련되고 정교한 문학이론서에 도전하지 않으면 안 된다(반경환, 「황지우, 김현, 정과리 비판 – 퇴폐주의를 어떻게 할 것인가?」).

---

* 이 용어들은 속칭 '4·19 세대'나 '광주세대'라는 용어를 거부하면서 그 세대론의 헛점을 비꼬아 본 용어들이다. 이러한 혐오스러운 용어들을 사용하게 된 것을 용서하여 주기를 바란다.

박노해 비판*
―'어린 왕자'에서 '사회주의 혁명가'로, '사회주의 혁명가'에
서 '사회운동가'로의 길

생떽쥐베리의 『어린 왕자』는 깊고 울림이 큰 상징성과 아름다운 언어로 씌어진 동화라고 할 수가 있다. 대부분의 동화가 어린이를 위한 이야기이지만, 『어린 왕자』는 거꾸로 어른의 입장에서 언젠가 어린이였던 어른을 위한 동화라고 해도 틀림이 없다. 생떽쥐베리는 1930년대 나치 치하의 프랑스에서 더없이 가혹하고 혹독한 고통을 겪고 있는 '레옹 베르뜨'를 생각하면서, 그 유태인 친구에 대한 변함없는 사랑과 어렵고 힘든 시절을 살아갈 수 있는 삶의 지혜를 짜내기에 여념이 없었던 것처럼 보인다. 바오밥 나무의 독한 뿌리가 별의 지면에 퍼져 자기 고향별인 소혹성, B-612번이 터져버리게 될까봐 그 싹을 없애버릴려고 양의 그림을 그려 달라는 어린 왕자, 하루에 43번이나 해가 지는 것을 바라보며 슬플 때는 저녁 노을을 바라보는 것이 좋다는 어린 왕자, 꽃이 추울까봐 저녁 때는 유리덮개를 덮어주고 꽃에게 나비와 친구가 되고 싶다면 두 마리나 세 마리

---

* 박노해는 『노동의 새벽』과 『참된 시작』의 두 권의 시집과 『사람만이 희망이다』와 『오늘은 다르게』라는 두 권의 산문집을 출간했다. 이 글은 작업의 편의 상, 『오늘은 다르게』를 중심으로 씌어졌으며, 『노동의 새벽』에서는 두 편의 시가 인용되었다. (1: 129)는 1의 책, 129 페이지를 말한다.

의 애벌레는 참고 견뎌야 한다는 어린 왕자, "죽을 지경이 되었어도 한 사람의 친구가 있다는 것은 좋은 일이야"라고 말하면서, 여우와도 사귀고 뱀과도 사귀는 어린 왕자, 휴화산을 걸상으로 사용하며 산 메아리와도 정답게 대화를 나누는 어린 왕자, "별이 저렇게 아름다운 것은 눈에 보이지 않는 꽃이 하나 있기 때문이야"라고 말하면서, 아름답고 소중한 것은 마음으로 찾아야 된다는 어린 왕자―, 어린 왕자는 레옹 베르뜨의 분신이면서도 생떽쥐베리의 분신이기도 하다. 아니, 생떽쥐베리의 티없이 밝고 순수한 마음이 그의 친구인 레옹 베르뜨에게 가 닿으면, 그의 분신인 듯 어린 왕자가 걸어 나오고, 그 어린 왕자의 티없이 밝고 순수한 마음이 생떽쥐베리에게 와 닿으면, 생떽쥐베리는 또 하나의 레옹 베르뜨가 될 수밖에 없다. 『어린 왕자』는 레옹 베르뜨, 어린 왕자, 생떽쥐베리가 삼위일체를 이룬 세계이며, 싸늘한 이기주의와 덧셈뿐인 삶으로 전 인류의 재앙인 세계대전을 하나의 추문으로 만들고 있는 세계이다.

어린 왕자는 자기 고향별인 소혹성 B-612번을 떠나 다른 세계의 별구경을 하고, 마침내는 일곱 번째로 지구라는 별에 당도하게 된다. 그는 첫 번째 별에서 한 사람의 부하도 없으면서 모두가 자기 부하라고 떠벌이는 임금님을 만나고, 두 번째 별에서는 한 사람의 동조자도 없으면서 뽐내기를 좋아하는 사람을 만난다. 세 번째 별에서는 알콜중독이 대단히 위험하다는 것을 알면서도 그것을 망각하기 위해 술을 마신다는 술꾼을 만나고, 네 번째 별에서는 덧셈뿐인 삶으로 바쁘다 못해 모든 별들마저도 소유하고 싶어하는 실업가도 만나고, 다섯 번째 별에서는 1분을 하루로 살며 가로등에 불을 밝히는 사람을 만난다. 여섯 번째 별에서는 산과 강과 바다를 직접 돌아다니지 않고 탐험가의 보고에만 의지하는 늙은 지리학자를 만나고, 마지막으로 일곱 번째 별인 지구에서는 사막에 불시착한 어느 비행사(생떽쥐베리)를 만난다. 어린 왕자가 20억 명의 인류가 살고 있는 지구에서 도시와 농촌을 택하지 않고 불모지대의 사막에 그 첫걸음을 내디뎠다는 것은 매우 시사적이며 함축적이라고 할 수밖에 없다. 왜냐하면 바로 그 행위 속에는 모든 문명과 문화에 대한 혐오가 짙게 배어 있고 그 문명과 문화의 주체자들—떠벌이 임금님, 뽐내기 좋아하는 사람, 알콜중독자, 실업가, 가로등에 불을 밝히는 사람, 늙은 지리학자—에 대한 전면적인 혐오가 짙게 배어 있기 때문이다.

대부분의 우리 인간들은 불모지대의 사막을 혐오하고 싫어한다. 또한 우리 인간들은 고통이나 고독을 싫어하고 쾌락을 추구한다. 마지막으로 그들은 더 많은 부와 더 많은 행복을 원하며, 그것을 위해서 싸늘한 이기주의의 발톱을 드러내면서 살아간다. 제1차 세계대전과 제2차 세계대전, 나치의 정치적 탄압과 유태인 대학살이 바로 그것이라고 하지 않을 수가 없다. 따라서 대부분의 우리 인간들의 입장에서『어린 왕자』의 세계는 염세주의의 나무가 자라나는 곳이지, 우리 인간들의 낙천주의의 나무가 자라나는 곳이 아니다. 꿈도 없고 희망도 없고 쓸쓸하고 우울한 고독과 고통 뿐인 사막은 생명 부정에의 의지가 자라나는 곳이지, 최대의 풍요와 행복이 자라나는 곳이 아니다. 하지만 어린 왕자는 그 불모지대의 사막을 티없이 맑고 천진한 눈으로 더욱더 풍요롭고 아름답게 미화시켜 나간다.

"사막이 아름다운 것은 어딘가에 우물을 숨기고 있기 때문이야"하고 어린 왕자가 말했습니다. 돌연 나는 모래가 어째서 그토록 신비스럽게 빛나고 있는지를 깨닫고 깜짝 놀랐습니다. 내가 아주 어렸을 때, 나는 무척 오래된 집에서 살았습니다. 그 집에는 어딘가에 보물이 묻혀 있다는 이야기가 전해져 내려오고 있었습니다. 물론 아무도 아직 그 보물을 발견한 일도 없고 그것을 찾으려 했던 사람도 없습니다. 하지만 집안 전체가 그 보물로 아름다운 마법에 걸려 있는 듯 했습니다(1: 129).

동화의 세계는 어린 아이의 세계이며, 어린 아이는 티없이 밝고 순수한 마음을 그 천성으로 간직하고 있다. 어린 아이가 티없이 밝고 순수하다는 것은 우리 어른들이 더없이 추하고 교활하다는 것을 뜻하며, 어린 아이가 선한 영혼의 징표인 반면, 우리 어른들은 악한 영혼의 징표라는 사실을 반증해 준다. 모든 추한 것은 인간을 약화시키고 괴롭히지만, 모든 아름다운 것은 인간을 고양시키고 충만하게 만든다. 추함은 쇠퇴, 위험, 무력을 상기시키지만 아름다움은 성장, 고양, 힘의 감정을 생성시킨다. "사막이 아름다운 것은 어딘가에 우물을 숨기고 있기 때문이야"라고 말하는 어린 왕자나 "집안 전체가 보물로 아름다운 마법에 걸려 있는 듯 했습니다"라고 말하는 작가는 아름다운 인간의 전형이지만, 대부분의 우리 인간들은 추함의 전형에 지나지 않는다. 어린 왕자의 시선은 이 세계의 아름다움을 창조하려는 낙천주의자(미학주의자)의 시선이며, 대부분의 우리 인간들의 염세주의를 전복시키려는 관점이다. 동화의 세계에서 추방된 삶은 지배욕, 자기현시욕, 알콜중독, 이기주의, 바쁨, 늙은 지리학자의 탁상공론, 전쟁, 살인, 강도, 강간으로 얼룩져 있는 삶에 불과하지만, 동화의 세계에서의 삶은 어떠한 어려움과 고통도 참고 견딜 수 있을 만큼 아름답고 행복한 삶이 가능한 지상낙원의 세계이다. 생떽쥐베리의 동화적 상상력은 해학과 풍자가 겹쳐져 있다는 점에서 우리 인간들의 전면적인 반성과 성찰을 요구하고, 또 그것이 깊고 울림이 큰 상징성과 아름다운 언어로 되어 있다는 점에서, 우리 인간들의 삶의 의지와 지상낙원의 꿈이 담겨 있다. 인간은 자기 자신의 아름다움을 찬양하고 그 아름다움을 통해서 이 어렵고 힘든 세계를 살아가고 있는 것인지도 모른다. 이것이 모든 미학의 궁극적인 원리이며 영원한 생명력일는지도 모른다. 생떽쥐베리의 『어린 왕자』는 영원불멸의 고전의 세계이며 어렵고 힘든 삶을 살아가는 모든 인간들에게 그들이 돌아갈 수 있는 지상낙원의 이야기를 그 무엇보다도 다정다감하고 따뜻하게 들려주고 있다고 해도 과언이 아니다.

나는 박노해의 시와 사상과 그의 인생 역정을 떠올려 볼 때마다 『어린 왕자』의 세계를 생각해 보는데, 왜냐하면 그의 삶 자체가 동화의 세계에 그 기반을 두고 있기 때문이다.

> 갓난아이의 몸 속에 있는
> 50조 개나 되는 세포는
> 물방울처럼 투명해서
> 유해 물질은 찾아볼 수가 없대
>
> 아하 그래서 아이들 얼굴이
> 그렇게 해맑은 거로구나
>
> 얼굴이 맑고 환한 사람은
> 세포 하나하나가 투명한 사람

뱃속도 마음도 아름답게 비어 있어서
60조 개나 되는 세포가
맑고 생기차기 때문인 거로구나

지구라는 내 큰 몸 속에
60억 인류라는 세포 하나하나가
맑지 못하고 착하지 못하니
지구 얼굴이 이리 병색인 걸까

유해 물질이 든 세포는 빠른 성장만큼 죽고
자기를 고치고 비우고 운동하는 세포는
더 맑고 강인해져 병든 몸을 살려내고

너란 세포는 지금 어때?
운동 계속하니?
 ―「맑은 세포」 전문(2)

 어린 아이는 티없이 밝고 순수하고 어른은 더없이 추하고 교활하다. 아름다움은 종의 원형이며 모델이고, 추함은 종의 타락이며 쇠퇴의 형식이다. 우리 인간들이 동화의 세계에 그처럼 집착하고 있다는 것은 우리 인간들의 잘못된 삶을 자인하고, 티없이 밝고 순수한 동심의 세계로 돌아가야 된다는 정언 명제를 함축하고 있는 것처럼 보인다. 어린 아이의 세포는 "유해 물질을 찾아 볼 수가" 없어서 그처럼 "해맑은" 것일 수가 있지만, 대부분의 어른들의 세포는 "맑지 못하고 착하지" 못해서 이처럼 지구의 얼굴이 병색인 것이다. 어린 아이는 모든 욕망을 비운 존재이며, 어른은 탐욕으로 가득찬 존재이다. 어른의 세포는 유해 물질이 들어 있어서 "빠른 성장만큼 죽고", "자기를 고치고 비우고 운동하는" 어린 아이의 세포는 "더 맑고 강인해져 병든 몸을" 살려낸다. 싸늘한 이기주의와 덧셈뿐인 삶으로 얼룩져 있는 우리 인간들의 문명과 문화를 '어린 왕자'가 혐오하고 싫어했듯이, 박노해 역시도 우리 인간들의 문명과 문화를 혐오하고 싫어한다. 하지만 "사막이 아름다운 것은 어딘가에 우물을 숨기고 있기 때문이야"라고, 어린 왕자가 그 사막의 세계마저도 아름답게 성화시키고 미화시켰듯이, 박노해 역시도 어린 아이의 맑고 투명한 얼굴을 통해서, "얼굴이 맑고 환한 사람은/ 세포 하나하나가 투명한 사람/ 뱃속도 마음도 아름답게 비어 있어서"라고, 눈에 보이지 않는 아름다움을 찾아내어 그것을 성화시키고 미화시켜 나간다. 박노해의 「맑은 세포」는 동화적 상상력에 기초하여 욕망, 더러움, 추함을 떨쳐버리고, 건강, 아름다움, 선함을 되찾아 자연과 인간과 이 세계를 정화시키겠다는 시인의 의지가 담겨 있다고 하지 않을 수가 없다. 아름다움은 성장, 고양, 힘의 감정을 생성시키고, 우리 인간들의 낙천주의의 싹을 촉진시킨다. 모든 고급문화와 예술 역시도 이러한 낙천주의의 열매에 지나지 않는다.

  낙천주의는 우리 인간들의 삶을 옹호하고 찬양하는 사상이며, 대부분의 사상가들의 문맥 속에서 그처럼 오랫동안 무시되고 천대를 받아왔던 사상이지만, 내가 혼신의 힘으로 되살려내고 새로운 옷과 그 생명력을 불어넣어 준 사상이다. "너란 세포는 지금 어때?/ 운동 계속하니?"의 물음은 날카로운 비수와도 같은 어린 왕자의 물음이며, 희망을 찾기보다는 절망의 극한까지 내려가 보았던 낙천주의자만이 던질 수 있는 물음이라고 할 수가 있다.

엄니 나는 어느 별에서 보내왔어
성아 배꽃이 왜 하얗게 울어
뻐꾸기는 왜 소리만 보인당가
잠든 아부지를 왜 땅에다 심어

세상의 모든 것은 물음이었다
내가 살아 있다는 건 물음이 있다는 거였다
물음이 멈춘 나는 살아도 산 것이 아니었다

어느 날, 내가 맞닥뜨린 세상은
묻는 것이 금지되고
묻는 내가 불온해지고
물음 자체가 죄가 되는 시대였다
멈추지 못한 물음으로 나는 고독해지고
가난한 내 사랑은 핏빛 사랑이었다

나는 물음을 멈추지 않았다
멈출래야 멈출 수가 없었다
괴로운 노동이 내 몸을 짓누를수록
물음은 내 안에서 더 크게 종 울려왔다
해고와 천대와 군화 발에 피 흘리면서
나는 세상을 향해 목숨으로 부르짖었다
(······)

얼음장 밑으로 시간은 차게 흐르고
나는 침묵의 불덩어리를 품고 참혹했다

나는 세상에서 잊히며 죽어 있었지만
목숨 건 물음이 있었기에 살아 있었다
나는 바탕 뿌리부터 하나하나 다시 물었다
저들을 향해, 세상을 향해, 던지는 물음을
묻는 나 자신에게도 돌이켜 물었다
처절한 물음은 나의 투쟁이고 나의 사랑이고
마지막 남은 희망이었다

물어야 길이 나온다
물음이 길을 가르쳐 준다
아니 물음이 바로 길이다
사무치는 물음이 곧 사는 길
물음이 끊긴 길은 곧게 빛나도 죽은 길

나에게 죽음은 길이 없는 게 아니고
물음이 그치고 물음이 멈춘 것이다
나에게 두려운 건 답이 틀리는 게 아니고
내 안의 물음이 사라져버리는 것이다
물음이 없는 삶은 살아도 죽은 것
— 「물음으로 가는 길」에서

　　모든 물음은 새로운 것을 추구하는 것이며, 기존의 가치를 부정하는 것이며, 그만큼 불순하고 위험한 것이다. 박노해의 물음에는 어린 왕자처럼, 순진함, 정직함, 천진함, 명랑함, 용기, 지적인 민감성 등이 살아서 숨쉬고 있다. 「해거리」, 「서로 눈을 마주봐요」, 「나

닮은 아이 하나 기르지 못하고」, 「산들바람처럼」의 시와 산문이 그렇지만, 「물음으로 가는 길」은 어린 아이의 동심이 그 무엇보다도 맑고 투명하게 각인되어 있다. "성아 배꽃이 왜 하얗게 울어"라는 동심이 자라서, "물음이 끝난 길은 곧게 빛나도 죽은 길"이라는 경구를 낳고, "잠든 아버지는 왜 땅에다 심어"라는 동심이 자라서 "해고와 천대와 군화발에 피를 흘리고", "내가 살아 있다는 것은 물음이 있다는 거였다/ 물음이 멈춘 나는 살아도 산 것이 아니었다"라는, 시구를 낳게 된다. 그 물음은 상대적 완전성과 상대적 절대성에 맞닿아 있는 방법적 회의이며, 데카르트가 아닌, 하이데거적인 의미에서 새로운 존재의 탄생과 그 성숙을 의미하는 물음이다. 물음이 내면으로 향할 때는 "세상에 물음으로 산다는 내가/ 물음을 물리치는 답안이 되었다"라는 시구에서처럼, 자아의 반성과 성찰로 이어지고, 그 물음이 시인의 바깥으로 향할 때는 "해고와 천대와 군화발"이 암시하듯, 우리 인간들의 삶을 억압하는 사회적 모순의 문제와도 만난다. 그 물음은 우리 인간들의 존엄성과 행복을 위해서 열려 있는 물음이며, 따라서 그의 물음은 회의주의자의 물음도 아니고, 염세주의자의 물음도 아니다. 그러나 우리가 살고 있는 사회는 학연, 지연, 혈연을 통해서 야만적인 사색당파와 패거리를 짓고 사회적 불평등과 빈곤을 구조적으로 재생산해 가는 사회이지, 그 물음을 진지하고 정직하게 수용하고 있는 사회가 아니다. "상징자본, 경제자본, 문화자본, 사회자본"을 통해서 지배 체제의 정당성만을 옹호하고 있는 권력자들과 자본가들과 학자들, 또 그 "오인의 메커니즘"을 통해서 상징적 폭력과 물리적 폭력을 합리화시켜 주는 여러 제도와 장치들, 자본가와 권력자에 기생하여 그들의 약육강식의 논리를 사상과 이념으로 정교하고 세련되게 무장시켜 주고 있는 학자들―, 바로 그들이 그 물음의 진실을 은폐하고, 그 물음의 주체자들을 전면적으로 관리하고 통제를 해왔다고 해도 과언이 아니다(3: 115). 따라서 박노해의 물음은 힘에의 의지를 통해서 앎(진실)에의 의지를 추구하고 있는 물음이며, 그 앎에의 의지를 삶에의 의지(도덕에의 의지, 실천에의 의지)로 승화시켜 나가고 있는 물음이다. 우리 인간들의 삶의 양식과 의식 구조가 하나의 수수께끼이듯이, 그의 물음은 하나의 모범답안을 작성하고자 하는 물음도 아니고, 돈과 명예와 명성만을 추구하는 물음도 아니다. 그 물음은 박노해 시인과 우리 인간들의 존재론적 성숙과 공동체 사회의 행복에 맞닿아 있는 물음인 것이다. 우리 인간들의 의지가 자기 보존 본능에 충실한 힘에의 의지이듯이, 우리 인간들의 물음에는 새로운 인간, 새로운 삶의 추구라는 대 전제 아래, 어떠한 불이익, 불명예, 고통, 좌절, 실패, 두려움, 공포 앞에서도 결코 용기를 잃지 않겠다는 신념이 진하게 배어 있다. 박노해의 물음은 동심에서 나오고, 그의 동심은 순진함, 정직함, 천진함, 명랑함, 용기, 지적인 민감성 등에 맞닿아 있다. 박노해의 티없이 밝고 순수한 마음은 그의 용기에서 솟아나오고, 그의 용기는 사회주의의 혁명가로서, 또는 성자의 영웅주의로서 이 세계를 떠받쳐 주는 건강한 초석이 된다. 그의 순진함, 천진함, 명랑함은 어린 아이의 표정과 사회주의의 혁명가, 혹은 문화적 영웅의 표정이 겹쳐져 있다. 그렇다. "물어야 길이 나온다", "사무치는 물음이 곧 사는 길"이라던 그의 용기는 「그대 미래를 품었는가」라는 아름다운 산문에서처럼, "긴 호흡으로 재창조하는 삶"을 이룩해낸 영웅들, 즉 예수, 붓다, 간디, 등소평, 만델라, 마르크스로 만개를 하게 된다.

박노해가 그의 티없이 밝고 순수한 동심을 끝까지 밀고 나갈 때는,

농사꾼에게는
흙과 바람이 사상이요

수행자에게는
구름과 물이 사상이요

운동가에게는
힘없고 가난한 사람들의 눈물 어린 삶

그 소박한 꿈과 노동이
내 사상의 살과 피다
— 「나의 사상」 전문

라는 「나의 사상」으로 나타나고, 그 순진함, 천진함, 명랑한 표정을
끝까지 밀고 나갈 때는,

70년대에 갓 물오른 청년 노동자이던 나는
근로기준법 좀 지키는 공장에 다녀보는 것과
박정희 유신 독재의 장발 단속 없는 세상에서
맘 놓고 머리 기르고 살아보는 게 소원이었다
그때 친구들은 제발 꿈꾸는 소리 좀 그만 하라고 그랬다

80년대에는 내놓고 노조 결성도 하고 민주 노총도 만들어서
공단 거리를 노동자의 환한 물결로 가득 메워보는 것과
군사 독재 몰아내고 선거로 우리 대통령 뽑아 정권 교체 해보는 것
재벌 해체와 안기부 해체 그리고 진보 정당 만드는 게 소원이었다

그때도 사람들은 꿈꾸는 소리 좀 그만 하라고 그랬지만
이제 그 꿈들은 하나 둘 이루어져 현실이 되고 있다

난 요즘 잠자리에 누워 한참씩 이런 꿈을 꾸곤 한다
우리 아이들과 저전거를 타고 서울에서 평양까지 마음껏 달리고
만주 벌판으로 눈 덮인 시베리아로 유라시아 초원을 거쳐 파리까지 가 닿아
거기서 다시 횡단 열차를 타고 서울역에 내리는 꿈을 꾸곤 한다

그리고 고르게 부자인 삶의 꿈을 넘어서서
덜 벌어서 적게 쓰고 나눠 쓰는 삶을 기쁘게 받아들여
더 푸르고 건강한 몸생활과 더 기품 있는 문화 생활과
소박하지만 알찬 행복감으로 살아갈 때가 되었다고
우리 노동자와 서민들이 손에 손에 꽃송이를 들고
온 지구 형제들 앞에서 총파업 시위에 나서는 꿈을 꾸는 것이다

친구들은 또다시 제발 꿈꾸는 소리 좀 그만 하라고
이젠 나이도 생각하고 반 발짝만 앞서가며 고생 좀 그만 하라지만
지난 25년 동안 자나깨나 사랑 하나 운동 하나에만 눈맞추고 살아온 내가
딱 하나 몸으로 깨쳐온 진리가 있다면,

꿈을 혼자서 꾸면 꿈에 지나지 않지만
꿈을 모두 함께 나누어 꾸면 반드시 현실이 된다

꿈을 머리나 입으로 꾼다면 꿈에 지나지 않지만

몸으로 자기 몫의 고통을 품어 나가면 반드시 현실이 된다

꿈을 젊어서 한때 반짝 꾸고 말면 꿈에 지나지 않지만
생을 두고 끝까지 꾸어 나간다면 반드시 현실이 된다
—「꿈을 함께 나눈다면」 전문

라는 시에서처럼, 수많은 실패와 고통마저도 두려워하지 않는 사회주의의 혁명가, 아니, 이제는 문화적 영웅의 얼굴로 나타난다.

우리 인간들은 일을 하지 않으면 자기 자신의 동체성을 보존하지 못하는 것은 물론, 이 세상을 살아갈 수가 없다. "일은 모든 유기체의 유일무이한 삶의 수단이며, 인간과 인간, 인간과 세계, 혹은 인간과 사물이 관계를 맺는 방식이다. (……) 일을 하는 모습은 자기 보존 본능에 충실한 모습이며, 그가 살고 있는 세계에 질서를 부여해 나가는 모습"이다(4: 114). 농부는 밭을 갈고 씨앗을 뿌리며 살아가고, 산업 현장의 노동자는 그 직종의 분야에 따라서, 이마에 땀을 흘리며 살아간다. 상인은 시장에서 물건을 사고 팔면서 살아가고, 사무직 종사자는 전자계산기와 컴퓨터를 두드리고, 펜대를 굴리면서 먹고 살아간다. 금융업에 종사하는 자본가는 채권자와 채무자 사이에서 그 수수료를 챙기면서 먹고 살아가고, 자본가 계급은 생산과 소비의 두 축을 움켜쥔 채, 최고의 이윤의 법칙에 따라서 밥을 먹고 살아간다. 농부, 노동자, 상인, 사무직 근로자, 금융인, 자본가는 그 일의 성격에 따라 분류된 직업인들의 범주이며, 우리 인간들은 자기 자신이 종사하고 있는 직업에 따라서 수많은 관계를 맺고 살아가지 않을 수가 없다. 자연과학이 사물과 이 세계를 인간화시킨다는 고전적인 명제도 있지만, 오늘날은 자연과학이 거꾸로

이 세계와 자연을 파괴하는 수단으로 변해버린 것도 적지 않은 문제가 되고 있고, 무산자 계급에서부터 자본가 계급에 이르기까지, 불평등한 분배의 구조도 적지 않은 문제가 되고 있다. 자연과학과 생태환경의 문제, 무산자 계급과 자본가 계급의 문제는 우리 인간들의 노동의 문제가 야기시킨 문제에 불과하며, 그것은 일이 단순한 삶의 수단이 아니라, 부의 축적과 권력의 수단으로 변질되어 버렸기 때문이다. 자본주의 사회에서 우리 인간들은 돈 자체를 사랑하지, 일 자체를 사랑하지 않는다. "일 자체를 사랑하면 자연은 성당"이 되고 우리 인간들은 이 세계와 공존할 수가 있지만, 돈 자체를 사랑하면 일은 하나의 필요악일 뿐이며, "자연은 폐허 자체"가 된다(4: 125). 왜냐하면 돈 자체를 사랑하는 노동이 자연을 파괴하고, 인간성을 황폐하게 하고, 지옥으로 가는 급행열차를 타게 만들고 있기 때문이다. 뉴 밀레니엄이라는 말 속에는 그 외관의 껍질을 뚫고 세기말적인 염세주의와 종말론이 아직도 도도하게 그 흐름을 멈추지 않고 있다. 요컨대 우리 인간들의 유일무이한 삶의 수단인 일을 어떻게 해나가느냐에 따라서 이 우주와 지구와 인간의 생존 자체가 달려 있다고 해도 과언이 아니다.

　1970년대 한국 사회에서의 노동은 너무나도 복잡하고 다양한 의미를 띠고 있다. 첫째로 그것은 한국 사회에서의 절대 빈곤의 극복이라는 지상과제를 해결하는 것이며, 둘째는 박정희 대통령이 자기 자신의 정치적 정통성의 문제와 군사독재를 은폐하고 호도를 하면서, 유신 체제를 강화해 나가는 것이며, 셋째로 무엇보다도 사악하고 탐욕적인 재벌들로 하여금 그들의 부의 축적을 가능하게 하는 것이었다고 하지 않을 수가 없다. 한국 사회에서의 절대 빈곤의 극복이라는 점에서는 노동의 정당성과 그 윤리성이 어느 정도 확보되었지만―바로 이 점 때문에 일본군 장교 출신으로 여순반란 사건에 가담을 하고, 5·16 군사쿠테타와 유신독재의 장본인인 박정희가 성화되고 있는 것이 아닐까? 그러나 제 아무리 단군 이래, 최악의 國亂인 IMF 사태를 맞이하였다고 하더라도, 우리 한국인들은 이처럼 반 민족적이고 반 한국적인 인물을 과연 성화시키고 미화시켜야만 된다는 말인가?―, 군사독재 정권의 강화와 천민 자본주의의 탄생이라는 점에서는 단군 이래의 최대의 인권유린과 착취의 수단이 되었다는 사실은 어느 누구도 부인할 수는 없을 것이다. 박노해의 「나의 사상」은 그의 티없이 밝고 순수한 동심이 꽃 피워낸 사상이며, 자연과 사물의 이치에 따라서 단순하고 소박하게 살아가고자 했던 동심이 꽃 피워낸 사상이다. "농사꾼에게는/ 흙과 바람이 사상이요// 수행자에게는/ 구름과 물이 사상이요// 운동가에게는/ 힘 없고 가난한 사람들의 눈물어린 삶// 그 소박한 꿈과 노동이/ 내 사상의 살과 피이다"라는 시구에서 알 수 있는 것이지만, 그 사상은 독수공방에서 머리를 쥐어짜듯이, 튀어나온 사상도 아니며, 우리 인간들의 사회적 실천을 도외시한 채, 뜨거운 "살과 피"가 없는 사상도 아니다. 그의 사상은 야간 상고 시절부터 단순 노동자였던 그의 이력에 걸맞게, 싸늘한 두뇌마저도 뜨거운 열정이 깃들어 있는 사상이며, 앎보다도 사회적 실천이 앞에 서는 사상이다. 그의 티없이 밝고 순수한 어린 왕자와도 같은 마음은, 이미 앞에서 살펴보았듯이, 수많은 물음들을 포기하지 않은 채, "힘 없고 가난한 사람들"을 위해서, 이처럼 사상가의 길을, 혹은 혁명가의 길을 걸어가고자 했던 것이다. 사상은 새로운 삶의 지혜이며 희망의 등불이다. 그 사상의 주체자는 언제나 밝고 명랑하다. 언제나 밝고 명랑하다는 것은 분명한 목적과 꿈이 있다는 것을 말하고, 어떠한 위기와 시련 앞에서도 그것을 극복해낼 수 있는 용기를 갖고 있다는 것을 말한다. 어린 아이의 마음은 문화적 영웅의 마음이고, 부처와 예수와도 같은 마음이다. 만물의 이치가 하나이듯이, 모든 진리는 하나로 통하게 되어 있다. 따라서 박노해의 혁명가의 길은 무엇보다도 복잡하지 않고, 아주 단순하고 소박한 데 그 원인이 있었던 것이다. 이 소박하고 단순한 꿈은 70년대에는 "근로기준법을 잘 지키는 공장에 다녀보는 것"과 "박정희 유신독재의 장발 단속이 없는 세상에서" 살아보는 것이었고, 80년대에는 "민주노총도" 만들고 "공단거리를 노동자의 환한 물결로 가득 메워보는 것과" "재벌 해체와 안기부 해체와 그리고 진보 정당"을 만드는 것이었고, 이제는 "우리 아이들과 자전거를 타고 서울에서 평양까지 마음껏 달리고/ 만주벌판으로 눈덮인 시베리아로 유라시아의 초원을 거쳐 파리까지 가 닿아/ 거기서 다시 횡단열차를 타고 서울역에서 내리는" 것과 "덜 벌어 적게 쓰고" "고르게 부자로" 살며 "더 푸르고 건강한 몸생활과/ 더 기품있는 문화 생활"을 하는 데 그 초점이 맞추어져 있다. "더 푸르고 건강한 몸생활과 더 기품 있는 문화생활"을 위해서, "우리 노동자와 서민들이 손에 손에 꽃송이를 들고/ 온 지구 형제들 앞에서 총파업 시위에 나서는 꿈을" 갖고 있다는 것, 따라서 혼자서 꾸는 꿈은 꿈에 지나지 않지만, 그것을 모두 함께 나누어 꾸게 되면 반드시 현실이 된다는 것이 「꿈을 함께 나눈다면」의 핵심적인 전언인 셈이다. 그 꿈은 싸늘한 이기주의로 갇혀 있지 않고 이타적으로 열려 있으며, 가난한 자, 힘 없는 자, 지배를 당하는 자를 위한 만인평등의 사상에 맞닿아 있는 꿈이라고 하지 않을 수가 없다. 현대 민주주의와 만인평등 사상은 여러모로 문제점이 많고, 또 비판을 받아야 마땅한 것들이지만, 박노해는 현대 민주주의와 만인평등 사상과는 매우 상반되게, 사회주의의 혁명가, 혹은 문화적 영웅으로서의 꿈을 꾸게 되었던 것이다. 솔직히 말해서, 군사독재 정권을 몰아내고, 우리들 스스로 대통령을 뽑아서 정권 교체를 하고, 독점 재벌과 안기부를 해체한다는 꿈은 아무나 꿀 수 있는 것도 아니고, 더 푸르고 건강한 몸생활과 더 기품 있는 문화 생활을 위해서, 온 지구 형제들 앞에서 총파업 시위에 나서는 꿈을 꾼다는 것도 아무나 꿀 수 있는 것이 아니다. 바로 이 지점에서, 어린 왕자에서 사회주의의 혁명가로, 사회주의의 혁명가에서 사회운동가로서의 그의 운명과 인생 역정이 설명될 수가 있는 것이지만, 미셸 푸코는 그의 저서 『광기의 역사』에서, 노동의 문제—우리 한국 사회에서는 군사독재 정권과 천민 자본주의의 뿌리가 되고 있는 노동의 문제—를 다음과 같이 고발한 바가 있다.

산업화의 초기 국면에서는 노동은 산업화가 야기시킨 문제로서가 아니라 오히려 그 해결로서, 즉 최선의 만병통치약으로서, 일체의 빈곤에 대한 처방으로 인식되었던 것 같다. 노동과 빈곤은 단순한 대립 관계로, 즉 간단한 반비례 관계로 파악되었다. 따라서 빈곤의 극복—고전주의 시대의 해석에 의하면—이라는 특성을 갖는 노동의 힘은 노동생산성이 아니라 생산을 고양시킬 수 있는 도덕적 힘에 의해 더 많이 측정되었다. 노동의 효과가 인정되는 것도 그것이 도덕적 초월성에 근거하기 때문이다. 원죄 이래로 인간은 노동이라는 징벌을 만악의 치유책으로, 구원의 보증으로 받아들였다. 인간은 자연법에 따라서 노동하는 것이 아니라 저주에 의해서 노동한다. 불모의 대지는 게으른 인간의 탓이지, 대지의 탓이 아니다(5: 65).

자연적 통합의 수준에서가 아니라 도덕적 통합의 수준에서. 의도와는 달리 대지를 괴롭힌 빈민들은 "하늘의 새도 먹여 살리리라"고 약속한 하느님의 도움을 기다리고 있지만, 그들은 "너의 주 하느님을 시험하지 말라"는 계명을 어기고 있다. 노동에 대한 기피는 캘빈의 말대로 "신의 권능에 대한 과도한 시험"을 의미하지 않을까? 그것은 기적을 강요하지만 기적은 오히려 매일매일의 노동에 대한 보상의 형태로 나타난다. 노동이 정말로 자연법의 일부가 아니라면 그것은 타락한 세상의 질서에 포함된다. 이것이 게으름이 반역―어떤 의미에서는 가장 나쁜 형태의―이 되는 이유이다. "자연이 에덴동산에서처럼 관대해 지기를 기다려야 한다. 그러나 게으름은 아담 이후로 인간이 가질 수 없었던 신성을 강요하려고 한다. 오만은 원죄 이전의 인간의 죄였다." 그러나 게으름은 원죄 이후의 인간이 부리는 최고의 오만, 빈곤이라는 부조리한 오만이다. 엉겅퀴와 갈대만이 자라는 우리들의 세계에서 게으름은 특히 과오이다. 중세의 최대의 악은 오만이었다. 죤 휘징가에 의하면 르네상스 초기에는 최고의 죄가 탐욕인 적도 있었다. 그러나 반대로 17세기의 모든 텍스트에는 게으름의 악마적인 승리를 경고하고 있다: 죄악을 야기시키고, 죄악의 순환을 가져오는 것은 바로 게으름이다. 칙령에 따라서 종합병원은 "모든 무질서의 원천인 구걸과 게으름"을 막아야만 한다. 루이 부르달루는 게으름, 즉 타락한 인간의 무가치한 오만에 대한 비난을 다음과 같이 되풀이 한다. "그렇다면 게으른 삶의 문제는 무엇인가? 그것은 생 앙브로즈가 대답하기를, 신에 대한 피조물의 두 번째 반역이다." 따라서 수용소에서의 노동은 윤리적 의미를 갖는다: 게으름은 일종의 반역으로 규정되었기 때문에, 게으른 자들은 유용성도 이윤도 없는 노동을 끝없이 수행해야만 했다(5: 66).

미셸 푸코가 역설하고 있는 것처럼, 노동이라는 말에는 산업 자본주의 시대의 억압과 탄압의 냄새가 배어 있고, 노동자들의 치욕적인 상처와 그 쓰라림의 아픔이 배어 있다. 세계적인, 혹은 유럽적인 경제 공황의 여파로 이리저리 떠돌아 다니며 방황을 하고 있었던 부랑자들을 모조리 붙잡아다가 감금시키고, 그들의 값싼 노동력을 '완전 고용'이라는 구실 아래, 강제로 소진시켜버렸던 것이다. 왜냐하면 그들이 살고 있었던 사직 당국은 그들이 처해 있던 동시대의 사회 역사적인 조건들을 무시한 채, 그들에게는 거지, 도둑놈, 사기꾼이라는 낙인을 찍어버리고 '만악의 근원인 게으름뱅이들'이라는 꼬리표를 붙여줬기 때문이다. 노동이라는 징벌은 "만악의 치유책으로, 구원의 보증"으로 받아들여졌고, 그들에게는 자유로운 직업의 선택이나 꿈과 희망이라는 말마저도 사치스럽게만 받아들여졌던 것이다. 따라서 그들에게는 시장이 반찬일 수밖에 없었으며, 가볍고 화려한 옷보다는 억세고 질긴 싸구려 옷과 콩나물 시루와도 같은 혼음과 혼숙, 산업재해, 영양실조, 거친 말과 거친 욕설, 무한한 성적 탐닉과 알콜중독, 매춘과 매독, 사생아와 기형아, 게딱지와도 같은 주거 환경 뿐이었다고 하지 않을 수가 없다. 노동은 산업화가 야기시킨 문제로서가 아니라 그 문제의 해결로서, 즉 "최선의 만병통치약"으로 그 신성성이 부여되었음에도 불구하고, 노동자들의 삶은 시지프스의 삶에 불과할 수밖에 없었던 것이다. 그러나 노동자들은 천사가 될 수 없었고, 저주받은 존재로서 악마가 될 수밖에 없었다. 신성성과 악마성, 윤리와 반 윤리의 기이한 역전 현상은 자본가들의 절대 권력과 그 힘이 있었기 때문에 가능했다고 하지 않을 수가 없다. 자본가들은 이상야릇한 궤변으로 그들의 탐욕을 정당화시키고, 유사 이래, 최초로, 전지 전능하신 하나님을 살해해 버렸던 것이다. 좀 더 엄밀하게 따져본다면, 이처럼 신의 사망증명서를 발급해준 자들은 니체 이전에, 산업 자본주의 시대의 자본가 계급이라고 해도 틀린 말이 아니다.

에덴동산에서의 아담과 이브는 선악과를 따먹고 지혜를 얻게 된 '오만의 죄'를 진 것이며, 중세의 기독교인들은 가난한 자, 굶주린 자, 힘 없는 자들을 내 이웃처럼 돌보지 않고 자기 자신들만의 거대한 성채와 영지를 넓혀간 '탐욕의 죄'를 진 것이며, 고전주의 시대의 인간들은 부지런히, 열심히, 일하지 않고 만악의 근원인 '게으름의 죄'를 진 것이다. 좀 더 엄밀하게 말한다면, 게으름은 오만과 탐욕의 뒤를 이어서 세 번째의 반역에 해당되지만, 현대 사회에서의 가장 큰 죄는 인간의 욕망을 무한대로 풀어놓은 탐욕이라고 할 수가 있다. 박노해가 「산들바람처럼」이라는 산문에서, "1천만원 투자해서 1억원을 거둬들이는 자는 그 탁월한 경영 능력을 존경받는 세상이다. 이런 장마음은 따지고 보면 사기꾼 마음이고 도둑놈 마음이다. 장터라는 곳이 원래 이문을 남기는 곳이 아닌가. 장마음의 유혹은 너무 강렬해서 들마음을 병들게 하고 산마음을 메마르게 한다. 그래서 장마음이 판치는 세상은 무한 경쟁의 전쟁터가 되고 만다"라고, 부르디외의 사회학에 맞닿아 있는 발언을 하고, 그가 사회주의 혁명가로서 변신을 하게 된 『노동의 새벽』 속의 「진짜 노동자」나 「삼청교육대」도 다 그럴만한 이유가 있었던 것이다. 탐욕은 현대 사회의 최악의 질병이며, 암적인 종양이다.

　　이 땅에 노동자로 태어나서
　　생각도 못하고 사는 놈은 죽은 송장이여
　　말도 못하는 놈은 썩은 괴기여
　　테레비만 좋아라 믿는 놈은 얼빠진 놈

이빨만 까는 놈은 좆도 헛물
실천하는 사람,
동료들 속에서 살아움직이며 실천하는 노동자만이
진실로 인간이제
진짜 노동자이제

비암이라고 다 비암이 아니여
독이 있어야 비암이지
쎈방이라고 다 쎈방이 아녀
바이트가 달려야 쎈방이지
노동자라고 다 노동자가 아니제
동료와 어깨를 꼭 끼고 성큼성큼 나아가
불도쟈 밀어제껴 우리 것 찾아 담는
포크레인 삽날 정도는 되아야
진짜 노동자지
— 「진짜 노동자」에서(6: 95)

　　탐욕은 성실과도 다르고 근면과도 다르다. 성실한 사람은 자연과 인간과 세계에 대해서 친화적이지만, 탐욕적인 사람은 자기 자신의 행복을 위하여 모든 관계를 파탄에 빠뜨리기 때문이다. 부지런하고 열심히 일하는 사람은 성실한 사람이지만, 탐욕적인 사람은 게으른 사람을 '만악의 근원'이라고 배척하면서, 자기 자신이 게으름뱅이의 화신이 되어간다. 그는 욕망에 욕망을 가중시켜 나가면서, 그 탐욕의 얼굴을 성실의 가면으로 은폐시킨 채, 가난하고 헐벗고 굶주린 노동자들을 개와 돼지처럼 학대를 하게 된다. 그러면서도 그는 보란 듯이 육체 노동을 기피하고, 승마와 골프와 호화저택과 딸 아이와도 같은 여비서와의 밀월 관계로 그의 인생을 탕진하게 된다. 가난한 자에게는 궁핍이 죄악이지만, 부유한 자에게는 권태가 죄악이다. 권태는 한가함과 여가와 할 일 없음에 대한 상류 계급 인사들의 질병이며, 그 권태로운 생활에는 통음난무와 호화스럽고 사치스러운 것들이 특효약이 되고 있다. 탐욕은 가난하고 헐벗고 굶주린 자를 먹고 자라나, 권태라는 암적인 종양으로 피어오른다. 탐욕적인 자에게는 자연 파괴와 싸늘한 이기주의의 그늘 아래 질식해 가고 있는 우리 인간들도 보이지를 않고, 그들의 변태적인 성욕과 한 여름밤의 불꽃놀이를 위해서는 이 지구의 소멸 자체도 대단한 걱정거리가 되지 못한다. 더 많은 권태와 더 많은 사치를 위하여, 성모 마리아 상을 발가벗기고, 바로 그곳에다 슈퍼 스타 예수의 성기를 삽입시킨다. 자동차와 풍만한 여성의 육체, 비너스의 유방을 모델로 한 300만원 짜리의 젖가리개, 비너스의 엉덩이와 허리를 모델로 한 300만원 짜리 팬티 스타킹, 헤라클레스의 보디 빌딩을 모델로 한 남성화장품, 비키니 차림의 여성들의 청량음료, 또, 또, 또, 섹시함을 모델로 골프용품과 테니스용품, 딸 아이와도 같고 손녀와도 같은 여비서를 모델로 오피스텔과 호텔과 카지노와 나이트 클럽의 선전 광고, 우리는 유전자 공학에 의한 복제 인간의 가족이며, 우생학적 입장에서, 어떠한 불륜도 개의치 않고 수입해온 정액의 산물인 듯한 행복한 할머니, 할아버지, 엄마, 아빠의 가족, 유전자 공학에 의하여 생식기능을 상실한 불임의 식물들, 벼, 보리, 토마토, 가지, 오이, 참외, 수박, 감, 사과, 배, 성교할 권리마저도 빼앗긴 채, 어느 사내의 돼지놈인지, 개놈인지, 소놈인지도 모르는 가축들, 영양가와 그 맛이 끝내주는 인공식품들을 먹으며, 탐욕의 왕국을, 그 신전 속의 축제를 벌여 나간다, 우리 인간들은—. 탐욕은 오만보다도 더 무겁고, 게으름보다도 더 그 죄가 크다.

박노해는 너무나도 지극하고 당연하게, 사회주의와 만인평등 사상을 받아들이고, 「진짜 노동자」가 되어서 체제의 전복을 기도하게 된다. 그 소박하고 단순했던 어린 왕자의 꿈이 "이빨만 까는 놈은 좆도 헛물/ 실천하는 사람/ 동료들 속에서 살아 움직이며 실천하는 노동자만이/ 진실로 인간이제/ 진짜 노동자이제", "비암이라고 다 비암이 아녀/ 독이 있어야 비암이지", "노동자라고 다 노동자가 아니제/ 동료와 어깨를 꼭 끼고 성큼성큼 나아가/ 불도쟈 밀어제껴 우리 것 찾아 담는/ 포크레인 삽날 정도는 되아야/ 진짜 노동자지"라는 시에서처럼, 사회주의(공산주의)의 혁명가의 꿈으로 변모를 하게 될 것이다(6: 131). 그것은 돌연변이도, 우연도 아니고, 자연스러운 순리의 흐름이다. 샤르트르, 들뢰즈/ 가타리, 부르디외, 알튀세르, 루카치가 모두 한 때는 공산주의자들이었듯이—. "민주노조를 몸부림치다/ 개처럼 끌려 온 불순분자 이군은/ 퉁퉁 부은 다리를 절뚝이며/ 아버지 뻘의 노약한 문노인을 돌봐 주다/ 야전삽에 찍혀 나가 떨어지고/ 너무한다며 대들던 제강공장 김형도/ 개머리판에 작살나 앰블런스에 실려 나간다/ 잔업 끝난 퇴근길에 팔뚝에 새겨진 문신 하나로 잡혀와/ 가슴 조이며 기다릴 눈매 선선한 동거하던 약혼녀를 자랑하며/ 꼭 살아 나가야 한다고 울먹이던 심형은/ 끝내 차디차게 식어 버리고"(「삼청교육대 1」)라는 시구는 1980년대의 한국 사회의 현실이 서구의 산업 자본주의 시대에 맞닿아 있었다는 사실을 여실히 증명해 주고도 남음이 있다. 삼청교육대는 자본가 계급과 군사 독재 문화가 낳은 물리적 폭력의 현장이며, 우리 인간들의 탐욕의 이빨이 너무나도 적나라하게 드러났던 성소라고 하지 않을 수가 없다. 선이 악이며, 악이 선이다. 천사가 악마가 되고, 악마가 천사가 된다. 일 자체를 사랑하지 않고, 돈 자체를 사랑하면 모든 가치관들이 전복된다. 그는 '진짜 노동자'와 '얼굴 없는 시인'이 되어, 사악하고 탐욕적인 자본가들과 부패한 독재 정권과 한판의 정면 승부를 벌이고, 마침내 '사회주의 노동자 동맹'을 결성한 대가로 오랜 수배 생활 끝에, 1991년, 사직 당국에 의해서 체포되었다. 나는 아직도 그가 포승줄에 묶인 채, 법정 밖에서 환하게 웃던 모습을 무엇보다도 감동적인 모습으로 기억하고 있다. 주민등록증을 발급 받기 전부터 노동자였던 박노해, 근로기준법을 준수하는 공장에서 일하고 장발 단속이 없는 사회에서 살고 싶어했던 박노해, 이제 그는 8년여의 형무소 생활을 마치고 우리 앞에 돌아왔지만, 나는 좌우의 대립의 현실을 넘어서, 마르크스가 주창했던 사회주의는 인류의 역사가 종식되지 않는 한, 영원히 소멸되지 않을 최고급의 사상이라고 믿어 의심하지 않고 있다. 박노해의 시는 동화적 상상력에 기초를 둔 미학주의이며, 그 사회적 실천은 칸트적 의미에서, 미적 판단에 기초를 둔 윤리적 실천이다. 그는 아름다운 언어로 시를 쓰고, 선한 영혼의 징표로서 사회적 실천을 추구해 왔다. 그는 자기 스스로 자기 자신과 노동자와 한국 사회에 아름다움과 희망을 부여하고, 스스로 입법원리를 만들어 실천해 왔던 것이다. "도덕적 선은 최고의 관심을 수반"한다(7: 64). 어린 왕자가 사회주의의 혁명가이고, 사회주의의 혁명가가 어린 왕자이다. 그것은 앎과 행동의 일치가 빚어낸 대 서사시적인 감동의 드라마라고 하지 않을 수가 없다.

박노해가 그의 첫 시집 『노동의 새벽』을 출간한 이후, 오랜 수배자 생활 끝에, 1991년 체포되어 사형선고를 받았지만, 그의 사형선고는 이중─삼중적인 충격일 수밖에 없었다. 첫 번째는 사회주의자로서 그 사상의 실천의 무대를 잃어버린 것이며, 두 번째로는 꽃다운 젊은 나이에 자기 자신의 삶의 의지에 반하여, 그 생의 종지부를 찍어야 하는 것이며, 세 번째로는 소련 연방을 비롯한 동구권의 몰락을 맞이하지 않을 수가 없었던 것이다. 사상의 자유와 표현의 자유가 보장되어 있었던 사회라면 박노해의 무죄는 너무나도 당연하고, 그의 인신 구속은 더없이 가혹하고 억울한 사건이 아닐 수가 없다. 마르크스의 말대로, 인간의 존엄성과 만인 평등 사상에 경도되어 "장시간 노동과 저임금, 산업재해와 직업병", 즉 "임금노예냐, 사형이냐"의 두 갈림길에서 의연하고 꿋꿋하게 후자의 길을 선택할 수밖에 없었던 박노해의 도덕성은 온데간데없어지고, 끝끝내 사형선고를 받게 된 현실은 너무나도 충격적일 수밖에 없었던 것이며, 또 게다가 '사회주의의 붕괴'는 그의 두번째 사형선고일 수밖에 없었던 것이다. 사상의 자유와 표현의 자유를 잃어버리고 완벽한 무죄가 불순한 사상범이 되어버린 것도 억울한 일인데, 그에 대한 법정 사형선고는 육체의 죽음을 의미하는 것이며, 사회주의의 붕괴는 그의 영혼(사상)의 죽음을 의미하는 것이라고 하지 않을 수가 없다. 박노해는 그 이중─삼중적인 충격 속에서, "나는 살아 있어도 이미 죽어 있었다. 내가 목숨 바쳐 피워올린 '사회주의'라는 꽃이 내 안에서 꺾여 있었다"라고, 그 무엇보다도 뼈 아프게 절규를 해야만 되었던 것이다(2: 73). 인간의 존엄성을 회복하고 만인의 평등과 자유 민주주의와 노동의 해방의 불씨를 지피고 싶었던 그의 꿈이 무너져 내린 것이고, 그 결과, 오랜 수배 생활과 고문의 후유증과 1년간의 재판 과정 중의 심신의 피로가 누적되어 앞을 보지 못하고 앓아누울 수밖에 없었다고 해도 과언이 아니다.

그 아픔의 공간은 허무의 공간이며, "패배의 쓴 잔"과 "외로움의 쓴 잔"과 "슬픔의 쓴 잔"으로 얼룩진 공간이다. 사형선고를 받고 무기징역으로 감형이 되었어도 기쁘지 않았던 공간, 인신의 구속마저도 억울하지 않고 살아 있다는 것 자체가 더없이 부끄럽고 수치스러웠던 공간, "옛 사람들은 한 시대를 만나 뜻을 품고 싸움터에 나섰다가 패배했을 때 하늘을 우러르며 스스로 목숨을 끊어 바쳤거늘, 그 많은 순결한 가슴에 불을 당겨 아픔과 상처만 남겨준 나"라는 자기 고백에서처럼, 사회주의의 혁명가로서의 의연하고 떳떳한 죽음마저도 허락하지 않고 있었던 공간, 그 공간은 박노해의 사상과 이념이 무너진 공간일 수밖에 없었다(2: 75). 사상은 우리 인간들의 꿈이며 생명이다. 우리는 사상을 통해서 밥을 먹고 살아가며, 그 사상을 위해서라면 어떠한 희생마저도 떳떳하게 받아들인다. 사상은 명예이고 명성이다. 명예와 명성은 어떠한 눈 앞의 이익이나 비굴한 굴종마저도 받아들이지 않고, 그것을 맹목적으로 쫓아가는 자들을 개같이 학대를 하고 도태를 시켜버린다. 박노해가 진정한 참회와 통한의 눈물을 흘린 공간은, 말의 진정한 의미에서, 사회주의의 혁명가로서의 그의 꿈이 무너진 공간이지, 사상의 자유와 표현의 자유를 잃고 부당하게 구속된 공간이 아니다. 패배의 쓴 잔, 외로움의 쓴 잔, 슬픔의 쓴 잔은 어떠한 분노와 증오마저도 잃어버린 자의 잔이며, 낙천주의자의 의지가 아닌, 염세주의자의 의지가 담겨 있는 잔에 불과하다. 박노해의 사회주의의 사상은 타인의 말과 사유로 이루어진 사상이지, 자기 자신의 사상이 아니었던 것이다. 그가, 만일, 마르크스였더라면, 소련 연방과 동구권의 무너짐은 사회주의를 주창했던 국가들의 무너짐이지, 그의 사상의 무너짐으로 받아들이지는 않았을 것이다. 그는 오히려, 거꾸로, 더욱더 정교하고 세밀하게 공산주의 사상을 가다듬고 그것을 실천할 수 있는 인간들을 불러모아 결집시키고, 새로운 공산주의 국가의 창설이라는 더욱더 도전적이고 야심만만한 과제를 짊어지고 나갔을 것이라고, 나는 생각하고 있다. 바로 이 지점에서 분명히 드러나고 있는 것은 박노해는 공산주의 사상의 창시자가 아니며, 단순하고 소박하게 그 사상을 쫓아가 본 사회주의 운동가였다는 사실이다. 그의 허무의 공간은 사회주의 국가들의 붕괴 앞에서 더 이상의 좌표를 잃어버린 사회주의자의 공간이지, 사상가로서의 박노해의 공간이 아니다. 아직도 이 땅에는 수십 년 동안 '전향서'를 쓰지 않고 자기 자신들의 사상을 지켜나가고 있는 사상범들이 있다. 그들이 반드시 존경의 대상일 수는 없지만, 그러나 그들의 뿌리 깊은 사상의 신념까지도 함부로 경시할 수는 없다고 나는 생각한다.

박노해는 어쨌든 그 허무의 공간에서 진정한 참회의 눈물과 통한의 눈물을 흘리면서, 그 허무주의자(염세주의자)의 공간을 낙천주의자의 공간으로 탈바꿈시켜 나간다. 그가 교도소에서 행한 일은 첫 번째로 사회주의자로서의 자아 반성과 함께, 그 사상의 약점들을 자기 나름대로 성실하게 분석하고 비판한 것이며, 두 번째로는 "시장 권력, 정치 권력, 시민 사회의 권력"이 충돌하는 시대에, 사회 운동의 중요성을 깨닫고(2: 146) 앤서니 기든슨의 제3의 길이 아닌, '건강한 몸통'으로서의 '중간 좌의 길'을 모색한 것이며(2: 171), 세 번째로, 그 사회적 실천을 위해서 "짧은 권력, 긴 감동, 나이들수록 푸르러지는 젊은이들"의 생활 철학을 비롯하여, 그의 앎에의 의지를 더욱더 세련되고 정교하게 충전시켜 나갔던 것이라고 하지 않을 수가 없다(2: 227). 교도소는 어린 왕자에서 사회주의의 혁명가로, 사회주의의 혁명가에서 사회 운동가로 그의 인생 역정을 변모시켜

준 성소이며, 그의 오랜 수감 생활은 모든 문화적 영웅들의 입문의 례 과정이었는지도 모른다.

우선 박노해는 사회주의 사상을 다음과 같이 세 가지 차원에서 새롭게 분석하고 비판하고 있다.

첫째는 체제로서의 사회주의이다. 이미 붕괴한 옛 소련, 동독, 루마니아, 그리고 북한과 같이 닫아걸고 겨우 생존하고 있는 현실 사회주의 국가 모델이다. 나는 이러한 체제로서의 사회주의는 반대한다.

둘째는 이념으로서의 사회주의이다. 사회주의 이념은 자본주의 상품 경제 체제가 안고 있는 근본 모순을 분석하는 데서 출발한다. 그리하여 노동하는 사람을 높이는 휴머니즘과 평등 가치가 실현되는 대안 체제를 지향하는 것이다.

그러나 그 방법론은 생산 수단의 국유화와 계획 경제, 프롤레타리아 독재, 집단주의, 민중 항쟁 노선으로 귀결됨으로써 위험한 독소를 내장하고 있다. 따라서 생존 단계의 닫힌 사회에서나 우리와 같은 분단 상황에서는 사회주의 이념이 힘을 갖는 순간 절대주의, 유일주의로 흐를 수밖에 없음에 주목해야 한다. 하지만 사회주의는 자본주의의 무한 질주에 제동을 거는 장치인 만큼 '사상의 자유'로 보장되어야 한다고 생각한다.

셋째는 가치로서의 사회주의이다. 사회주의 사상과 사회주의 운동의 역사 속에는 인류의 소중한 가치로 계승해야 할 요소가 있다. 그것은 노동 가치의 중시, 평등과 공동선에 대한 지향, 돈보다 사람을 우선하고 사회적 약자를 옹호하는 것 등이다. 이러한 사회주의적 가치를 시장 경제와 민주주의의 바탕에 접목시켜 온 것이 서유럽의 '열린 사회주의'이다.

우리 나라에서는 지금까지 전쟁과 남북 분단, 그리고 군사독재 때문에 사회주의적 가치가 통째로 부정되어 왔다. 그러나 이제는 과거와 같은 이념적 획일성과 지적 단순성을 가지고는 더 이상 세계를 향해 나아갈 수가 없다. 나는 가치로서의 사회주의는 우리 현실에 더 많이 도입되어야 한다고 생각한다(2: 162-163).

그는 소련, 동독, 루마니아, 그리고 북한과도 같이 안팎으로 문을 걸어 잠그고 겨우 생존했던 현실 사회주의의 국가 모델, 즉, '체제로서의 사회주의'를 반대하고, 자본주의의 근본 모순을 분석하고 비판할 수 있는 '이념으로서의 사회주의'에는 찬성을 하지만, 그 이념으로서의 사회주의마저도 생산수단의 국유화와 계획 경제, 프롤레타리아 독재, 집단주의, 민중 항쟁 노선으로 귀결될 수밖에 없기 때문에, 또한 분명하게 반대를 한다. 그리고 마지막으로 "사회주의 사상과 사회 운동의 역사 속에는 인류의 소중한 가치로 계승해야 할 요소가 있다"라고 말하면서, "노동의 가치의 중시, 평등과 공동선에 대한 지향, 돈보다 사람을 우선하고 사회적 약자를 옹호하는" 가치로서의 사회주의에는 또한 분명하게 찬성을 표시한다. 그러나 그는 "사회주의 체제는 무너졌고 나도 무너졌다"는 말이나 "사회주의적 가치를 시장경제와 민주주의의 바탕에 접목시켜 온" 서구의 '열린 사회주의'를 옹호하고 있다는 점에서, 더 이상 사회주의자가 아니다. 아니, 그는 사회주의의 가치를 변함 없이 간직하고 있다는 점에서는 사회주의자이지만, "서로 다른 이념과 문명과 인종이 더불어 공존하는 시대"를 옹호하고 있기 때문에, 더 이상 사회주의자도 아니고, 어떠한 사상의 신봉자도 아니다. 그는 솔직하게 말해서, 새뮤엘 헌팅턴이 그처럼 반대했던 '문화적 다원주의자'이며, 그 문화적 다원주의자의 길은 사회주의 국가의 붕괴를 보고, 그 사상의 무너짐을 뼈저리게 느껴왔던 자만이 선택할 수밖에 없었던 어떤 길이었는지도 모른다.

  그는 사회주의의 국가의 붕괴를 보고, 그 허무의 바다—"아, 나는 얼마나 자신했던가. 죽음 앞에서 웃으리라고. 내 삶으로 확실한 진리를 품고 웃으며 죽음을 맞이하리라고. 그러나 죽음 앞에서 막상 내가 마주친 것은 두려움도 뉘우침도 아닌 허무였다. 끝없는 허무의 바다"(2: 76-77)—속을 진정한 참회와 통한의 눈물로 헤쳐 나오면서, 사회주의의 사상과 그 이념의 모순을 바라보지 않을 수가 없었던 것이다. 숨 막히는 절대주의, 유일주의, 관료 사회의 부패상, 피 어린 숙청, 저급한 평등주의, 전통의 가치와 문화의 파괴, 개성과 인간성의 상실…… 그 참담한 풍경 앞에서, 그가 추구해 왔던 사회주의의 사상과 그 국가의 허와 실을 보게 되었던 것이다. 사회주의가 무너진 것은 "민중을 주인으로 자각시키지 못하고 대중성의 실패, 주체성의 결여 때문"이라고, 자기 나름대로의 변명을 해보고, "사회주의 이념 자체"를 옹호도 해보았지만, 그것은 사회주의 국가와 사회주의의 이념을 인위적으로 잘라낸 어떤 것일 뿐, 그 허무의 바다를 메꾸어 줄 수 있는 사상이 되지를 못했다(2: 81). 마르크스에서 스탈린을 잘라내고 다시 레닌을 잘라내고, 다시 초기 마르크스에서 후기 마르크스를 잘라내 보기도 했지만, 그것은 소련, 동유럽, 루마니아, 북한 등의 현실 사회주의 국가와 동떨어진 허상일 뿐, 또다시 그의 허무의 바다를 메꾸어 줄 수 있는 사상이 되지를 못했다. 그 결과, 그는 20세기 초반의 생산력 수준에 가로막혀 있는 마르크스의 유물사관의 단순성과 경직성을 극복하고, 사회적 존재로서의 인간과 우주적 존재로서의 인간과 생물학적(개체적) 존재로서의 인간 존재를 다같이 인식하고, 문화적 다원주의자의 길을 모색해 보기 시작했던 것 같다. 문화적 다원주의는 다양한 문명과 문화, 다양한 인종과 수많은 사상, 다양한 종교와 우주관을 옹호하며, 개인의 성숙과 공동체 사회의 평화와 행복, 그리고 우주 영성의 존재로서 만물의 조화를 강조하는 사상—아직 정교하고 세밀하게 정립되지 못한 사상—을 말하고, 그것은 달리 말한다면, 우주론적 세계관으로 설명할 수도 있을 것이다. 따라서 박노해가 아주 초보적인 걸음마 수준에서 '우주 영성의 존재'를 여러번 되풀이 강조하고 있다는 사실을 생각해 보면, 그것은 '우주 영성의 사상'('우주 영성의 철학')으로 역사 철학적인 근거를 마련해 보는 것이 좀 더 나을 것 같다는 생각이 들기도 한다. 우주 영성의 철학은 그 영역이 지나치게 넓고 두루뭉수리한 철학이 될지도 모르지만, 아직은 전인미답의 영역이고 그만큼의 가능성이 더 많은 영역이 되는 지도 모른다. 박노해는 '우주 영성의 철학'을 개진하기 위해서 자기 자신의 생명이자 피였던 사회주의의 사상을 비판하고, 그를 "믿고 숨겨주고 도와주고 집 전세를 빼서 돈을 끌어" 왔던 옛 동지들에게 거듭거듭 사죄를 하고, 자기 자신의 영웅주의와 욕망을 보지 못한 채, 사회주의 혁명 노선으로만 강경하게 몰아붙였던 또다른 동지들에게 거듭거듭 사죄를 한다. "정직의 다른 이름은 비참함이다", "내게 날아오는 돌팔매로 무덤을 이루더라도 정직하자"라는 그의 자아 반성의 태도는 한국문학의 진수에 가깝다(2: 79). 박노해의 아름다운 시와 산문들은 한국 현대문학의 최고의 수준이며, 그 정점이다. 그는, 아주 조심스럽게 말한다면, 김수영보다도 더 깊이가 있고, 더 아름다운 산문을 썼다고 나는 생각한다. 그의 시와 산문은 그의 붉디 붉은 피와도 같다.

박노해는 시인인가, 사회주의의 혁명가인가, 그것도 아니면 사회운동가인가? 나는 그의 시와 산문을 읽으면서 그에 대한 정체성의 혼란을 여러번 겪지 않을 수가 없었다. 그는 보다 정확하게 말해서, 사회운동가이지, 시인이 아니다. 그는 언제나 시보다도 사회 운동에 더 강조점을 두고 있다. 그의 시는 정치적 충동의 유효한 수단이며, 그것의 미적 표현이다. 왜냐하면 만인의 평등과 공동체 사회의 행복이 먼저이지, 시인으로서의 언어와 사상을 갈고 닦는 장인 정신은 언제나 부수적인 일에 지나지 않고 있기 때문이다. 그렇다면 그의 시는 삶 자체의 기록이며 역사이다. 나는 사회 운동에 더 강조점을 두고 있는 그의 태도에 수많은 우려와 함께, 격려를 보내면서, '시장 권력, 정치 권력, 시민 사회의 권력이 충돌하는 시대'에, '건강한 몸통'으로서 '중도 좌中道左의 길'를 모색하고 있는 그의 길을 간단하게 살펴보고자 한다. 박노해는 「오늘은 다르게」라는 산문에서, "운동은 사랑의 사회적 확장이다. '좋은 사람'의 숲을 이루어 '아름다운 싸움'으로 세상을 살만하게 바꿔가는 사랑의 최고 형태가 운동이 아닌가. 운동이 뿌리와 줄기라면 정치는 꽃이라 할 수 있다"라고 말하면서, 그 운동의 세 가지 원칙을 제시해 놓고 있다. "하나는 더 이상 지는 싸움을 하지 않겠다는 것"이고, 그 둘은 "돈이 되는 운동을 하겠다는 것"이며, 그 셋은 "즐거운 운동을 하겠다는 것"이다. 첫 번째는 한꺼번에 성취하기보다는 착실하게 역량을 축적해서 비록, 실패를 하더라도 그 의미를 분명히 현실에 새기겠다는 뜻에 맞닿아 있고, 두 번째는 착하고 바른 사람들이 내는 회비—왜냐하면 돈이 곧 운동의 에너지이니까—를 통해서 끝까지 책임을 지는 운동에, 나머지 세 번째는 지나친 사명감으로 얼굴을 찡그리지 않고 모두가 다 함께, 내 일처럼 참여하는 '즐거운 운동'을 하겠다는 의지에 맞닿아 있다. 그는 "이제 변화된 현실에서 새로운 뿌리를 키우는 철학과 운동이 있어야만 새로운 정치도 꽃 피어날 수 있다"고 말하고 있지만, 그는 그 멀고 험한 길을 위해서 어떤 분명한 목적과 방향도 제시를 해놓지 않고 있다. 하지만 「새는 무엇으로 나는가」의 산문에서, "보수와 우의 날개가 너무 크기 때문에 우리의 몸통은 중도 좌中道 左여야 한다"고 역설하고 있듯이, 그가 추구하는 정치 체제의 형태는 '중도 좌'이며, 그것의 사상적 뿌리는 문화적 다원주의, 혹은 '우주 영성의 철학'이라고 유추해볼 수도 있을 것 같다. 문화적 다원주의자들이 다양한 문명과 문화, 다양한 인종과 수많은 사상, 다양한 종교와 우주관, 개인의 성숙과 공동체 사회의 행복, 그리고 우주 영성의 존재로서 만물의 조화를 강조하고 있듯이, 그의 사회적 운동은 공정한 부의 분배와 만인의 평등과 공동체 사회의 행복에 그 초점이 맞추어져 있다고 해도 틀림이 없다. 그는 무엇보다도 돈 많은 부자를 혐오하고, 학연, 혈연, 지연으로, 그 무엇보다도 싸늘한 이기주의로 사소한 이익만을 추구하고 있는 이 땅의 지식인들을 혐오한다. 또한 우리 인간들이 자기 자신들의 욕망과 욕망만을 한없이 가중시켜 나가면서 생태환경과 자기 자신들의 인간성마저도 파괴해 버리고 있는 오늘날의 문명과 문화를 혐오하고, 가난한 자, 힘 없는 자, 지배를 당하는 자들을 그 무엇보다도 사랑한다. 따라서 그가 추구하는 사회는 "덜 벌어서 적게 쓰고 나눠쓰는 삶을 기쁘게 받아들여/ 더 푸르고 건강한 몸생활과 더 기품 있는 문화 생활과/ 소박하지만 알찬 행복감으로 살아갈 때가 되었다고/ 우리 노동자와 서민들이 손에 손에 꽃송이를 들고/ 온 지구 형제들 앞에서 총파업 시위에 나서는 꿈을 꾸는 것이다"(「꿈을 함께 나눈다면」)라는 시구에서처럼, 노동자와 서민들, 이른바 사회적 하층 계급들이 중심이 되는 사회라고 하지 않을 수가 없다.

박노해의 공정한 부의 분배와 만인 평등 사상과 공동체 사회의 행복에 대한 신념은, 그가 어린 왕자였을 때에도, 사회주의의 혁명가였을 때에도, 또, 사회주의의 혁명가의 길을 포기하고 사회운동가로 변신을 시도하고 있을 때에도 언제나 변함이 없었던 제일의 금과옥조였다고 하지 않을 수가 없다. 그는 사회적 천민 출신이며, 그 사회적 천민 출신이라는 굴레를 통해서, 오늘날 한국 사회의 제일급의 시인과 사상가의 지위에까지 올라서게 된 입지전적인 인물의 전형이다. 박노해는 그의 사상과 신념을 위해서 어느 누구보다도 앎에의 의지를 불태워 왔고, 또한 온몸으로 그 사상과 신념을 추구해 왔다고 할 수가 있다. 그는 「그대, 미래를 품었는가」라는 아름다운 산문에서, "그 나라의 미래를 보려거든 숲과 젊은이를 보라"고 말하고, "젊은이의 꿈과 이상은 미래의 현실이다"라고 말한다. 또한 그는 "긴 호흡으로 재창조하는 삶을 이룬 인물들", 즉, 예수, 붓다, 간디, 마르크스, 체 게바라 등의 삶을 말하고, "짧은 권력, 긴 감동"을 주었던 덩 샤오핑과 만델라의 삶을 살펴본다. 항일 투쟁기의 눈부신 활약을 펼쳐보였던 덩 샤오핑, 문화혁명 때를 비롯하여 언제나 권력투쟁에서 패배를 하여 세 번씩이나 숙청을 당했지만, 그때마다 오뚝이처럼 새롭게 무장하고 일어섰던 덩 샤오핑, 마침내 거대한 중국의 최고의 지도자가 되었지만, 무서운 자기 절제와 그 안목으로 자기 자신의 신격화를 금지시키고 안정된 지도 체제를 구축해 놓고 조용히 사라져간 덩 샤오핑도 문화적 영웅이고, 남아프리카 공화국에서 '민족의 창'이라는 무장 투쟁 조직을 만들었지만, 그 어려운 싸움과 열악한 재정 형편 속에서도 현 남아공 대통령을 비롯한 젊은 인재들을 영국으로 유학을 보냈던 만델라, "공부를 열심히 해라, 변화의 시대가 왔을 때, 나라를 운영할 능력이 있는 인물이 필요하다"고 역설했던 만델라, 저 악명 높은 로빈슨 감옥에서 종신형을 선고받고도 신세대 운동가들과 열심히 토론하고, 새로운 지식과 정보를 추적해 나가는 데 결코 주저하지 않았던 만델라, '짧은 권력, 긴 감동'의 화신이 되어 그 어렵고도 힘들게 잡은 정권을 단숨에 움베키 세대에게 물려주었던 만델라도 문화적 영웅이다. 그는 그 문화적 영웅의 길을 가기 위해서 마르크스를 읽고, 동양철학과 주역을 읽고, 또 수많은 책들을 읽고 또 읽는다.

「내 인생의 책읽기」라는 아름다운 시에서 박노해는,

> 8년여 감옥살이를 갈무리하느라
> 교무과에서 영치 서적을 정리하는데
> 그동안 본 책이 몇 수레란다
>
> 정말 벽 속에서 혹독하게 살았구나
> 감옥에서조차 편지 한 장 쓰지 않고
> 새벽부터 밤중까지 짐승처럼 달리기 하고
> 공부하고 생각하고 또 정리해 왔구나
>
> 나를 키워온 내 인생의 책들이여

라고, 아주 감동적으로 그의 앎에의 의지를 노래해 놓고 있다. 8년여의 감옥 생활을 통해서 몇 수레의 책을 읽은 박노해, 감옥에서조차 편지 한 장 쓰지 않고, 새벽부터 밤중까지 공부하고, 쓰고, 생각하고, 또 정리해 왔던 박노해, 나를 키워온 것은 내 인생의 책들이라고 역설하고 있는 박노해는 그러나 결코 평범하거나 범상한 인물이 아니다. 그의 책읽기는 활자와 활자 사이에서 살아 숨쉬는 삶과 세상과 시대를 읽는 책읽기이며, 또한 그것은 두 눈으로만 읽는 책읽기가 아니라 "눈을 감고 침묵하며 두 귀로 읽는" 책읽기이다. 그의 책읽기는 "험한 투쟁과 수많은 실패로 얼룩진/ 상처의 깊이만큼 사무치게 읽은" 책읽기이며, 또한 그것은

> 그러나 그것들은 실상은 다 헛 것
> 사라져라 이젠 사라져라
> 나는 조용히 책들을 불사른다

라는 시구에서처럼, 기존의 모든 지식을 멀리하고 새로운 지식으로 자기 자신만의 삶을 개척해 나가겠다는 책읽기이다. 그의 앎에의 의지는 힘에의 의지이며, 그 힘에의 의지는 실천에의 의지이다. "아파야 낫는다"라고, 무기징역의 막막한 감옥살이 속에서도 외로운 독주를 계속해야만 했던 과정을 묘사하고 있는 「고독한 달리기」, 서구의 합리적 사유와 근대 이성주의의 한계를 극복하고자 동양 철학과 주역을 공부했던 심경을 드러내 놓고 있는 「새는 무엇으로 나는가」, "자신이 누리고 있는 작은 기득권을 원죄인양 괴로워하며 살아 숨쉬던 도덕성"을 역설하면서 오늘날 386 세대—이 '386 세대'는 '4·19 세대'라는 용어와 함께, 독자적인 사상과 명명의 힘이 없는 우리 한국인들이 아주 조잡하게 날조해낸 정체불명의 괴상한 용어에 불과하다. 어느 용어가 그 적정성을 얻으려면 역사 철학적인 문맥과 함께, 그것이 지향하고 있는 궁극적인 목표와 세계관을 분명하게 제시하지 않으면 안 된다. 아아, 무식하고 또 무식한 우리 한국인들이여!—의 부패와 타락의 실상을 비판하고 있는 「386 세대에게 보내는 편지」, 한국식의 교육 제도와 출세주의를 역

사 철학적으로 풍자한 「머리의 역사」, 언제, 어느 때나 실패를 두려워하지 않고, 「늘 새로운 실패를 하자」는 역경주의, 우리 한국인들의 책임전가 유형을 간접적으로 비판하고 있는 「이제부터 내 탓이다」의 강한 자존심—. 따라서 그의 앎에의 의지는 힘에의 의지이고 그 힘에의 의지는 실천에의 의지이다. 왜냐하면 앎이 없는 자는 힘이 없기 때문이고, 힘이 없는 자는 어느 것 하나 제대로 실천을 하지 못하고 타인의 말과 사유 앞에서 노예적인 복종태도만을 보여주고 있기 때문이다. 우리 한국들의 앎의 역사는 박노해가 아주 탁월하게 비판하고 있듯이, "文, 士, 哲이 담긴/ 사서삼경"과 해방 후에는 "국, 영, 수"와 90년대는 "지난 시대의 녹슨 철골이다/ 너나 없이 토익, 고시, 인터넷(「머리의 역사」)"을 어느 정도는 강제적으로, 또 어느 정도는 자발적으로 밀어넣으며, 시대의 흐름과 국제경쟁력을 모조리 잃어버린 앎의 역사에 불과하다. 그 앎의 역사는 내적으로는 천박한 출세주의와 결합되어 있고, 외적으로는 더욱더 한심하고 비참한 사유의 종속과 결합되어 있다. 그 결과, 우리 한국인들은 일제 식민주의와 한국 전쟁과 남북 분단과 군사 독재 정권과 정치적 무질서와 IMF 사태와 공교육이 마비되고 사교육이 더욱더 극성을 부리고 있는 교육 현실과, 이 땅의 어느 정치인도, 어느 학자 한 사람도 세계 최고 수준의 교육 제도를 창출해 내고, 그것을 통해서 외국의 수많은 석학들을 불러들이자고 역설하지 못하는 이 상야릇하고도 해괴한 태평성세를 맞이하고 있는 실정이다. 한국 사회의 역사는 앎의 투쟁에서 패배를 한 역사이며, 결코 세계적인 대사상가나 대 작가들을 배출해낼 수 없는 역사에 불과하다. 박노해는 이러한 앎의 역사를 매우 잘 알고 있고, 또 그것을 힘에의 의지로써 극복해 나가고자 하고 있다.

힘없는 자는
용서할 자유마저 없나니
그것은 비굴함이기에

힘없는 자는
화해할 자유마저 없나니
그것은 굴종이기에

힘없는 자는
침묵할 자유마저 없나니
그것은 불의의 승인이기에

힘을 기르자
저 강대한 적들을 기어코 뛰어넘을
저 사나운 폭력을 끝끝내 품어 안을
진정한 자기 실력을 키워가자
한을 품고 독을 품고
봄날 대지의 사랑을 키워가자
— 「힘없는 자는」 전문

그렇다. 힘이 없는 자는 용서할 자유마저도 없고, 힘이 없는 자는 화해할 자유마저도 없고, 또 힘이 없는 자는 침묵할 자유마저도 없다. 왜냐하면 그것은 비굴과 굴종과 불의의 승인이기 때문이다. 모든 고급문화가 잔인성을 심화하고 정화시킨 것이듯이, 강력한 적을 물리치지 못하는 선은 더 이상 선이 아니고, 사나운 폭력을 끝끝내 품어 안지 못하는 사랑은 더 이상 사랑이 아니다. 앎을 소유하고 있으면 행복해 지고 무죄가 되고, 앎을 소유하지 못하면 불행해 지고 유죄가 된다. 나는 『한국문학비평의 혁명』 속의 제2장, 「앎에의 의지」에서 앎의 기원과 앎의 역사 철학적인 의미와 그 실천 목표를 추적해본 바가 있지만, 우리 인간들에게 있어서 앎만큼 소중하고 위대한 것도 없다. 왜냐하면 앎을 소유한 자만이 이 세계를 지배하고 그 모든 대상들에게 명령을 내릴 수가 있기 때문이다. 박노해의 「내 인생의 책읽기」도 그의 앎에의 의지의 소산이고, 「힘 없는 자는」도 그의 앎에의 의지의 소산이다. 「늘 새로운 실패를 하자」도 그의 앎에의 의지의 소산이고, "고통은 새 생명의 탄생과 창조를 위해 주어진 어머니의 뱃속 같은 것이다"라는 「깨어 있는 사람」도 그의 앎에의 의지의 소산이다. 그는 청동보다도 더 견고하고, 어떠한 절망마저도 극복해낼 수 있는 용기와 그 힘을 갖고 있다. 그의 시와 산문은 언제나 아름답고 밝고 환하다. 그는 「늘 새로운 실패를 하자」라고, 노래하면서도 그 실패의 두려움을 이야기하지 않고, 고통을 이야기하면서도 그것의 두려움을 이야기하지 않는다. 모든 실패와 고통의 두려움이 없다는 것은 이미, 그가 그 실패와 고통을 극복해냈기 때문이다. 어차피 이 세상의 삶이 실패와 고통의 연속이라면, 바로 그 실패와 고통 속에다가 삶의 의미와 행복을 부여해 나가자는 것, 이것이 호머를 비롯한 대 서사시인들의 문학의 주제이며, 모든 문화적 영웅들의 실제의 삶이 아니었던가! 황지우를 비롯한 이 땅의 시인들의 염세주의는 생명 부정에의 의지이며, 우리 한국인들을 우매화의 길로 인도하는 암적인 종양일 뿐이다. 박노해는 언제나 재창조하는 삶을 이야기하고, 나이들수록 푸르러지는 삶을 이야기 한다. 또, 아름다운 투쟁이 아름다운 삶을 낳는다고 이야기하고, 가장 어렵고 힘들지만 자기 자신이 좋아하는 일에 몰두하라고 말한다. 그는 언제나 어린 왕자처럼, 위대한 혁명가처럼, 고귀하고 굳센 황금의 의지를 지녔고, 이것이 한국문학의 역사상, 보기 드문 미덕에 속한다고 해도 과언이 아니다.

나는 『한국문학비평의 혁명』에서 우리 인간들의 '의지'를 살펴보면서, 그 의지의 개념을 독자적인 사상과 독자적인 판단 능력으로 정의를 내린 바가 있다. 내가 역설한 '의지'는 죽음에의 의지의 반대 방향에서 삶에의 의지이며, 그것은 한국적인 우울증과 세계와 인간에 대한 혐오, 퇴폐적인 성적 탐닉과 알콜중독 등, 한마디로 말하자면, 우리 한국인들의 염세주의를 발밑으로 깔아 뭉개버리면서, 나의 낙천주의 사상의 중심축이 되는 삶의 의지라고 할 수가 있다. 그는 언제나 한 가지 목표에 집중된 시선을 갖고 있으며, 그 사회적 실천을, 그 성공을, 자기 자신의 의지의 공으로 돌릴 수 있는 자부심을 간직하고 있다. "의지가 강한 인간은 예언자적 지성과 총명한 두뇌를 갖고 있기도 하며, 무엇을 생각하고 선택하는 데 있어서 재빠르고 민첩한 동물적 감각을 갖고 있기도 하다. 그는 황소와도 같이 우직하고 성실하게 밀고 나가는 근면함을 지니고 있기도 하고, 어떠한 불안이나 공포마저도 잠재울 수 있는 용기를 갖고 있기도 하다. 더욱이 그는 독자적인 사상과 독자적인 판단 능력으로 이 세상을 넓고 아름답고 풍요롭게 바라볼 줄 아는 낙천주의자의 세계관을 갖고 있기도 하다(8: 147)." 예언자적 지성과 총명한 두뇌, 재빠르고 민첩한 동물적 감각, 황소와도 같은 우직하고 성실한 근면함, 백절불굴의 용기, 독자적인 사상과 독자적인 판단 능력, 이것은 내가 궁극적으로 우리 인간들의 전형이 될 수 있는 낙천주의자(영웅주의자)에게 붙여준 최고급의 헌사였다고 해도 지나친 말이 아니다. 내가 가장 사랑하고 존경해 왔던 모세, 테세우스, 외디프스, 프로메테우스, 예수, 부처 등은 개인의 고통이나 불행 따위에는 전혀 관심이 없었던 인물들이며, 궁극적으로는 인간이라는 종의 건강과 그 문명과 문화의 발전에만 관심이 있었던 낙천주의자(영웅주의자)들이었다. 사회가 개인보다 더 크고 그 넓은 옷자락에 우리 인간들을 품어줄 수도 있지만, 그 사회 자체를 떠받쳐 줄 수 있는 자들은 고통에 고통을 가중시켜 나가면서 이와도 같이 위대한 업적을 남겼던 문화적 영웅들이라고 해도 과언이 아니다. 고귀하고 굳센 황금의 의지로 무장되어 있는 낙천주의자는 자아의 발전사가 세계의 형성사와 보조를 같이하는 인간을 말하고, 끝끝내 무에서 유를 창출해낸 인간을 뜻하기도 한다. 고귀하고 굳센 황금의 의지로 무장되어 있는 인간은 모든 신화와 종교의 장본인이며, 가장 찬란한 인식의 제전의 제사장이기도 하다. 모든 시와 신화는 낙천주의를 양식화시킨 것이다. 우리 한국인들은 이 세상을 비방하고 헐뜯고 저주하기에 앞서서, 이 세상을 찬양하는 방법부터 배우지 않으면 안 되고, 다른 한편, 이처럼 위대한 문화적 영웅들을 저주하거나 경멸하기에 앞서서 진정으로 경의를 표하는 방법부터 배우지 않으면 안 된다. 고통에 고통을 가중시켜 나가면서도 끊임없이 우리 인간들의 삶을 찬양하고 있는 박노해는 충분히 그럴만한 자질과 능력을 가졌고, 이 박노해 비판은 그러한 인식의 토대 위에서 씌어지고 있다. 니체는 그의 『선악을 넘어서서』에서 "독립이란 극소수의 인간에게만 가능한 것이며 강자의 특권에 속한다"라는, 대 전제 아래, 다음과도 같은 아름다운 시적 경구들을 노래해 놓고 있다.

　　인간은 자신이 홀로 설 수 있는 능력과 스스로를 지배할 수 있는 능력을 타고 났는지 알기 위해 적절한 때를 골라 자신을 시험해 봐야 한다.

그 시험이 비록 가장 위험한 게임이고 종국에는 자기 자신밖에는 증인이 돼주고 재판관이 돼 줄 사람이 없는 그런 시험일지라도 그것을 회피해서는 안 된다.

타인에게 매여서는 안 된다. 가장 사랑하는 사람일지라도. 모든 인간은 감옥이며 밀실이다. 조국에 매여서는 안 된다. 조국이 혹독한 시련에 처해 있고 절실히 도움을 필요로 한다 하더라도. 부강한 조국으로부터 마음을 떼어 놓기란 그리 어려운 일이 아니다. 연민에 매여서는 안 된다. 우연히 고귀한 인간이 보기 드문 고통과 곤경에 처해 있는 것을 보게 됐을지라도. 학문에 매여서는 안 된다. 그것이 바로 우리를 위해 쌓아 둔 듯한 가장 귀중한 발견들로 우리를 유혹한다 할지라도. 자기 초월에 매여서는 안 된다. 눈 아래로 더 먼 곳을, 좀 더 새로운 것을 보기 위해 더 높이 비상하려는 욕심을 부리는 새처럼 비상의 함정에 빠져서는 안 된다. 자신의 미덕에 매여서는 안 된다. 훌륭하고 뛰어난 인간이 겪는 위험 중의 위험은 친절함이라는 부분적인 미덕 때문에 자신의 전체를 희생하는 일이다. 그는 거의 아무렇게나 낭비하듯 스스로를 소모해 버리고 관용의 미덕을 지나치게 강조함으로써 악덕에 가까운 것으로 만들어 버린다. 인간은 스스로를 보존하는 법을 알아야 한다. 그것이 독립성에 대한 가장 어려운 시험이다(9: 65-66).

이제는 박노해의 사상과 그의 행동 양식이 갖고 있는 치명적인 결함과, 또 그만큼의 위험성, 그 약점들을 가장 날카롭고 예리하게 비판하지 않으면 안 된다. 이제까지의 글은 한국의 지적 수준에서 '박노해 현상'이 갖고 있는 장점들을 사실 그대로 분석하고 평가해 본 것에 지나지 않으며, 그의 성취에 대한 경의는 어디까지나 '한국적'이라는 전제 속에서만 가능했던 것이다. 박노해의 현상은 한국적인 현상이지, 세계적인 현상이 아니다. 따라서 박노해를 비판한다는 것은 박노해를 위하고, 나 자신을 위하고, 그리고 우리 한국인들의 지적 수준을 세계적인 수준으로 끌어 올리려는 노력의 일환이라고 해도 틀림이 없다. 일진일퇴를 거듭하고 있는 경기만이 수많은 관중들의 사랑을 받을 수가 있듯이, 논쟁의 문화가 없는 사회란 정체된 사회이며, 신진대사의 촉진이 제대로 안 되는 사회에 불과하다. 박노해는 이 글을 읽는 즉시, '반론'을 준비하고, 우리 한국 사회의 '논쟁의 문화'를 활성화시켜 나가지 않으면 안 된다. 한국 사회의 제일급의 시인이자 사상가로 불리우고 있는 박노해는 마땅히 그럴만한 사명감과 책임감을 갖고 있지 않으면 안 된다.

박노해는 앎에의 의지를 힘에의 의지로 승화시켜 나가고는 있지만, 그 힘에의 의지를 참다운 문화적 영웅의 길로 끝까지 밀고 나가지는 못하고 있는 것처럼 보인다. 힘에의 의지가 문화적 영웅의 길로 승화되지 못하면 그 앎에의 의지도 무지에의 의지가 되고, 앎에의 의지가 힘에의 의지로 승화되지 못하면 그 힘에의 의지도 무지에의 의지가 되어버리고 만다. 사회주의 사상에 대한 비판과 현대 민주주의 사상에 대한 옹호가 바로 그것이며, 참다운 문화적 영웅의 길에 반하여, 자본주의 체제의 우월성과 그 문화 상품의 화신이 되어가고 있는 박노해의 현상이 바로 그것이다. 그는 사회주의를 '체제로서의 사회주의'와 '이념으로서의 사회주의'와 '가치로서의 사회주의'로 구분하고 있는데, 그 구분을 통한 비판이야말로 '무지에의 의지'의 극치를 보여주고 있다고 해도 과언이 아니다. 그 세 구분의 범주는 이념과 체제의 대립으로 보다 더, 간결하고 명확하게 정리되지 않으면 안 되고—왜냐하면 사회주의의 이념 속에는 노동의 가치의 중시와 평등과 공동선에 대한 지향, 돈보다 사람을 우선하고, 사회적 약자를 옹호하는 것들이 모두 다 함께, 들어 있기 때문이다. 어떠한 이념에 종속된 가치를 이념과 동일한 선상에서 설명한다면, 그것은 곧 바로, 主從의 위상과 범주의 오류를 불러 일으키기 때문이다—, 또 사회주의의 체제의 문제—생산수단의 국유화와 계획 경제, 프롤레타리아 독재, 집단주의, 민중항쟁 노선, 부패한 관료주의와 피 어린 숙청 등의 문제—를 이념의 문제로 치부하는 오류를 수정하지 않으면 안 된다. 만일, 공정한 부의 분배와 만인의 평등 사상이 자본주의의 근본 모순을 비판할 수 있는 사상이라면, 그 사상을 더욱더 정교하고 세련되게 완성해 나가야 하는 것이지, 사회주의의 체제의 문제를 가지고 사회주의의 사상을 전면적으로 비판하고 외면할 수는 없는 것이다. 이 말은 새로운 기술을 개발해 놓고도 그것의 상품가치가 떨어진다면, 그 생산수단(사회주의 체제)을 부단히 개선하려고 노력해야 하는 것이지, 그 기술(사회주의 사상)을 폐기처분해서는 안 된다는 말과도 똑같은 말이다. 박노해가 법무부 장관에게 서신을 보내고 '준법서약서'에 서명을 한 것이 사상의 변모가 아닌, 변절로 보여지고 있는 까닭이 바로 여기에 있다고 나는 생각한다. 모든 유기체가 생성—변모하듯이 한 개인의 사상의 전향을 탓할 이유는 없지만, 그 전향의 이유를 역사철학적으로, 혹은 사회 윤리적으로 명쾌하게 설명할 수가 없는 것이라면, 그것은 사상의 전향이 아닌 변절로밖에 볼 수가 없는 것이다. 그가 경주교도소를 나와 '자유의 몸'이 된 지 얼마되지 않았지만, 그는 그동안 대한민국의 최고의 시인과 사상가로서 분에 넘치는 대접을 받고 있다고 나는 생각한다. 그의 사상의 전향이, 전향만이 아닌 변절로밖에 볼 수 없는 우리의 심정은 그가 강조하고 있는 사회 운동의 성격을 전혀 파악할 수가 없다는 점에서, 더욱더 분명하게 확신으로 굳어져 가고 있다고 할 수가 있다. 꼭 이기는 싸움을 하겠다는 것의 대상과 주체도 불분명하고, 돈이 되는 운동을 하겠다는 것의 그 목적과 방향도 명확하게 알 수가 없다. 박노해의 사상과 이념은 한국 사회에서는 최고의 수준이지만, 좀 더 냉정하게 따져 본다면, 아직도 미성숙하고 되다가 만 것에 불과하다. 그는 사회 운동을 강조하기 이전에, 보다 어렵고 힘든 일이겠지만, 자기 자신의 앎에의 의지를 더욱더 갈고 닦아서 그것을 역사 철학적으로 집대성하지 않으면 안 된다. 마르크스가 왜 마르크스이고, 플라톤이 왜 플라톤이고, 칸트가 왜 칸트인가를, 또 예수와 붓다와 마호메트가 왜 그들인가를 박노해는 수없이 반문해 보고 자기 자신의 화두로 삼지 않으면 안 된다. 이미 앞에서 시사한 바가 있듯이, 자기 자신의 역사 철학이 없으면 피상적인 수준에서 사회주의의 운동원이나 시민단체의 운동원이 될 수는 있지만, 진정으로 우리 인간들의 삶의 질을 향상시키고, 새로운 문명과 문화를 창출해낼 수 있는 문화적 영웅이 될 수가 없다. 나는 언제나 박노해를 가장 날카롭고 예리하게 주시할 것이고, 박노해는 이 점을 너무나도 분명하게 자각하지 않으면 안 된다.

나는 현대 사회의 민주주의 이면 속에는 염세주의가 수많은 뱀들처럼 똬리를 틀고 있다는 사실을 매우 잘 알고 있다. 부유한 자, 힘 있는 자, 지배하는 자는 사악하고 천당 못가고, 가난한 자, 힘 없는 자, 피지배자는 착하고 천당간다라는 기독교의 세계관이 그렇고, 지극히 단순하고 순환론적이며 우리 인간들의 의지의 부정에 불과한 윤회 사상을 통해서 사회적 천민들을 위로하고 있는 불교의 세계관이 그렇다. 그들의 세계관은 저주와 체념뿐이며, 그들의 염세주의 속에서는 고귀한 자, 힘 있는 자, 부유한 자가 살아갈 수 있는 땅이 없다. 현대 사회의 민주주의자들에게 도덕과 법과 제도와 질서는 우리 인간들을 억압하는 나쁜 굴레일 뿐이며, 사악하고 나쁜 지배자들이 자기들의 지배 체제를 정당화시키기 위한 '오인의 메카니즘'에 지나지 않는다. 부르디외 식으로 말한다면 학교 교육도 문화자본의 불공정한 분배에 기초해 있고, 시장경제의 논리마저도 부의 불공정한 분배에 기초해 있다. 국가나 국가 장치는 지배 계급이 그 억압적이고 인위적인 장치를 자연스럽게 보이도록 만들어 놓은 허구에 지나지 않는다. 바로 거기에는 자유와 평등과 사랑이라는 민주주의 사회의 절대적인 가치관만이 있을 뿐이다. 그러나 만일, 학교 교육이 위대한 천재를 생산하지 못한다면 인간이라는 종의 발전이 어떻게 가능하고, 또한 자본의 축적이 가능하지 않다면 우리 인간들의 문명과 문화의 발전이 어떻게 가능하단 말인가? 더욱이, 만일, 국가가 없다면 무리를 짓는 사회적 동물로서의 한 민족의 역량과 그 힘을 어떻게 결집시키며, 법과 제도와 질서가 없다면, 그 차이의 무질서가 가져오는 사회적 혼란을 어떻게 예방할 수가 있단 말인가? 현대 민주주의자들은 부르디외, 미셸 푸코, 들뢰즈/ 가타리, 데리다 등이 그렇듯이, 염세주의자들이며, 지배자 혐오주의자들이다. 그들은 한결같이 자기 자신의 소시민적 공간에 이기주의의 울타리를 치고, 그밖의 것들은 거들떠 보지도 않는다. 인간 위에는 인간이 없으니까, 어느 국가의 지도자들마저도 그들의 충복('국민의 첫째가는 공복들—선량들')에 불과하고, 그들을 하나님처럼 받들어 모셔야 된다는 식이다. 그러면서도 그들은 이 세계를 가장 화려하고 찬란하게 정복해 나갈 수 있는 힘을 미워하고, 위해, 폭력, 착취 등, 즉, 모든 전쟁이 제거된 정적인 사회만을 유토피아처럼 추구한다. 그들은 오늘날 제국주의자들이 대내적으로는 민주주의와 대외적으로는 식민주의를 추구하고 있다는 사실을 이해하지 못하고, 공격본능을 모조리 퇴화시킨 채, 집 지키는 개처럼, 방어본능만을 키워나가고 있다. 그러나 최선의 공격이 최선의 방어라면 그들의 평등주의적인 가치관으로는 어느 것 하나 제대로 지켜낼 수가 없다. 농산물 시장은 대통령직을 걸고서도 안 된다, 금융시장만은 결코 안 된다, 자동차 시장, 의료 보험 시장, 교육 시장만큼은 더욱더 절대로 안 된다. 아아, 집 지키는 개에 불과한 우리 한국인들이여, 그대들의 의지를 힘에의 의지로 무장시키고, 더욱더 재빠르고 날카로운 인식의 제전의 전사로 무장되어가지 않는다면 우리 한국인들의 삶 자체가 없어지게 될지도 모른다. 한국 사회에서의 자유와 평등과 사랑이라는 현대 민주주의의 이상은 서구의 그것만을 모방한 것일 뿐, 그 무엇보다도 가장 역동적으로 숨쉬고 있는 제국주의는 흉내조차도 내지를 못하고 있는 속 빈 강정일 뿐이다. 민주주의는 서구인들의 가면에 불과하고, 제국주의는 그들의 참된 이데아(본질, 형상)이다. 그러면서도 서구인들은 공격본능(제국주의)과 방어본능(민주주의)을 그들의 삶의 두 축으로 움켜쥐고 매우 역동적인 자세를 취해 나가고 있다. 공격본능이 없고 방어본능만이 있는 한국 사회는 균형을 잃어버린 사회에 불과하며, 정치 체제의 타락한 형태로서 민주주의의 이상에 질식되어 가고 있는 사회에 지나지 않는다.

따라서 두 번째로 박노해는 자기 자신의 문화적 영웅주의와 현대 민주주의 이상을 혼동하는 오류를 범하고 있고, 또한 그 민주주의 이상이 우리 인간들의 삶에의 의지를 해치는 염세주의와 뿌리 깊이 맞닿아 있다는 사실을 인식하지 못하고 있다. 더욱이 서양의 민주주의가 사실은 그들의 가면에 불과하며, 그들은 그 가면을 통해서 대외적으로 민주주의를 선전하고 전파하고는 있지만, 사실상, 그들은 그것들을 통해서, 그들의 제국주의적인 마수를 펼쳐 나가기에 혈안이 되어 있다는 사실은 알아 차리지도 못하고 있다. 제국주의(공격본능)가 없는 민주주의(방어본능)는 우리 한국인들의 삶에의 의지와 종의 건강을 해치지만, 근본적으로 사회적 천민들의 삶을 옹호하고 찬양하는 민주주의는 생명 부정에의 의지를 옹호하는 정치 체제의 타락한 형태만을 낳게 된다고 하지 않을 수가 없다. 민주주의는 여러 정치 체제 중의 하나에 불과하며, 우리 인간들의 삶을 한없이 타락시키고 축소시켜 버리는 정치 체제에 불과하다. 자연의 이치에 따라서 바라보더라도 힘에의 의지가 기본이며, 인간의 삶에 있어서도 더 이상의 인간다운 삶이 가능하지 않은 존재들은 도태되어가는 것이 마땅하다. 눈이 멀어버린 독수리와 날 수 없는 새들, 이빨이 없는 호랑이와 절름발이의 사자가 어떻게 존재할 수가 있으며, 가장 건강하고 힘센 우두머리를 제치고 모든 암컷들을 다 함께 소유하고 있는 얼룩말이나 늑대들의 미래가 또한 어떻게 밝고 환할 수가 있단 말인가? 지난 100여년 동안 현대 민주주의 이상이 최고의 가치관으로 지배를 하고 있는 동안, 20억 미만의 인류가 60억이 넘는 숫자로 증가하고, 스스로 자기 자신의 생활을 꾸려 나갈 수 없는 장애인들과 정신박약아를 비롯한 식물 인간들과 그리고 더 이상 인간다운 삶이 가능하지 않은 이 기생충과도 같은 인간들이 민주주의 체제의 인도주의 사상에 힘을 입어서 우리 건강한 사람들의 근면과 성실과 그들이 이룩해낸 부의 대부분을 축내고 있다. 의학적 성과에 의한 자연사가 아닌 부자연사, 정박아 보호시설과 더 이상 인간다운 삶이 가능하지 않은 식물 인간들의 복지시설, 말기 증세의 암환자를 위한 항암제 투여와 산소호흡기에 의한 수명 연장, 그리고 그들을 위한 의료보험 혜택과 수많은 국고의 보조금 등이 바로 그 증거이며, 또한 그들이 생태 환경의 파괴의 주범이며, 지구촌 환경 오염의 가장 커다란 원인 중의 하나이다. 현대 사회의 민주주의자들은 언제나 전제적인 독재 정권과 맞서 싸우면서, 그들의 사상과 표현의 자유를 역설한 바가 있지만, 나는 더 이상 무섭고 두려워서 나의 사상의 자유와 표현의 자유를 자진해서 반납을 하고 싶다. 니체는 그의 『즐거운 지식』에서 다음과 같이 역설한 바가 있다. "어느 성자의 곁으로, 갓 태어난 아이를 안은 남자가 왔다. "이 아이를 어떻게 했으면 좋을까요?"라고 그는 물으면서 "이 아이는 보기에도 가련하며 불구자인데다가 죽음뿐인 생명도 갖고 있지 않을 정도이다"라고 말했다. 이에 성자는 "죽여야지"라며 겁나는 목소리로 외친다. "죽여라, 그렇게 해서 네 기억에 남아 있는 기간인 3일 동안 네 팔에 안겨 있는 게 좋다. 그렇게 되면 너는 두 번 다시 아이를 낳지 않게 되겠지. 낳아야 될 때가 올 때까지."—남자는 이 말을 듣고 실망하여 떠나갔다. 많은 사람들이 성자가 잔혹함을 가르친다고 말하며 성자를 비난했다. 성자가 아이를 죽이는 일을 권고하였기 때문이다. "그러나 아이를 살려 두는 일은, 더욱 잔혹하지 않을까?"라고 성자는 말했다(10: 126)."

나는 어느 누구보다도 더 가난하게 태어났고, 모든 교육의 기회를 박탈당한 채, 십대의 어린 나이에 리어카와 자전거를 끌고 짐배달을 해야만 했었다. 나이 사십이 넘어서야 못 생긴 아내 덕분에 '우리 집'이라는 것을 마련할 수가 있었지만, 나는 한국문학의 역사상 최초로, '한국문학의 이론'을 정립하고 '낙천주의의 사상'을 정립할 수가 있었다. 지난 7년여 동안, 즉, 불세출의 비평가 김현을 비판한 이후로, 나는 언제나 '대한 독립 만세!'를 부르는 심정으로 나의 글을 써왔다고 해도 과언이 아니다. 김현은 내가 '한국문학 이론의 정립'과 '낙천주의 사상'을 정립하는 데 하나의 인식론적 장애물에 지나지 않았으며, 이제는 독자적인 명명의 힘과 독자적인 사상의 힘으로, 가장 찬란하고 화려하게 '세계 정복 운동'을 펼쳐 나가고 있다. 나는 니체의 「聖스러운 잔혹」을 넘어서서, 새로운 미래로, 새로운 이상의 세계로 달려 나가고 있다. 나는 소위 가난한 자들, 일테면 이 나라의 기층 민중들을 너무나도 싫어하고, 또 싫어한다. 누구나 다 박노해처럼 훌륭한 시인이 되고 영웅이 될 수는 없지만, 그러나 그들은 너무나도 성실하지 못하고, 어떠한 일을 해도 사명감과 책임감을 갖고 완수하지 못한다. 소수의 예외적인 인물들, 즉, 언제나 성실하고 열심히 살아가고 있는 사람들에게는 대단히 송구스러운 일—그들이 나의 말에 충격을 받고 분노를 느낀다면, 이 죄는 내가 지옥으로 걸어 들어가 화형을 당한다고 해도 사죄할 길이 없다. 이러한 말을 해야만 하는 나 자신의 가슴은 매우 안타깝고 찢어질 듯이 아프기만 하다—이지만, 내가 그들의 악덕, 다섯 가지를 말해 본다면 다음과 같다.

1, 소크라테스와 박노해가 모든 악덕의 근원이라고 비판했던 '무지'를 떨쳐버리고, 어느 것 하나 제대로 배워보겠다는 앎에의 의지가 없다는 것;

2, 정직, 근면, 성실을 통해서 자기 자신들의 가난을 극복해 보려는 노력을 하지 않고, 너무나도 때 이르게 자포자기를 하고 남의 탓만을 일삼고 있다는 것;

3, 고통에 고통을 가중시켜 나가면서 인류의 문명과 문화를 건설해 나갈 수 있는 어떠한 모험도 좋아하지 않으며, 자기 자신의 소시민적 울타리를 너무나도 일찍 쳐버린다는 것, 요컨대 위대한 꿈이 없다는 것;

4, 퇴폐적인 향락이나 성적 방종을 일삼으면서, 자기 자신들의 불행과 고통을 이 사회를 떠받쳐 주는 건강한 천역이라고 생각하지 못한다는 것;
　　5, 고귀하고 위대한 인간들을 한없이 깎아내리면서 존경이나 경의를 표해야 될 때조차도 언제나 증오와 분노와, 그리고 적개심을 드러내 보이고 있는 것;

　대부분의 이 땅의, 아니 이 세계의 사회적 천민들은 무식하고, 위대한 꿈이 없고, 또 퇴폐적인 향락이나 성적 탐닉을 즐기면서 모든 것을 남의 탓으로만 돌리고, 또 그들은 존경과 경의를 표해야 될 때조차도 언제나 증오와 분노만을 드러내 보인다. 박노해는 정직하고 근면하고 성실한 인간의 전형이지만, 그는 그들에게 한없이 자비롭고 친절한 손길—만인 평등 사상—을 펼치기에 앞서서, 어느 누구보다도 가장 날카롭고 예리하게 비판을 했어야만 마땅했던 것이다. 그들이 이 세상의 참다운 주인이 되기 위해서는 더없이 비천하고 어리석기 짝이 없는 그들의 의식 개혁이 먼저 이루어지지 않으면 안 되고, 따라서 박노해는 기대를 걸 수 없는 인간들에게 기대를 걸고 있는 과오만을 범하고 있는 것처럼 보인다. 더욱이 박노해는 앎보다 실천을 강조하기에 앞서서, 그 자신도 "이제 변화된 현실에서 새로운 뿌리를 키우는 철학과 운동이 있어야만 새로운 정치도 꽃 피어날 수 있다"라고 역설한 바가 있듯이, 어느 누구보다도 자기 자신의 사상의 완성을 하루바삐 서두르지 않으면 안 된다. 그는 어느 누구보다도 우리 인간들의 앎을 역설하고 있지만, 내가 보기에는 너무나도 영양가가 없고 설 익은 것들일 뿐이다. 칸트가 그의 비판 철학에서, 주체적으로 사유하고('오성'), 다른 사람의 입장에서 판단을 하고('판단력'), 무모순의 원리로써 다양함과 체계적인 일관성('순수 이성')을 역설한 바가 있듯이, 자기 철학, 자기 사상이 없는 한, 그의 사회운동은 무목표, 무책임, 무의미의 한 양상으로 그칠 공산이 크다. 그의 사회운동의 강조는 녹색연합이나 경제정의 실천연합, 민주노총과도 같은 시민운동 이상의 성과를 거둘 수가 없을 것이라는 점이 나를 실망시키고 있다. 박노해는 박노해이어야 하지, 기존의 시민단체가 하는 운동과 전혀 다를 바가 없다면, 그것이 얼마나 많은 시간과 열정의 낭비에 불과할 것이란 말인가? 그것은, 이미 앞에서 시사한 바가 있듯이, 사소한 이익이나 동정과 연민 때문에, 종합적인 시야를 잃어버리고, 자기 자신의 인생을 망친 대부분의 못난 성자들의 일생과 똑같을 수밖에 없는 것이다.

  낙천주의자는 고통을 사랑하고 그 고통 속에서 즐거움과 행복을 느끼지만, 염세주의자는 고통 속에서 이 세상을 저주하고 비방하고 헐뜯게 된다. 낙천주의자는 항상 멋진 신세계로 떠나는 모험을 즐기지만, 염세주의자는 낡디 낡은 세계에 안주하여 제 집만을 지킨다. 염세주의자들, 혹은, 현대 사회의 민주주의자들은 아메리카의 인디언처럼, 아프리카의 야만 종족처럼, 한사코 문화적 충돌을 기피하면서, 그 자그만 평화 속에, 그 자그만 평화를 잃어버릴까 봐 전전긍긍하면서, 의지박약을 시대의 미덕처럼 여기면서 살아간다. 낙천주의자에게는 인간의 의지가 힘에의 의지가 되고 자양분이 되지만, 민주주의자에게는 인간의 의지가 허무에의 의지가 되고 독이 된다. 다수의 힘으로, 또 유일무이한 사상인 민주주의로, 소수의 강자의 특권과 낙천주의(영웅주의)를 소멸시켜 나가고 있는 그대들은 이 지구상에서 가장 파멸적인 반 생명적인 동물들일는지도 모른다.

  그리고 마지막으로 세 번째로, 박노해는 자기 자신이 역사 철학적으로 미성숙하고 되다가 만 사상가라는 사실을 제대로 인식하지 못한 채, 자본주의 체제의 우월성을 전파하는 사상가가 되어가고 있는 것이며, 궁극적으로는 자기 자신을 자본주의 사회의 문화 상품으로 미화시키고 성화시켜 나가는 반 윤리적 행위를 일삼고 있다는 점이다. 나는, 지금, '박노해 현상'을 매우 안타깝고 서글프게 바라보고 있다. 그는 어느 누구보다도 뛰어난 재능과 문화적 영웅의 열정을 갖고 있지만, 그 어느 것도 제대로 이행할 수가 없을 것이라는 불길한 예감 때문이기도 하다. 그는 세계적인 대 시인이 되기에는 체계적인 기초 공부가 되어 있지 않으며, 또 그가 세계적인 대 사상가가 되기 위해서는 자기 철학이 없다. 그의 얼굴은 단순하고 소박하게 '노동해방의 시인'이며, '사노맹의 수장'으로서, 오랜 수배 생활과 8년 여의 감옥 생활의 어렵고도 힘든 과정을 거쳐왔지만, 끝끝내 사회주의 사상을 포기하고 전향해 버린 실패한 혁명가일 뿐이다. 이 사실은 그가 부인하고 싶어도 부인할 수가 없는 것이다. 「오늘은 다르게」는 그의 전향에 대한 변명이며, 그 변명은 모든 유기체가 생성─변모하듯이, 그 나름대로의 진정성과 솔직한 마음의 고백이 담겨 있다. 나는 그의 전향을 탓하고 싶지도 않고, 모든 것을 너그럽고 깊이 있게 포용해 주고 싶다. 그러나 이 점만은 감히 용서할 수가 없다. 그는 전향자로서, 또는 실패한 혁명가로서, 은인자중하면서, 자기 자신의 사상의 정립에 힘을 쏟지 못하고, 서투른 지식과 말발을 앞세워 자본주의 체제의 우월성을 전파하는 최고급의 전사가 되어가고 있다. 그의 전향은 자본주의 체제의 우월성을 선전하는 최고급의 상품이며, 실패한 혁명가의 남다르고 유별난 인생 역정은 우리 한국인들을 열광시킬 수 있는 싸구려 상품이 되어 가고 있다. 그는 자본가들과 언론인들과 검찰들과 경찰들과 안기부 직원들과 정치인들을 모아놓은 세종 문화 회관의 연사로, TV와 젊은 대학생들의 연사로 눈코 뜰 새 없이 바쁘고, 소위 '386 세대'의 타락한 정치인들과 광주의 단란주점으로, 중앙일간지의 저널리스트로, 건강달리기와 학문에 대한 정진으로, 요컨대 헤라클레스와도 같은 영웅도 감당해낼 수 없을 만큼의 일정으로 바쁘고, 또 바쁘다. 그러나 박노해여, 그대의 사상은 기껏해야 타인들의 사유와 사상으로 뒤죽박죽이 되어버린 속 빈 강정일 뿐이고, 그대의 바쁜 일정은 어느 것 하나 제대로 소화시킬 수 없을 만큼의 백해무익한 일정에 지나지 않는다. 그대가 말끝마다 이마에 훈장을 단 듯이 떠올리는 교도소 생활이나 그 학문적인 열정은 우리 한국의 식자들에게는 매력이 있을지는 모르지만, 그것은 우리와도 같은 고급문화인들의 이맛살만을 찌푸리게 할 뿐인 것이다.

박노해는 이미, 「아름다운 성공」에서 박찬호와 박세리의 '광기 어린 성공 제일주의'를 비판—"자기가 하고 싶은 일이기에 온갖 고생과 시련에도 굴하지 않고 젊음을 빛내는 잘 생기고 예의바른 우리의 박찬호, 박세리. 그러나 그들을 움직이는 스타 시스템은 결국 돈과 인기가 아닌가. 그들의 눈물겨운 땀과 도전은 오로지 정상을 향하여, 대중의 인기와 관심을 향하여, 끝없이 자신을 불태우는 연료가 아닌가. (……) 돈과 권력과 인기를 얻었다고 해서 그만큼 행복해 지고 영혼이 깊어지는 것도 아니다. (……) 그런데도 오직 박찬호, 박세리, 빌 케이츠, HOT를 닮고자 하는 우리 시대의 광기 어린 성공 제일주의, 그 유일 사상은 무너져야 한다"—한 바가 있듯이, 박노해 역시도 똑같은 방향에서 돈을 벌 만큼 벌었으니, 앤서니 기든슨이든, 마르크스든, 칸트든, 마키아벨리이든, 스피노자이든지 간에 그 역사 철학적인 문맥—수많은 인접학문들의 문맥—을 제대로 알고 자기 철학을 완성하고, 그 다음에 시민운동이든, 노동운동이든지 간에, 그 무엇을 해나가야 할 것이다. 대부분의 한국의 시민운동가, 노동운동가, 정치인들이 자기 철학이 없는데, 왜 나에게만 그처럼 가혹하고 무리한 주문을 하느냐고 박노해는 탓할는지도 모른다. 하지만 그가 진정한 의미에서의 문화적 영웅이 되려면 그들보다는 한 차원 높게, 우리 한국인들의 삶의 질을 향상시키고 문명과 문화를 발전시켜야만 하지 않겠는가? 그는 우리 한국인들 중에서 문화적 영웅의 탈을 썼지만, 그 탈은 특이한 경력의 소유자라는 탈일 뿐, 진정한 문화적 영웅의 탈이 아니다. 타인의 말과 타인의 사유만을 쫓아가면서 어떻게 문화적 영웅이 될 수가 있겠으며, 새로운 형식의 실험도 없이 공적인 언어—타인들이 이미 알고 있는 사유—에 자신의 체험을 덧붙인 언어로 또한 어떻게 세계적인 대 시인이 될 수가 있단 말인가? 박노해는 경주교도소의 독방으로 다시 돌아간다는 심정으로, 이제까지의 모든 사상과 이념을 짓밟아버리고, 새로운 대 시인으로, 대 사상가로 거듭거듭 태어날 필요가 있다. 무엇보다도 그대는 먼저 '자본주의 체제의 우월성만을 전파하는 문화 상품의 때'와 '유명인사라는 허황된 명예의 때'를 씻고 다시 거듭거듭 정진해 나가지 않으면 안 된다.

나는 이 「박노해 비판」을 쓰기 위해서, 상당히 오랜 시간 동안 많은 준비를 해왔다. 사회주의 혁명가로서의 그의 길을 밝히기 위해서 어린 왕자의 티없이 밝고 순수한 마음을 탐구했고, 어린 왕자의 티없이 밝고 순수한 마음을 통해서 사회주의 혁명가로서의 그의 정직함, 천진함, 명랑함, 용기 등을 탐구했다. 또한 사회운동가로서의 그의 길을 밝히기 위해서, 소련 연방과 동구권의 몰락, 그리고 그의 투옥과 수많은 패배와 좌절의 아픔을 탐구했고, 그러한 일련의 입문의례 과정을 통해서 사회운동가로서의 그의 전모를 탐구했다. 어린 왕자와 사회주의 혁명가의 세계, 일의 본질과 노동의 역사 철학적인 문제, 사회주의 사상과 박노해의 '전향'의 사회적 의미, 낙천주의 대 염세주의, 현대 민주주의 이상과 문화적 영웅주의, 니체의 철학과 칸트의 철학, 부르디외의 사회학과 미셸 푸코의 『광기의 역사』 등, 어느 것 하나 쉽고 편리한 길은 없었다. 내가 「박노해 비판」을 이처럼 어렵고 힘들게 준비를 해온 것은 한국 사회에서는 제일급의 시인이자, 제일급의 사상가인 박노해와 그 박노해 시인에 대한 존경과 애정 때문이기도 했다. 가장 날카롭고 예리하게 비판을 가하되 사랑과 애정이 담긴 비판, 언제, 어느 때나 생산적인 논쟁이 가능하고, 따라서 박노해와 나 자신을 위하고, 우리 한국인들을 위해서 누군가가 꼭 하지 않으면 안 되는 그런 비판을 해보고 싶었던 것이다. 마지막으로, 또 하나의 나의 도전적이고 야심만만한 과제가 있었다면, 나와 박노해가 다같이 세계적인 대 사상가가 되는 것이고, 언젠가는 우리 한국인들이 '사상가와 예술가의 민족'으로 불릴 수 있기를 손꼽아 기다리고 있다는 점일 것이다.

나는 박노해가 우리 한국인들 중에서 가장 최초로 '문화적 영웅주의'를 정립하고 완성해 주었으면 한다. 나는 박노해의 「어린 금강송의 숨소리」라는 산문에서 다음과 같은 시구를 발견하고 안도의 한숨을 발견한다.

키 큰 나무 숲을 지나니 내 키가 커졌다
곧은 소나무 숲을 지나니 내 정신이 곧아졌다.

| 참고 문헌 |

1, 생떽쥐베리, 『어린 왕자』, 바른사, 2000

2, 박노해, 『오늘은 다르게』, 해냄, 1999

3, 현택수 편, 『부르디외의 사회학의 이해』, 나남출판사, 1998

4, 반경환, 『어느 철학자의 행복』, 국학자료원, 1999

5, 미셸 푸코, 『광기의 역사』, 인간사랑, 1991

6, 박노해, 『노동의 새벽』, 도서출판 풀빛, 1984

7, 칸트, 『판단력 비판』, 박영사, 1974

8, 반경환, 『한국문학비평의 혁명』, 국학자료원, 1997

9, 니체, 『선악을 넘어서』, 청하, 1982

10, ──, 『즐거운 지식』, 청하, 1989

황지우, 김현, 정과리 비판
— 퇴폐주의를 어떻게 할 것인가?

1

　이제는 현대 민주주의 사회의 특징을 타락한 사회의 정치 제도라는 것을 지적해야 될 때가 되었는지도 모른다. 자연의 이치나 사물의 이치, 혹은 유기체의 본능을 생각해 보더라도 민주주의 사회는 종의 약화에 기여하고 있는 생명부정에의 의지이며, 타락한 삶의 원리로 작용하고 있는 것인지도 모른다. 누구나 공동체 사회 속에서 태어나 공동체 사회가 제공하는 온갖 편의를 누리고 살아가고는 있지만, 공동체 사회가 반드시 시혜적인 어떤 것으로만 구성되어 있는 것도 아니고, 또한 공동체 사회가 만인의 행복과 평화를 보장해줄 수 있는 것도 아니다. 공동체 사회가 유지되기 위해서는 누구나 그 사회가 요청하는 책임과 의무를 자발적, 혹은 강제적으로 떠맡지 않으면 안 된다. 하지만 그 도덕과 법과 제도를 벗어나려는 싸움이 없으면, 공동체 사회는 경직되고 모든 구성원들의 삶마저도 활력을 잃게 된다. 도덕과 법과 제도는 무한한 위계질서를 요구하고, 그것을 거부하는 힘은 무한한 자유를 요구하게 된다. 체제/ 반체제, 지배자/ 피지배자, 주인/ 노예, 아버지/ 아들, 스승/ 제자 사이의 갈등은 어제 오늘만의 일도 아니며, 더군다나 그 갈등의 관계가 반드시 해소될 수 있는 것도 아니다. 민주주의 사회는 그 갈등 관계가 역전된 사회이며, 해방된 노예들에 의해서 주도되어가고 있는 사회에 불과하다.

나는 민주주의 사회를 무조건 옹호하는 입법자도 아니고, 봉건귀족 사회를 찬양하고 있는 보수주의자도 아니다. 내가 민주주의 제도에 대한 반감을 표시하고자 하는 것은 자유와 평등에 대한 요구가 지나쳐, 어떠한 권리마저도 부인하려는 권리 침해의 경향이 주조를 이루고 있기 때문이다. 문학 감상의 민주화를 요구하기도 하고, 떼거지적인 사고법으로 다수의 힘을 앞세워 '국민의 첫째가는 공복들'을 대량생산해 내기도 한다. 부와 권력과 명예가 무조건 배척되어야 할 암종처럼 선전되기도 하고, 위대한 천재들을 양성해 내야 할 고등교육기관이 어중이떠중이들의 양성소가 되기도 한다. 사회주의도 의지박약한 자들의 정치 체제이며, 자본주의도 의지박약한 자들의 정치 체제이다. 하지만 민주주의 사회가 우중 사회로 전락될 수 있는 것과 마찬가지로, 부와 권력과 명예가 배제되면 우리들의 삶은 그만큼 생기를 잃고, 메마르고 건조하게 되어가지 않을 수가 없는 것이다. 또한 소수의 예외자들, 혹은 위대한 천재들을 생산해 내지 않는 사회 역시도 엔진이 없는 비행기나 기관차처럼 미래의 비전이 없는 사회에 지나지 않을 것이다.

문학 감상의 민주화가 무엇이고, 교육의 민주화가 무엇이며, 국민들의 첫째가는 공복들이 다 무엇이란 말인가? 공정한 부의 분배와 권리 평등이 이루어져야 한다는 것, 이타적이 된다는 것, 힘 있는 다수를 위해 봉사한다는 것, 성직자들이나 현자들처럼 청빈, 겸손, 정숙만으로 살아가야 한다는 것, 이러한 민주주의적인 이상을 몰이해하고 있는 것은 아니지만, 그것만으로는 한 사회가 유지되고 유기체의 신진대사가 이루어질 수 없다는 사실도 우리 인간들은 인정하지 않으면 안 된다. 대중들이 언제나 선량하고 공평한 것도 아니며, 그들의 모든 행위가 큰 것을 위해 작은 것을 희생하고 있는 것도 아니다. 작은 이익, 작은 권력을 탐하는 대중들이 더욱더 나쁠 수도 있는데, 왜냐하면 그것은 은밀하게 진행되며, 공개되지 않기 때문이다. 또한 성직자나 현명한 민주주의의 선량들이 더욱더 나쁠 수도 있는데, 왜냐하면 그들은 가난하고 선량한 자들을 위해 봉사한다는 명목으로 그들 자신의 신전에서 더없이 커다란 지배욕을 관철시키고 있기 때문이다. 민주주의 사회가 올바른 사회라면, 저마다의 은밀한 담장을 헐어버리고, 사심 없는 대화의 자리가 열리지 않으면 안 된다. "강한 시대, 고결한 문화는 연민 속에, 이웃에 대한 사랑 속에 자아와 자기 신화의 결핍 속에 경멸할만한 것"이 있다는 사실도 말해야 되고, "평등이란" "본질적으로 쇠퇴에 속한다"는 사실도 말해야 된다. 아울러 "계층과 계층간의 차이, 유형의 다양성, 자기 자신이고자 하는 유별난 의지", 모든 "간격의 파토스"(니체, 『우상의 황혼』)들이 진지하게 검토되고 논의될 수 있어야만 한다.

하지만 현대 민주사회의 특징은 강한 시대의 특징도 될 수가 없고, 고결한 문화의 특징도 될 수가 없다. 왜냐하면 민주주의 사회에서 모든 인간들은 대중으로서만 떳떳할 뿐이며, 사적 개인으로서는 거짓말을 하고 자기 자신마저도 속이고 있기 때문이다. 그들은 언제나 익명인이며, 그 익명인이라는 달팽이의 껍질 속에 자기 자신을 숨기고 다닌다. 대중들은 불쾌하고 위험한 일을 싫어하며, 자기 자신보다는 타인들에게 책임전가하기를 더 좋아한다. 대부분의 대중들은 양심의 가책에 시달리는 사제나 죄인이 되기보다는 비분

강개파로서 사회주의, 혹은 자유 민주주의의 운동원이 되기를 더 좋아한다. 죄, 양심의 가책 등에 시달리면서 이 세상의 삶에 대한 저주를 퍼붓고 있는 것이 기독교인들이라면, 창조하고 선택할 모든 권리를 포기하고 메마르고 건조한 구호 속에서 우리 인간들의 삶의 다양성과 고급문화의 세련된 싹을 잘라내고 있는 것이 바로 민주주의를 옹호하고 있는 대중들이라고 해도 과언이 아니다.

모든 유기체는 저마다 힘을 사용하고 싶어하고, 우리 인간들 역시도 저마다 힘을 사용하고 싶어한다. 힘을 사용하는 인간은 타인의 의견을 필요로 하지도 않고, 또한 그는 자기 자신에게 해로운 어떤 것도 선택하지 않는다. 그는 사물에 새로운 이름을 부여할 수 있는 가치창조자이며, 비록 타인들을 도울지라도 연민의 종교의 탈을 쓰지는 않는다. 그는 자유로운 개인이며, 자기 자신의 찬미자이다. 그는 불쾌한 물음표이기도 하고 불쾌한 바보이기도 하다. 그는 선악의 가치를 뛰어넘어 홀로서기를 이룩한 인간이기도 하고, "자신이 속한 시대의 미덕의 심장에다 메스를 들이댐으로써"(니체, 『선악을 넘어서』) 궁극적으로 위대한 과업을 완수한 인간이기도 하다. 우리는 이러한 인간들을 문화적 영웅이라고 부르지, 신성모독자라고 부르지는 않는다. 또한 우리는 이러한 인간들을 원형적인 인간이라고 부르지, 사적 개인이라고 부르지는 않는다. 성자의 승전가나 문화의 수호신가는 아무 때나 불려지고 찬양되는 것이 아니다. 힘에의 의지는 의지박약한 시대의 불쾌한 퇴폐주의이며, 의지박약함은 민주주의 시대의 유쾌한 퇴폐주의일는지도 모른다.

나는 낙천주의자로서 불쾌한 퇴폐주의를 옹호하지, 유쾌한 퇴폐주의를 옹호하지는 않는다. 현대 민주사회의 대중들은 고독을 싫어하고, 미래를 기획하고 건설할 수 있는 고통의 지옥훈련과정을 싫어한다. 또한 그들은 지배자를 원하지도 않고, 명령자를 원하지도 않는다. 자유와 평등이라는 유일무이한 척도로써 소수의 예외적인 개인들의 선을 베어버리고, 우매한 대중들을 위로할 수 있는 그 모든 것을 찬양하게 된다. 그들에게는 권력도 나쁜 것이고, 명예도 나쁜 것이고, 고상한 것도 나쁜 것이다. 그들이 찬양할 수 있는 것은 고통을 덜어주거나 위로해줄 수 있는 것, '자비롭고 친절한 손길, 온정, 겸손함, 평준화의 마력, 온갖 기독교의 종파와 민주주의 제도' 등 뿐이라고 할 수가 있다. 이러한 자유와 평등 속에서 생명 부정에의 의지가 자라나고, 연민의 종교, 혹은 노예의 도덕이 자라나고 있다고 하지 않을 수가 없다.

지난 날의 비천한 역사와 시대적 정황 때문일는지도 모르지만, 한국 사회에서는 '민주주의에 대한 꿈'이 도덕적 괴혈병처럼 난무하게 되어 있다. 나는 이 도덕적 괴혈병을 퇴폐주의라는 이름으로 명명해 보고자 한다.

나는 어란으로 가기 위하여 읍내 '나그네 집'에서 하룻밤을 묵는다.
"집은 어디서 왔다요?" 성도 이름도 없는 여자가 묻는다.
"수상해?" "북에서 내려왔어."
그녀가 나를 꼬집는다.
"너는 어디서 왔냐?"
여수에서 영등포로, 미아리에서 부산으로, 목포로, 완도로 해남으로 왔다, 그녀는. 대흥사 여관동네에서 한 2년?, 있다 장터까지 왔다, 그녀는.
"너도 끝장까지 왔구나."
"아저씨는 눈이 내 애인 닮았소잉."
"뭐하는 놈인데?"

"중."

밤 늦게까지 그는 그녀에게 막걸리 주전자를 따라주고 암자로 올라가 곤 했다. 그중은. 산 전체가 단풍으로 色이 탱탱할 때, 그는 通道寺로 가 버렸다, 그 중은. 그녀는 광주 공용터미날까지 가서 배웅했다. 그녀는. 슬 픈 가을 산으로 돌아왔다.

"내가 환속한 그 중놈이야, 내가." 쓰게 웃는다, 그녀가.

그녀는 내 품 안으로 파고든다.

못 생기고 늙은 이 작은 여자를 나는 넓은 가슴에 묻는다.

(……)

횃대로 올라가는 닭, 그녀는 이내 잠이 든다.

1983년 12월 24일, 나는 지상에서 한 여자를 재웠다.

첫 미사를 알리는 천주교 종소리에 깨어났을 때, 그녀는 없었다. 2만원 만 챙기고 내 호주머니에 3만원을 넣어두고 간 그녀의 발자욱을 금세 눈 이 지우고 있었다.

나는 어란으로 가기 위하여, '나그네 집'을 나왔다.

— 황지우, 「233」에서

황지우의 문학적 감성은 전위주의자로서의 감성이지만, 그의 도 덕적 감성은 현실주의자로서의 감성이다. 과감한 형태파괴적인 시 로서 끊임없이 차가운 시선과 회의주의자의 시선을 유지하고 있는 것이 그렇고, 그 회의주의자의 시선과 냉소주의자의 이면에, 혹은 「233」의 시에서처럼 그 전면에, 따뜻한 비관주의자로서의 동정과 연 민의 시선을 유지하고 있는 것이 그렇다. 우리들의 삶의 조건이 화 해/ 불화, 희망/ 절망, 행복/ 불행 등이라는 모순어법의 소산인 것처 럼, 그의 시세계 역시도 모순어법의 소산인 것처럼 보여지기도 한다. 그는 전위주의자로서 극단적인 형태파괴적인 시만을 쓸 수도 없는데, 왜냐하면 "호스티스를 보면 호스티스와 살고" 싶기 때문이다. 또한 그는 현실주의자로서 서정시만을 쓸 수도 없는데, 왜냐하면 "혁명가를 보면 혁명가와 살고(「219」)" 싶기 때문이다. 이 전위주의자의 한계와 현실주의자의 한계 사이에, 또는 서정성과 비서정성의 한계 사이에, 그러나 그의 시적 진정성이 솟아나온다고 하지 않을 수가 없다. 그는 삶과 죽음의 경계에서, 삶도 없고 죽음도 없는 가사의 상태를 살고 있는 것인지도 모른다.

그는 동키호테가 아니라 회의하는 햄릿이다. 회의하는 햄릿은 진실과 허위 속에, 혹은 믿음과 불신 속에 어느 것도 선택하지 못하는 창백한 지식인의 전형이다. 그의 삶은 떠돌이의 삶으로서는 진정성이 있는 것이지만, 다른 한편, 기회주의자의 삶 속에 그 자신의 도피처를 마련하고 있는 것인지도 모른다. 회의하는 햄릿은 행복한 인간의 전형도 아니고 비극의 주인공도 아니다. 비극의 주인공은 계층과 계층간의 차이와 모든 간격의 파토스의 삶을 살지, 의지박약한 기회주의자의 삶을 살지는 않는다. 또한 그는 아교로 붙인 동정이나 연민보다는 잔인한 적의의 삶을 살지, 지적으로 우월한 자의 하룻밤의 치정의 삶을 살지는 않는다. 진정제적 사고법으로 이루어진 동정이나 연민의 종교는 도덕적 선만으로 무장되어 있는 것도 아니고, 죄악을 정당화할 수 있는 득죄신화의 사고법으로 이루어진 것도 아니다. 현대 민주주의 사회의 특징인 진정제적인 사고법은 순간적이고 일시적이지만, 비극의 주인공은 예술품 자체가 되어 삶의 황홀 속을 살아가게 된다. 바로 그 삶의 황홀 속에서 의미하는 시가 아니라 존재하는 시라는 사르트르의 철학관이 생겨나기도 하고, 예술품이 되어버린 니체의 철학관이 생겨나기도 한다.

과연 "여수에서 영등포로", "목포로, 완도로" 떠돌아 다니는 창녀의 삶을 황지우 시인은 진정으로 옹호해줄 수가 있는 것일까? 또한 "못 생기고 늙은" 그 여자를 시인의 "넓은 가슴에" 묻어줄 만한 값어치가 있는 것일까? 황지우는 이러한 질문 자체를 비웃으며, 이미 그것을 실천에 옮기고 있는 것인지도 모른다. 그의 창녀에 대한 사랑은 창녀에 대한 사랑만도 아니며, 가난한 자, 힘 없는 자, 병든 자, 뿌리뽑힌 자, 이른바 하층민들에 대한 적극적인 지지와 옹호로 나타나고 있는 것인지도 모른다. "창부는 '뿌리뽑힌 자요, 사회에서 쫓겨난 자이며, 사랑의 제도적, 부르조아적 형태에 반항할 뿐만 아니라, 사랑의 자연적인 정신 형태에 대해서도 반항하는 반역아들이다. 감정의 도덕적, 사회적 조직을 파괴할 뿐더러 감정의 근거 자체를 파괴한다"(아놀드 하우저, 『문학과 예술의 사회사』). 이러한 창녀에 대한 사랑은 퇴폐주의의 선구자인 보들레르가 몸소 실천했고, 그 뒤를 이어서 베를렌느, 랭보, 라포르그, 오스카 와일드 등이 몸소 실천했다. "진리가 슬픈 것이 아닌지 누가 아는가"라는 르낭의 말이 그것이고, "나는 퇴폐주의의 말기의 제국이다"라는 베를렌느의 선언이 그것이다. 그들은 창녀에 대한 폭넓은 이해와 지적 통찰력을 바탕으로 그들과 함께하는 불쾌한 퇴폐주의적인 삶을 살았지, 하층민에 대한 동정과 연민의 삶을 살지는 않았다. 그들은 그 퇴폐주의적인 삶 속에서 타락한 부르조아 사회에 대한 반항 자체의 삶을 살았지, 역사의 발전법칙을 믿어 의심하지 않는 선전, 선동가의 삶을 살지는 않았다.

황지우는 로마제국의 말기와도 같은 문화의 쇠퇴기에 성장한 퇴폐주의를 이해하지도 못했던 퇴폐주의자이며, 하룻밤의 치정이 아닌 창녀와의 사랑 자체를 살다간 위대한 퇴폐주의자들을 이해하지도 못했던 퇴폐주의자이다. 그는 죄악을 정당화할 수 있는 퇴폐주의자가 될 수도 없고, 예술품이 되어버린 인간도 될 수가 없다. 그는 민주주의 체제의 신봉자이며, 연민의 종교의 맹신자이다. 그러나 죄를 짓고 죄악을 정당화할 수 있는 용기가 없는 자는 타인과 이웃에 대한 사랑이라는 미명 아래, 타인과 이웃들을 기만하고 자기 자신마저도 기만하게 된다. 황지우는 왜 「233」이라는 시에서 못 생기고 늙은 창녀를 거절하지 않고 미화시키고만 있는 것일까? 또한 그는 왜 그녀의 밑바닥의 삶에 대한 폭넓은 이해와 지적 통찰력을 포기하고 있는 것일까? 과연 그녀의 밑바닥의 삶이 최선의 삶이고, 타락한 삶이 아닐까? 과연 그녀의 뿌리뽑힌 자의 삶은 어려운 일과 힘든 일을 기피하고, 연애와 치정과 변태성욕과 하층민의 삶에 대한 의지박약한 방기의 결과는 아닐까? 황지우의 시들에는 왜 이러한 질문들이 없고, 무조건적인 옹호만이 있는 것일까?

  황지우는 질문이나 한 점 의혹도 없이 가치평가하는 퇴폐주의자이며, 뭇대중들을 위로한다는 명목 아래 시를 쓰는 퇴폐주의자다. 나는 「233」의 하룻밤의 치정—혹은 변태성욕을 이해할 수는 있지만, 그것을 하층민들에 대한 사랑으로 위장하려는 시인의 간계는 용서할 수가 없다. 중산층, 혹은 프티 부르조아지의 삶을 포기하지 않는 창녀에 대한 사랑은 지적으로 우월한 자들의 값싼 연민이기가 쉽기 때문이며, 하층민들에 대한 지적 통찰력이 없는 사랑 역시도 변장된 지적 우월감의 표시이기가 쉽기 때문이다. 지적 우월감이란 말들이 오염된 상태를 뜻하고, 창녀와 하층민을 팔아서 그 주체자의 지배욕을 관철시키고 있다는 것을 뜻한다. 따라서 그 이해타산과 기득권의 유지는 어떠한 냉철한 회의나 비판마저도 불가능하게 만들어 버린다. "북에서 내려왔다"는 수상한 사내의 수작이 그렇고, 크리스마스 이브에 "지상에서 한 여자를 재웠다"는 사내의 수작이 그렇다. 그에게는 하룻밤의 치정도 사랑이고, 하층민에 대한 단 한번의 눈길도 사랑이다. 그들에 대한 연민도 사랑이고, 그들에 대한 동정도 사랑이다. 시를 쓰고 명예를 얻으면서도 온갖 자비롭고 친절한 손길만을 보내고 있을 뿐이고, 소수 예술가라는 강자의 특권을 살면서도 부처와 예수와도 같은 따뜻한 손길과 겸손함만이 있을 뿐이다. 「233」의 시적 화자는 부처이고 예수이다.

과연 황지우는 소수 예술가라는 강자의 특권을 포기하고 살아가고 있는 것일까? 또한 그는 창녀와 하층민에 대한 사랑 때문에 중산층의 지식인으로서의 삶을 포기하고 살아가고 있는 것일까? 이 점에 있어서는 김현에 대한 獻詩인 「비로소 바다로 간 거북이」라는 시가 매우 시사적이라고 하지 않을 수가 없다.

> 무릇 文體란 몸으로 꼬리치는 것,
> 그렇게 뻘 밭에 잠시 놀다가
> 먼 바다 소리 먼저 듣고
> 큰 거북이 서둘러간 뒤
> 투구게들, 어, 여기도
> 바다네, 그대 몸 나간 진흙 文體에
> 고인 물을 건너지도
> 떠나지도 못하고 있네

황지우는 한번도 소수 예술가라는 강자의 특권을 포기한 적도 없고, 중산층의 지식인으로서의 삶을 포기한 적도 없다. 「비로소 바다로 간 거북이」는 가짜 우상을 성화시키고 있다는 점에서는 퇴폐주의의 소산에 불과하지만, 그 성화시키려는 의도 자체는 강자의 특권적인 삶에 대한 찬양이 아니라고 할 수가 없다. 그는 '투구게'와도 같은 하층민의 삶을 거절하고, '큰 거북이'와도 같은 위대한 인간의 삶을 찬양하고 있는 것이다. 그 거절과 선택 사이에는 어떠한 망설임도 있을 수가 없고, 더 이상의 유보조항도 있을 수가 없다. 모든 시인이나 예술가들은 홀로서기를 위해 나선 사람들이지, 무리를 지으려는 가축떼와도 같은 인간들이 아니다. 또한 그들은 득죄의 수련을 쌓아가는 신성모독자이지, 정치 체제의 타락한 형태인 민주주의를 옹호하기 위해 나선 성직자나 사제들이 아니다. 황지우의 하층민에 대한 천사적 사랑은 변장된 지적 우월감의 소산이며, 유쾌한 퇴폐주의의 소산이다.

유쾌한 퇴폐주의자는 아교로 붙인 동정이나 연민을 찬양하고, 불쾌한 퇴폐주의자는 노골적인 적의를 드러내놓고 그것을 찬양하게 된다. 보들레르, 랭보, 베를렌느 등의 사랑은 하층민과 함께 하는 사랑이며, 황지우의 사랑은 하층민과 함께 하는 사랑이 아니다. 보들레르, 랭보, 베를렌느 등은 위대한 퇴폐주의자로서 의심, 부정, 신성모독, 해체, 독의 효과 등을 사용하여 우리 인간들의 삶의 질을 향상시키려는 목적이 있었지만, 황지우의 퇴폐주의는 그것이 있을 수가 없었던 것이다. 창녀—천사의 등식이 다 무엇이고, 하층민—선량한 인간의 등식이 다 무엇이란 말인가? 어떻게 창녀가 천사가 될 수가 있고, 또 어떻게 하층민들이 선량한 인간들의 전형이 될 수가 있단 말인가? 황지우가 옹호하고 있는 그들의 삶은 김현, 황지우/ 창녀, 하층민들, 혹은 큰 거북이/ 투구게들에서처럼, 생명부정에의 의지의 소산이며, 인간이라는 종의 약화에 기여하고 있다고 해도 과언이 아니다.

현대 민주주의 사회의 대중들은 고독을 싫어하고, 미래를 기획하고 건설할 수 있는 고통의 지옥훈련과정을 싫어한다. 또한 그들은 지배자를 원하지도 않고, 명령자를 원하지도 않는다. 자유와 평등이라는 유일무이한 척도로써 소수의 예외적 개인들의 선을 베어 버리고, 우매한 대중들을 위로할 수 있는 그 모든 것을 찬양하게 된다. 다시 말해서, 민주주의적인 모든 제도는 개인적인 양심마저도 다수라는 힘의 마력으로 무자비하게 난도질을 해버리고, 위대한 인간, 인류의 삶의 질을 향상시키고, 우리 인간들의 병든 몸과 이 세계를 구원할 수 있는 모든 문화적 영웅들을 질식시켜 나가고 있는 것인지도 모른다. 현대 민주주의 사회의 특징은 힘에의 의지를 해치며, 고귀한 사상과 문화까지도 야만적인 평준화의 상태로 끌어내고 있을 뿐이다. 그들은 경배해야 할 신전 앞에서 침을 뱉어 버리고, 자기 자신과 피눈물나는 싸움을 벌여야 할 곳에서 성적인 타락과 방종을 하게 된다. 더 이상 우러러볼 학자도 없고, 예술가도 없다. 국민의 첫째가는 공복들만이 있을 뿐이고, 연민의 종교의 사제들만이 있을 뿐이다.

공정한 부의 분배와 권리 평등이 이루어져야 한다는 것, 이타적이 된다는 것, 힘 있는 다수를 위해 봉사한다는 것, 성직자들이나 현자들처럼 청빈, 겸손, 정숙만으로 살아간다는 것—이 모든 것이 지난 시대에 그처럼 수많은 대중들을 사로잡았던 민주주의에 대한 실상이라면, 황지우 시인이여, 연민의 종교의 사제들이여, 만일 그렇게 된다면, 우리 인간들의 삶은 끝장이 나게 되어 있다는 것을 명심하여 주기를 바란다. 민주주의의 본질은 부패, 몰락, 쇠퇴의 소산이며, 부정적인 의미에서, 유쾌한 퇴폐주의는 위대한 천재와 건강한 문화를 압살하는 미풍양속의 살해범이라는 사실도 명심하여 주기를 바란다.

  모든 유기체는 힘을 사용하고 싶어하고, 그 힘의 주체자는 이 세상이 망하고, 모든 존재자들이 다 망하더라도 자기 자신과 그의 철학, 혹은 예술만은 융성하리라고 믿고 있는 것인지도 모른다.

2

  오늘날은 우리들의 삶의 구조가 다양하듯이 문학비평 역시도 매우 다양한 모습을 띠고 있다고 하지 않을 수가 없다. 작가의 전기와 생애에 초점을 맞추는 실증주의 비평이 있는가 하면, 독자의 경험에 초점을 맞추는 현상학적 비평도 있고, 사회 역사적 상상력을 강조하는 마르크스주의 비평이 있는가 하면, 문학작품의 자율성을 강조하는 구조주의 비평도 있고, 언어와 무의식에 강조점을 두는 정신분석 비평과 여성해방을 주장하는 페미니즘 비평도 있다. 어떤 비평방법을 택하든지, 그것은 전적으로 비평가의 자유이지만, 문제는 모든 비평을 두루 아우를 줄 아는 열린 의식과 함께, 자기 자신만의 독창적인 비평방법을 창조하는 데 있을 것이다. 비평이란 문학작품의 시녀도 아니고, 그것을 지배하려는 주인도 아니다. 비평가의 삶이 없는 비평은 텍스트에 종속되어 그 자신의 개성이나 세계관을 드러내지 못하고, 섣부른 이론이나 이념으로 재단하려는 비평은 주체적인 작가의 독특한 세계를 올바르게 드러내지 못한다. 비평이란 그 대상과의 육적, 영적 교감의 징표가 되어야 하는 것이지, 그 자신의 논리만이 드러나는 하이에나적인 비평이 될 수는 없는 것이다.

  20세기의 문학비평의 최대의 성과는 '쓸 수 있는 텍스트'의 탄생이며, 비평예술의 힘찬 도약이라고 하지 않을 수가 없다. 김현의 문학비평의 장점은 작가의 텍스트에 종속되어 있는 '읽을 수 있는 텍스트'를 거절하고, 구조주의 문학비평, 혹은 현상학적 문학비평을 택한 데 있을는지도 모른다. 그는 엄정한 과학성과 객관성을 강조하는 실증주의자도 아니고, 집단 의식의 반영에만 관심을 갖고 있는 마르크스주의자도 아니다. 또한 그는 개인 의식의 반영에만 관심을 갖고 있는 정신분석주의자도 아니고, 현실 도피에만 관심을 갖고 있는 문화적 초월주의자도 아니다. 한국문학비평은 비록 '본문이 없는 주석비평'에 불과하긴 하지만, 김현에 의해서 비평예술의 전모가 수입, 소개되고 적용되었다고 해도 과언이 아니다.

가령, 그의 비평적 면모는,

> 1) 그 아쉬움―그리움은 그의 초기시에서 폭발적인 개화를 한다. 그것은 정신분석학적으로 보자면, 할머니, 어머니에 의해 여성적으로 자라온 시인은 그 내부에 영원히 표출화될 수 없는 殺父욕망과 할머니, 어머니와 하나가 되고 싶다는 合―욕망 사이에 찢겨, 부재하는 누이를 시적으로 상정하기에 이르고 거기에 그의 모든 욕망을 전이시킨다. 부재하는 누이에 대한 아쉬운 사랑 밑에는 아버지에 대한 증오와 어머니에 대한 사랑이 숨어 있다.
> ―「金春洙에 대한 두 개의 글」, 『책읽기의 괴로움』, 16면

라는, 글이나,

> 2) 격자 소설이라는 소설 양식은 전체와 개별의 대립, 지양을 구조적으로 보여주는 소설 양식이다. 개별은 개별끼리 대립되면서 전체 속에 지양되고 그 전체는 다른 전체와 대립되면서 더 큰 전체 속에 지양된다. 그

대립과 동형으로, 시골/ 도시, 생활/ 예술, 일상성/ 진정성, 가짜 예술/ 진짜 예술의 대립이 그의 소설의 골격으로 나타나고 있는 것도 그러므로 놀랄 일이 아니다.
— 「李淸俊에 대한 세 편의 글」, 『문학과 유토피아』, 243면

라는, 글에서 드러나기도 하고, 또는

3) 그의 상상력 속에서 우주는 풍요롭게 존재한다. 그리고 그 풍요한 우주 속에서 우리는 행복하게 그 풍요성을 젖먹는다. 그것은 우리 존재를 살찌워, 일상성의 메마른 세계 속에 거주하고 있는 우리를 빈혈 속에서 구해낸다. 그 풍요성 속에서는, 공간은 넓어질수록 흥청대며, 시간은 가라앉을수록 싱싱해지기 때문이다. 이 풍요한 우주적 상상력을 도피의 상상력이라고 비난해서는 안 된다. 우리는 항의하고 반대하기 위하여 살아야 하는 것처럼 풍요하게 세계를 느끼고 만지기 위해서라도 살아야 한다. 한 행복한 상상력의 철학자가 말했듯이 우리는 숨을 잘 쉬도록 만들어져 있다.
— 「말과 宇宙」, 『문학과 유토피아』, 49면

라는, 글에서 드러나기도 한다.

김현의 문학비평은 두 시선의 마주침에 의해서 솟아나오지 않고, 세 개의 시선의 마주침에 의해서 솟아나온다고 할 수가 있다. 하나는 3)의 예에서 보듯이 가스통 바슐라르에게서 야기된 우주론적 행복론자의 시선이고, 또 하나는 2)의 예에서 보듯이 아도르노, 뤼시엥 골드만에게서 비롯된 문학사회학적 시선이며, 나머지 하나는 1)의 예에서 보듯이 프로이트에게서 비롯된 정신분석학적 시선이다. 그 세 개의 시선이 서로서로 엇갈리고 교차되면서, 그의 문

학비평을 풍요롭게 하고 있는 것인지도 모른다. 그는 바슐라르에게서 평화롭게 숨을 쉬는 법을 배우며, 골드만에게서는 문학작품의 구조와 사회 역사적 구조가 구조적 동형이라는 것을 배우고, 프로이트에게서는 우리들의 의식 속에 억압되어 있는 외디프스콤플렉스, 혹은 성적 욕망이라는 것을 배운다. 다시 말해서 김현의 프로이트에 대한 경사는 그의 잠재적 자아의 욕망으로 나타나고, 골드만에 대한 경사는 현실적 자아의 현실원칙으로 나타나며, 바슐라르에 대한 편향은 이상적 자아의 꿈으로 나타난다고 하지 않을 수가 없는 것이다.

김현은 사실숭배의 실증주의자의 길도 거절하고, 경직된 마르크스주의자의 길도 거절한다. 그는 꽃을 두엄더미로 설명하는 정신분석학자의 길도 거절하고, 도피의 상상력에 침윤되어 있는 문화적 초월주의자의 길도 거절한다. 그는 모든 비평방법을 두루 아우를 줄 아는 열린 의식의 소유자이며, 텍스트에 종속되어 있는 문학비평을 비평예술로 끌어올리려고 노력했던 비평가라고 할 수가 있다. 그는 그의 최대의 비평문인 「속꽃 핀 열매의 꿈」에서, 김지하의 「무화과」라는 시를 다섯 번 내지 여섯 번을 읽는다. 첫 번째는 그 시를 '의미론적으로 분절하여' 읽고, 두 번째는 그것을 '음악적으로 분절하여' 읽는다. 세 번째와 네 번째는 「무화과」의 '극적 구조'와 '자웅동체의 이미지'에 주목하여 읽고, 다섯 번째와 여섯 번째는 '갈등의 해소가 유예된 세계'와 '비평가의 마음을 사로잡은 몇몇 어휘들'을 주목하여 읽는다. 그 결과, 시에 있어서 의미론적 분절과 음악적 분절이 "서로 길항할 때 시의 리듬은 팽팽해지고 긴장되어 폭발 직전의 힘을 갖게" 된다는 사실이 밝혀지기도 하고, 극적 구조란 하나의 자아가 세 개의 자아로 분열되는 과정에서 성립하게 된다는 사실이 밝혀지기도 한다. 또한 자웅동체의 이미지에서 '속꽃 핀 열매의 꿈'이 밝혀지기도 하고, 갈등이 해소되지 않은 '검은 마법의 세계'에서 "본질과 외관의 괴리에 고뇌하는 실존주의자"들의 보편적인 고뇌가 밝혀지기도 한다. 몇몇 군데의 상호 모순되는 괴리 현상과 그 깊이 있는 분석에 반하여 피상적인 세계 인식이 드러나고 있긴 하지만, 바로 이것이 김현이 바슐라르와 죠르쥬 풀레에게서 빌어온 '공감의 비평'의 덕목이자 최대의 장점이라고 생각된다. 그는 모든 시의 울림에 귀를 기울이기 위해서 수많은 자료들을 모으고, 그 시를 내면화, 혹은 동화시키기 위해서, 그것을 느릿느릿 천천히, 다시 베껴보고 있는 것인지도 모른다. 가히 열린 의식과 열린 지성의 행복한 만남이라고 하지 않을 수가 없는 것이다.

그러나 김현의 문학비평의 최대의 약점은 비록, 섬세한 감수성을 바탕으로 확산적인 글쓰기에 기대고 있긴 하지만, 그 확산의 힘이 전체를 관류할 수 있는 집중의 힘으로 이어지지 못한 데 있다고 해도 과언이 아니다. 집중의 힘은 주제에 대한 깊이 있는 천착과 함께 자기 자신의 비평방법론과 문학이론을 정립할 수 있는 힘을 말하고, 확산의 힘은 그 집중의 힘을 수평적인 차원에서, 타인들과 세계를 향하여 좀 더 넓게 넓게 반향을 불러 일으킬 수 있는 힘을 말한다. 따라서 김현의 글쓰기에서 집중의 힘이 없다는 것은 전체를 관류할 수 있는 다양성과 통일성이 없다는 것을 뜻하고, 그의 박학다식이 얇을 박薄자 박학다식薄學多識으로 움츠러 들었다는 것을 뜻한다. 이러한 사실은 어느 것 하나 제대로 깊이 있게 공부하지 못한 그의 한계를 말해주고, 이렇다 할 이론적 성과없이 유행의 사조, 혹은 서구의 이론들만을 몰주체적으로 쫓아다녔다는 것을 역으로 말해주기도 한다.

적어도 김지하의 「무화과」는 훌륭한 시도 될 수가 없고, 만인의 심금을 울릴 수 있는 대중적인 시도 될 수가 없다.

돌담 기대 친구 손 붙들고
토한 뒤 눈물 닦고 코풀고 나서
우러른 잿빛 하늘
무화과 한 그루가 그마저 가려섰다

내겐 꽃시절이 없었어
꽃 없이 바로 열매맺는 게
그게 무화과 아닌가
어떤가
친구는 손뽑아 등 다스려주며
이것봐
열매 속에서 속꽃 피는 게
그게 무화과 아닌가
어떤가

일어나 둘이서 검은 개굴창가 따라
비틀거리며 걷는다
검은 도둑괭이 하나가 날쎄게
개굴창을 가로지른다

좋은 시를 만난다는 것은 비평가의 행운일 수도 있고, 그것에 대하여 글을 쓴다는 것은 비평가의 특권일 수도 있다. 하지만 김현의

「무화과」의 분석 자체에는 좋은 시/ 나쁜 시라는 대상 선택 이외에도 본질적인 오류가 내포되어 있다고 할 수밖에 없는데, 왜냐하면 그는 김지하의 패배주의와 허무주의를 옹호하고 있기 때문이다. 「무화과」의 시적 화자는 주어진 현실을 풍요롭게 살고 있는 것도 아니고, 그 슬픈 현실을 슬기롭게 극복하고 있는 것도 아니다. 그의 패배주의와 허무주의는 고귀한 것도 아니고, 비극적인 높이로 승화될 수 있는 것도 아니다. "속꽃 피는" "무화과" 앞에서 "토한 뒤 눈물 닦고 코풀고 나서/ 우러른 잿빛 하늘/ 무화과 한 그루가 그마저 가려섰다"는 시구가 그것을 말해주고, "검은 도둑괭이 하나가 날쌔게/ 개굴창을 가로지른다"는 시구가 그것을 말해준다. 패배주의도 가장 부도덕한 자의 미학에 속하고, 허무주의도 가장 부도덕한 자의 미학에 속한다.

어떻게 무의미한 체념과 허무주의가 "비극적인 높이"로 승화될 수가 있단 말인가? 어떻게 삶의 풍요로움이 없는 메마르고 건조한 사적 감정의 토로가 아름다운 시가 될 수가 있단 말인가? 그의 「무화과」에는 생나무 타는 듯한 고통을 향유하려는 의지도 있을 수가 없고, 김수영에게서처럼, 한국적인 애수를 애수('서러움') 자체로서 풍요롭게 향유하려는 의지도 있을 수가 없다. 희극의 주인공들은 삶의 황홀이 없는 슬픔과 고통을 노래할 수도 있지만, 비극의 주인공들은 삶의 황홀이 없는 슬픔과 고통을 노래해서는 안 된다. 무화과가 꽃이 없다고 후회할까? 무화과는 제 의지로 무화과이지, 동정이나 연민을 바라는 무화과가 아니다. 「무화과」의 화자는 패배한 혁명가이며, 이미 내상을 입어서 더 이상 회복 불가능한 잉여인간에 지나지 않는다. 고통의 강도를 더 높이거나 더 악화시키지 못하고 남 부끄러운 치부를 드러내는 일도 유치한 노릇이지만, 그 기회를 재빨리 틈타서 동정이나 연민의 종교를 유포시키고 있는 비평가의 행위도 유치한 노릇이라고 하지 않을 수가 없다.

왜 비평가는 시인의 패배주의와 허무주의를 그처럼 적극적으로 옹호하고 지지해 주고 있는 것일까? 만일 비평가는 시인의 패배주의와 허무주의를 적극적으로 옹호하고 지지해줌으로써 '실천적 이론'에 앞장 섰던 민족문학진영 내의 와해를 조장하고, 그럼으로써 '이론적 실천'에 앞장 섰던 비민족문학진영 내의 위상을 강화하려 했던 것은 아닐까? 좀 더 속된 표현을 하자면, 문학과지성사의 위상을 강화하고, 창작과비평사의 위상을 약화시키려고 했던 것은 아닐까? 이성의 간계는 끝이 없고, 말들의 오염된 상태는 그 주체자의 욕망마저도 이처럼 왜곡시키고 있는 것인지도 모른다. 실패한 혁명가가 그 적대적인 집단에게 동정과 연민을 호소하면, 어디까지나 인도주의적인 사제가 그것을 이타적인 사랑으로 폭넓게 감싸준다. 김지하의 「무화과」는 그 울림도 없고 어떠한 반향도 있을 수가 없다.

김현의 「속꽃 핀 열매의 꿈」을 그의 세계관에 비추어 살펴보면, 그의 세기말적인 퇴폐주의—'실존주의'는 잃어버린 세대의 구차한 유물에 불과하니까—가 드러나고, 또한 그것을 정신분석학적으로나 문학적으로 살펴보면, 그가 분석한 '세 자아' 사이의 중대한 오류가 드러난다.

더 나아가 나와 친구, 화자는 한 사람이 아닐까? 나는 꽃시절을 바랐다는 바람의 동력이 그 나를 셋으로 나눠, 그 바람의 치기를 객관화시키고 있는 것이 아닐까? 그렇다면 나는 실재적 자아이며, 친구는 잠재적 자아이며, 화자는 그 두 자아를 관찰하는 예술적 자아이다. 실재적 자아의 욕망을 잠재적 자아는 너는 실패한 것이 아니라고 달래고, 그 두 자아의 대화를 예술적 자아는 어둡게 그려내고 있다. 절망에만 빠져 있지 않기 위해 자아는 분열하며, 한 자아는 달래고, 한 자아는 그 달램을 예술로 만든다. 한 자아의 욕망은 적절히 규제되어, 그 절망의 폭발력을 제어받는다. 그 분열의 과정은 아름답고 감동적이다.

― 『분석과 해석』, 62면

그가 분석한 세 자아는 정신분석학적으로도 잘못 분석되어 있고, 시적 문맥으로 보아도 잘못 분석되어 있다. 그 '나'는 잠재적 자아이지, 현실적(실재적) 자아가 아니다. 또한 그 '친구'는 현실적 자아이지, 잠재적 자아가 아니다. 왜냐하면 잠재적 자아와 현실적 자아는 쾌락원칙과 현실원칙으로 대립되기 때문이고, 현실적 자아인 나를 잠재적 자아인 친구가 달랠 수는 없기 때문이다. 우리들의 잠재적 자아는 무한한 욕망을 꿈꾸고, 우리들의 현실적 자아는 그것을 달래고 적절히 규제하며 실현가능한 것을 꿈꾸며, 우리들의 이상적 자아는 하나의 보상 기능으로서 예술적 승화, 혹은 내부 초월을 꿈꾸게 된다. 좋은 시와 예술은 절망을 노래할 때조차도 절망만을 노래한 것이 아닌데, 시와 예술은 진정제적인 효과가 있기 때문이다. 좋은 시와 예술은 불행을 노래할 때조차도 불행을 노래한 것만이 아닌데, 시와 예술은 그 불행 자체를 행복하게 살아가게 해주고 있기 때문이다. 전자는 시와 예술에 있어서 부수적인 기능이며, 후자는 시와 예술에 있어서 본질적인 기능이다. 언제나 젊고 풍요로운 그리스 신화와 문학이 그것을 말해주고, 모든 비극의 주인공들, 혹은 문화적 영웅들의 생애가 그것을 말해준다. 김지하는 「무화과」라는 시를 통해서 프로이트적인 의미에서 쾌락원칙과 현실원칙 사이의 대립, 갈등을 예술적으로 승화, 극복하려고 시도했는지도 모른다.

김지하의 「무화과」는 좋은 시가 될 수도 없고, 미래의 비전이 있는 시가 될 수도 없다. 그런데도 김현은 대상 선택의 오류를 범하고, 일고의 가치도 없는 그의 패배주의와 허무주의를 적극적으로 옹호하고 지지해 주고 있는 것이다. 뿐만 아니라 그의 세 자아의 기능과 성격을 명료하게 분석해 내지도 못하고, 동정과 연민의 종교의 사제로서 "비극적인 높이로까지 이끌어올리려고" 애를 쓰고 있는 것이다. 김현의 비극적인 세계 인식은 매우 피상적일 수밖에 없는데, 왜냐하면 그는 "검은 마법의 세계에 대해서 겁을 내고"(『분석과 해석』, 65면) 있기 때문이다. 높은 수준의 인간에게는 즐거움이 되고 자양분이 되는 것도 저열한 인간에게는 독이 된다. 희극적인 인물은 비극을 문제삼고, 비극 자체를 비참한 사회적 실상이나 불우한 개인의 삶으로 받아들이지만, 비극적인 인물은 그것을 더 이상 비극으로 보지 않으며, 비극 자체를 최대의 풍요와 쾌락으로서 향유하게 된다. 비극이 어떻게 불우한 개인들의 삶의 실상이나 몰락한 귀족 계급의 전유물이 될 수가 있단 말인가? 김현은 희극의 주인공으로서의 평균 이하의 인물은 알아도 비극의 주인공으로서의 평균 이상의 인물은 알지도 못한다. 서정인의 "비극적 세계 인식"(『책읽기의 괴로움』, 226면)과 이청준의 "비극적 현실주의"(『분석과 해석』, 159면)를 분석하는 글들이 그것이고, 기형도의 "비극적인 세계관"(『말들의 풍경』, 128면)과 모든 "시인은 특권이 아니라 고난과 핍박의 징표"(『말들의 풍경』, 130면)라는 「고난의 시학」 등이 그것이다.

그는 김지하의 시에서처럼 '비극적 높이'를 강조할 때조차도 시인의 고통과 슬픔만을 강조하지, 그 고통과 슬픔 자체가 즐거움과 자양분이 된다는 사실은 강조하지도 못한다. 또한 「고난의 시학」에서처럼 고난과 핍박의 징표만을 강조하지, 그것이 모든 시인들의 특권 자체라는 사실은 강조하지도 못한다. 희극의 주인공들은 사회주의적인 동정과 연민으로서 우매한 대중들을 위로하지만, 비극의 주인공들은 삶의 질을 향상시킬 수 있는 죄악이나 고통을 강화시키고, 인류의 신진대사의 촉진과 함께, 인간이라는 종의 건강에 기여하게 된다. 죄를 짓고 죄악을 정당화한다는 것은 카우카소스의 바위산에 묶여 있는 프로메테우스적인 길을 걸어간다는 것을 뜻하고, 두 눈을 잃고 콜로노스로 추방된 외디프스의 길을 걸어간다는 것을 뜻한다. 외디프스 신화는 성자의 승전가이고, 프로메테우스 신화는 문화의 수호신의 신화이다. 우리는 쇠퇴의 길을 갈 것인가, 성장의 길을 갈 것인가? 여기에는 더 이상의 선택의 여지가 없어 보인다.

김현의 비극적 세계 인식은 보기 좋은 것도 아니고, 모양이 좋은 것도 아니다. 그의 비극적 세계 인식은 순수한 언어의 상태도 아니며, 어떠한 세계관에 값하고 있는 것도 아니다. 그것은 말들이 오염된 상태이며, 생기를 잃어버린 얼굴이 누렇게 뜬 말들의 집합에 가깝다. 그 말들은 지난 시대의 화사한 꽃시절의 그림자도 갖고 있지 않고, 달콤한 열매, 혹은 풍성한 과육의 그림자조차도 갖고 있지 않다. 그의 비극적 세계 인식은 문화와 역사적 전통에서 일탈하여, 파란 호수에 자그만 돌멩이 하나가 잔잔한 파문을 일으키듯이, 저 봉건귀족들의 원한에 찬 심연에만 머물고 있을 뿐이다. 쟝세니스트들은 당당하지도 못하고, 용기도 없다. 또한 그들은 지난 시절의 법복귀족답게 말과 행동을 일치시키지도 못하고, '숨어버린 신'에 대한 저주와 탄식만을 보태고 있을 뿐이다. 슬픔이 그 자체로서 풍요로운 슬픔이 될 수도 없고, 고통이 그 자체로서 풍요로운 행복이 될 수도 없다. 문화의 쇠퇴기에 우연의 그늘 밑에서, 돌연변이로 피어난 독버섯, 그 독버섯은 어떠한 위험이나 불안의 요소도 갖고 있지 않다. 이미 모든 사람들이 그 식용불가능성을 알아버렸고, 법복귀족들 역시도 역사의 저편에서 불경스러운 잉여의 인간으로 시들어 가버렸기 때문이다. 김현의 비극적 세계 인식은 골드만의 그것을 몰주체적으로 수용한 결과이며, 그의 반영웅주의—비엘리트주의(이청준론과 황동규론, 김지하론과 최승자론 등이 그것이다)에 대한 경사는 정치 체제의 타락한 형태인 민주주의를 몰주체적으로 지지하고 옹호한 결과이다.

『한국문학의 위상』도 그의 비극적 세계 인식의 소산이며, 『말들의 풍경』도 그의 비극적 세계 인식의 소산이다. 그는 『한국문학의 위상』에서 문학의 쓸모 없음을 강조하며 그 무용성을 교묘하게 쓸모 있는 것으로 전도시켜 놓고 있는 것처럼 보인다. 하지만 그 쓸모 없음에 대한 강조야말로 '태도의 희극'이며 세기말적인 퇴폐주의의 소산이라고 하지 않을 수가 없다. 어떻게 쓸모 없는 문학이 "인간을 억압하는 모든 힘에 대한 감시체의 역할을" 할 수가 있고, 어떻게 쓸모 없는 문학이 자기 자신과 타인들을 미화시키고, 수많은 문학작품들을 가치판단 할 수가 있단 말인가? 또한 어떻게 타분야에 종사하는 지식인들은 "지적 우월감을 나타내기 쉬우며" "문학을 버릴 수 있다는 것은 결국은 인간을 억압하는 힘에 대한 반성을 중단하는 것"(『한국문학의 위상』, 193면)일 수가 있단 말인가? 문학은 본질적으로 쓸모 있는 것이지, 쓸모 없는 것이 아니다. 행복한 사회를 구상하는 것도 문학인들의 특권이고, 문학을 통해서 자기 자신과 타인들을 미화시키고 수많은 문학작품들을 가치판단하는 것도 문학인들의 특권이다. 타분야에 대한 배타적인 적대감을 표시하는 것도 문학인들의 특권이고, 모든 억압하는 힘에 대한 감시체의 역할을 하는 것도 문학인들의 특권이다. 우리는 호머나 셰익스피어는 알아도 그 시대의 유명 정치인들이나 법률가들은 알지도 못한다. 또한 우리는 발자크와 괴테는 알아도 그 시대의 유명 정치인들이나 법률가들은 알지도 못한다. 이러한 대작가들의 신화를 염두에 둘 때, 그의 쓸모 없음에 대한 강조야말로 낡은 문학중심주의의 소산이며, 또다른 지적 우월감의 소산이라고 하지 않을 수가 없는 것이다. 그는 그 문학중심주의와 지적 우월감에 사로잡혀서 타분야에 대한 배타적인 적대감을 표시하고, 무용성과 유용성의 범주를 분간하지도 못한다. 이타적인 것을 강조한다고 해서 이타적인 것이 될 수도 없고, 쓸모 없음을 강조한다고 해서 쓸모 없는 것이 될 수도 없다. 『한국문학의 위상』은 독창적인 이론서도 아니고, 그 아무 것도 아니다. 그것은 쟝 리카르두, 사르트르, 골드만, 아도르노, 마르쿠제, 바슐라르 등에 대한 노예적인 복종 태도에 지나지 않으며, 마치 지울 수 없는 흠집과도 같은 공허한 관념의 체조로 이루어져 있다고 해도 틀린 말이 아닐 것이다.

  이러한 태도의 희극과 세기말적인 퇴폐주의는 지식을 가진 자의 양심의 가책이 없는 지적 우월감에서 비롯된다고 하지 않을 수가 없다. 동정이나 연민을 표시하고 이웃에 대한 이타적인 사랑을 강조하면서도 그것에 대한 참다운 이행에는 관심이 없다. 구두선처럼 입에 발린 말과 그럴듯한 포즈만을 앞세우면서도, 서울대 교수―제1급 비평가(?)로서의 그 자신의 사회적 지위와 명예와 부에는 어떠한 '감시체의 역할'도 하지 않고 있는 것이다. 지식인이란 근본적으로 어떤 양식이나 사물에 이름을 부여할 줄 아는 자를 말하고, 언어 자체의 기원을 지식인의 특권으로 향유할 줄 아는 자를 말한다.

또한 지식인에게 있어서 지식이란 세계정복운동의 도구를 뜻하지, 의지박약한 자들의 이타적인 희생의 도구를 뜻하지는 않는다. 모든 유기체는 저마다 힘을 사용하고 싶어하고, 우리 인간들 역시도 저마다 힘을 사용하고 싶어한다. 힘을 사용하는 인간은 타인의 의견을 필요로 하지도 않고, 또한 그는 자기 자신에게 해로운 어떤 것도 선택하지 않는다. 그는 사물에 이름을 부여할 수 있는 가치창조자이며, 비록 타인들을 도울지라도 동정과 연민의 종교의 탈을 쓰지는 않는다. 이 말은 세계 신기록에 도전하는 백미터 육상선수의 욕망과도 같은 말이고, 세계 최고봉에 도전하는 알피니스트의 욕망과도 같은 말이다. 또한 그 말은 아인시타인에게 있어서 상대성이론과도 같은 말이고, 반 고호에게 있어서 「까마귀가 날으는 보리밭」과도 같은 말이다. 이제부터라도 모든 문학인들은 문학의 쓸모없음이나 이타성을 강조하기에 앞서서 문학의 유용성을 좀 더 깊이 있게 성찰하고, 그것이 어떻게 우리 인간들의 삶의 질을 향상시킬 수 있을 것인가를 좀 더 냉철하게 따져보지 않으면 안 된다. 모든 시와 예술은 잔인성의 미학의 결과이지, 우연의 결과가 아니다. 모든 "고급문화는 잔인성의 정화, 심화"의 결과이지, 쓸모 없는 이타성의 결과가 아니다.

  인류의 역사상, 모든 사회는 평등의 권리를 내세우기 이전에 특권을 생산하는 사회였는지도 모른다. 특권이 없으면 민주주의 사회 역시도 우중 사회로 전락하게 되는지도 모를 일이고, 고통의 분담만을 강조하게 되면 무의미와 권태뿐인 동물원의 원숭이와도 같은 삶으로 전락하게 되는지도 모를 일이다. 흠 없는 영혼을 발견하는 것도 시인의 특권이고, 퇴폐주의의 말기의 제국을 건설하는 것도 시인의 특권이다. 자아를 망각한 존재의 무근거 상태로서 서정적

자아를 발견하는 것도 지식인의 특권이고, 득죄신화를 창조하는 것
도 지식인의 특권이다. 어떻게 "가난한 자는 구원의 주체가 아니라
차라리 구원이 솟아나오는 자리"일 수가 있겠으며, 어떻게 "마음이
가난한 자도 구원을 받을 수"(『분석과 해석』, 51면)가 있겠는가? 한
떼의 오염된 말들이 춤을 추고, 모든 특권을 지닌 말들이 질식해 가
고 있는 것인지도 모른다. 우상의 황혼을 맞이하여 세기말적인 퇴
폐주의자들이 춤을 추고, 또 춤을 추기 시작한다.

 한국 사회에서 김현의 비극적 세계관, 아니, 말의 엄밀한 의미에
서 골드만적인 비극적 세계관이 폭넓게 수용된 것은 의지박약한
인간들이 수없이 비굴한 굴종을 겪으면서, 한국적인 애수의 세계
로 서서히 그 공감대를 넓혀 갔기 때문일는지도 모른다. 외세에 의
한 개항도 비극적 세계관의 자양분이 되어주었고, 일제에 의한 식
민지 수탈의 역사도 비극적 세계관의 옥토가 되어주었다. 좌, 우의
대립에 의한 대리 전쟁도 동정과 연민의 종교의 자양분이 되어주
었고, 민족의 영혼이 깃들 수가 없었던 군부독재의 역사도 기독교
의 요람이 되어주었다. 사색하지 않는 민족의 특징은 동정과 연민
의 종교, 혹은 기독교와 민주주의로 움츠러들게 마련이고, 어떠한
특권도 향유할 수가 없게 된다. 김현의 패배주의—허무주의에 대
한 옹호가 그렇고, 문학의 쓸모 없음에 대한 강조가 그렇다. 왜 김
현은 구원 그 자체인 가난한 자가 되지 않고, 부유한 사제가 되었
던 것일까? 왜 김현은 마음이 가난한 자—마음이 가난한 자도 구
원이 된다면, 무엇이든지 다 허용되고, 어떠한 금기마저도 필요 없
게 되지 않을까? 돈 많은 부르조아지도 어떻게 보면 마음이 가난
한 자이니까—의 구원을 그처럼 간절히 기도했던 것일까? 이것이
야말로 일종의 형용모순이며, 또다른 문학중심주의의 산 증거라고

하지 않을 수가 없다.
　모든 지식인들은 타인과 이 세상의 가치를 다 부정하더라도 자기 자신만은 의심하지 않는 특권을 지니고 있는 것인지도 모른다. 이러한 지식인들의 특권 앞에서는 의지박약한 자들의 동정과 연민의 종교도 가소롭기 짝이 없는 것이고, 패배주의와 허무주의로 미만해 있는 비극적 세계관도 가소롭기 짝이 없는 것이다. 이제부터라도 우리 한국인들은 골드만적인 비극적 세계관을 거절하고, 고전적이고도 정통한 비극적 세계관을 탐구해 들어가지 않으면 안 된다. 이제부터라도 우리 한국인들은 "건강함에서, 생의 풍요에서 유래하는 두려움, 병, 문제점들에 대한 지적 편애"(니체, 『비극의 탄생』, 24면)를 이끌어 내야하고, 어떠한 동정이나 연민의 목소리조차도 거절해 내지 않으면 안 된다. 또한 김종삼이나 김수영 시인 등이 그 고통의 지옥훈련과정 속에서도 얼마나 풍요롭게 살아갔던 것인가를 이해해야 되고, 반 고호나 보들레르의 비참했기 때문에 달콤했던 죽음의 향기도 냄새를 맡을 수가 있어야만 한다. 한국인들, 혹은 김현의 비극적 세계관은 특권을 모르던 자들의 의지박약함의 소산이며, 민족과 인류의 건강에 아무런 도움이 되지 못하는 퇴폐주의의 소산이라고 하지 않을 수가 없다.
　그렇다면 김현의 문학비평에 있어서 가장 핵심적인 인식론적 장애물은 무엇이었을까? 왜 그는 대한민국 최고의 비평가로서 주체적이고도 제1급의 격세유전인 자기 문학이론을 정립하지 못했던 것일까? 첫 번째의 답변도 퇴폐주의이며, 두 번째의 답변도 퇴폐주의이다. 이때에 퇴폐주의는 자본주의 사회를 비판할 수 있는 불쾌한 퇴폐주의를 뜻하지 않고, 퇴폐주의를 한사코 기피하면서 자기 자신과 타인들마저도 기만하는 유쾌한 퇴폐주의를 뜻한다. 그들의 동정과 연민의 종교 속에서도 퇴폐주의가 자라나고, 문학의 무용성 속에서도 퇴폐주의가 자라난다. 특권을 은폐할 때도 퇴폐주의가 자라나고, 4·19 세대라는 선명한 기치 속에서도 5·16 세대라는 퇴폐주의가 자라난다. 아교로 붙인 사랑 속에서도 퇴폐주의가 자라나고, 고급문화에 대한 야만적인 무지 속에서도 퇴폐주의가 자라난다. 민주주의에 대한 맹목적인 옹호 속에서도 퇴폐주의가 자라나고, 엘리트주의를 과감하게 주장하지 못하는 비겁성 속에서도 퇴폐주의가 자라난다. 이러한 특권에 대한 몰이해가 5·16 세대의 '본문이 없는 주석비평'의 전거를 이루고 있다고 해도 과언이 아니다.

1) 비평사적인 입장에서 보자면 70년대 비평은 비평의 객관성/ 주관성, 절대성/ 상대성, 보편성/ 특수성의 대립 문제에 깊이 매달린 비평이었다. 70년대 비평이 보기에 그 이전의 비평은 비평의 객관성, 절대성, 보편성에 지나치게 집착해 있었다. 비평이 객관적이고 보편적인 절대적 비평이 되기 위해서는 절대적인 규범이 문학 밖에 있어야 했는데, 그 절대적인 규범은 70년대 이전의 비평에 있어서 거의 언제나 외국 이론이었다. 그 외국 이론의 절대성이 무너지자, 70년대 비평의 새 지평이 열린 것이다. 70년대 비평의 다양성은 비평의 객관성의 객관화 과정에 지나지 않으며, 비평의 보편성은 보편화 과정에, 그리고 비평의 절대성은 절대화 과정에 지나지 않는다는 것을 확실히 깨달은 데서 생겨난다.
― 『문학과 유토피아』, 352면

2) 내가 생각하기에는 공부란 자료를 취급하는 방법을 배우는 것이다. 그 방법을 우리는 理論이라고 부른다. 그것은 자료를 이해하려고 애를 쓰는 과정에서 얻어지는 것이지, 자료 밖에서 우리에게 주어지는 것은 아니

다. 외국문학 연구의 이론적 수준이 낮다면, 그것은 우리가 접할 수 있는 자료 정보의 수준이 낮다는 것을 뜻할 따름이다. 지금보다 더 많은 자료와 정보를 접하게 될 때, 우리의 이론적 수준 역시, 그것에 합당하게 올라갈 것이라고 나는 믿는다.
― 『책읽기의 괴로움』, 234면

3) 대개 청탁을 받고 씌어진 글들이긴 하지만, 그것들에는 진실이란 진실화 과정에 다름 아니다라는 주장과 함께, 진실이란 여러 사람이 진실이라고 주장하고 있는 것의 복합체라는 생각이 지배하고 있다. 글쓰기, 베끼기에 대한 나의 관심은 그런 생각의 자연스러운 결과이다. 나는 그러나 과감한 가설들보다는 내가 좋은 작품이라고 판단한 작품들에 대한 면밀한 분석에 더욱 공을 들였는데, 그것은 추상적인 논리보다는 구체적인 실체―대상에 대한 나의 편향 때문에 이루어진 것이기도 하다. 논리가 작품을 배반할 때에도 논리에 집착하는 사람들의 집요함은 놀랄 만한 것이지만 존경할 만한 것은 아니다.
― 『책읽기의 괴로움』, 「책뒤에」

4) 골드만의 감싸기와 나의 감싸기 이론 사이에는 상당한 차이가 있다. 나의 경우, 감싸여지는 것과 감싸는 것 사이에는 인식론적 단절이 있으나, 골드만의 경우에는 그것이 없다. 골드만에게 있어서는 부분적 인식의 진전이 가능하나, 나의 경우 전체로서의 부분의 인식과 전체의 인식 사이에는 진전이 없다. 이 점에 대해서는 나의 『한국문학의 위상』을 참조할 것.
― 『프랑스비평사』, 239면

비평예술이란 힘에의 의지의 결과이지, 의지박약함의 결과가 아니다. 제1급의 격세유전인 문학 이론의 정립 역시도 힘에의 의지의 결과이지, 의지박약함의 결과가 아니다. 의지박약한 자들의 자기 부정과 겸양은 어떠한 미덕이 될 수도 없고, 그들이 옹호하고 있는 민주주의, 동정과 연민의 종교, 문학의 무용성, 반영웅주의 등은 어떠한 목표도 될 수가 없다. 그들은 우리 인간들을 비열한 존재들로 만들어 버리고, 궁극적으로는 우리 인간들을 파멸시켜 버리고 있는 것인지도 모른다. 성스러울 정도로 어리석은 인간들에게 있어서 문학은 다만 쓸모없는 것에 불과할는지도 모르지만, 비평예술가에게 있어서 문학이란 무엇보다도 가장 유용한 어떤 것이다. 비평예술가란 언어 자체의 기원을 지식인의 특권으로 향유할 수 있는 자를 말하고, 그 특권을 통해서 고급문화, 혹은 삶의 지혜를 창출할 수 있는 자를 말한다. 고급문화 역시도 힘에의 의지의 결과이고, 삶의 지혜 역시도 힘에의 의지의 결과이다.

우리 인간들은 그 힘에의 의지를 통해서 고급문화와 삶의 지혜를 향유할 수 있는 특권을 누리게 되고, 우리 인간들은 그 힘에의 의지를 통해서 또다른 고급문화와 삶의 지혜를 창출할 수 있는 특권을 누리게 된다. 지식인들의 특권이란 언어를 얻기 위한 싸움의 권리를 말하고, 하나의 양식, 혹은 'ism'을 얻기 위한 싸움의 권리를 말하고 있는 것인지도 모른다. 발생론적 구조주의의 창시자인 골드만 역시도 "문화적 창작물을 연구할 때는 최초의 가설에 관계하는 한, 하나의 특권을 누리는 위치에 있을 수 있다는"(『소설사회학을 위하여』, 248면) 사실을 역설한 바가 있는데, 왜냐하면 'ism'이야말로 제1급의 격세유전이며, 모든 인류의 지혜가 압축될 수 있는 저장소이기 때문이다. 고급문화의 기원에도 무자비한 공격성을 두지 않으면 안 되고, 삶의 지혜의 기원에도 무자비한 공격성을 두지 않으면 안 된다.

 문학 이론에 관한 김현의 발언은 매우 애매모호하고 앞뒤가 맞지 않는 형용모순으로 일관되고 있다. 애매모호함이 어릿광대의 횡설수설을 부르고, 앞뒤가 맞지 않는 형용모순이 외화내빈의 공허한 수사학을 부른다. "서양 이론의 비판적 극복은 당연히 후진국의 문화적 현상까지를 설명할 수 있는 새로운 선진적 이론의 성립"(『문학과 유토피아』, 352면)을 말하고 있으면서도 70년대 새 비평을 "70년대 비평의 다양성"으로 설명하고 있는 것이 그것이며, 70년대 비평의 다양성을 따옴표 없이 "실천적 이론과 이론적 실천"(『문학과 유토피아』, 355면)으로 설명하고 있는 것이 그것이다. 왜냐하면 비평가는 새로운 선진적 이론의 정립―70년대 새 비평이 어떻게 정립되었는지 살펴보지 않고 있기 때문이며, 그 선언적 명제―외화내빈의 수사학을 70년대의 비평의 다양성과 외국 이론의 절대성의 무너짐으로만 설명하고 있기 때문이다. 아마도 그는 "대중 사회 이론을 문학에 적용하려는 시도"와 "문학의 역사성에 대한 여러 갈대의 시도"(『문학과 유토피아』, 353면) 자체를 새로운 선진적 이론의 정립으로 착각을 하고, 70년대 비평의 다양성을 알튀세르의 '실천적 이론과 이론적 실천'으로 설명함으로써 외국 이론의 절대성의 무너짐으로 착각을 하고 있었는지도 모른다. 하지만 한국문학 비평이 대중사회 이론을 정립하고, 문학사회학을 정립했던 흔적은 그 어디에도 없다. 그가 적용시킨 실천적 이론과 이론적 실천에 대응하는 현실주의와 구조주의를 정립했던 흔적도 그 어디에도 없고, 알튀세르의 용어를 도용盜用한 것처럼, 외국 이론의 절대성이 무너져 내린 흔적도 그 어디에도 없다. 애매모호함이 횡설수설을 부르고, 횡설수설이 외화내빈의 공허한 수사학을 또다시 부른다. 문학

이론을 "자료를 취급하는 방법"이라는 횡설수설이 그렇고, "과감한 가설"에 대한 콤플렉스를 "구체적인 실체—대상에 대한 편향"으로 호도하고 있는 외화내빈의 수사학이 그렇다. 거기에는 '자료를 취급하는 방법'에 대한 성찰도 있을 수가 없고, '과감한 가설'에 대한 성찰도 있을 수가 없다. 또한 자료를 취급하는 방법과 과감한 가설의 관계에 대한 위상의 정립도 있을 수가 없고, 과감한 가설과 실제비평 사이의 관계에 대한 위상의 정립도 있을 수가 없다.

어떻게 과감한 가설이 없는 자료를 취급하는 방법이 있을 수가 있겠으며, 어떻게 과감한 가설이 없는 최고 수준의 실제비평이 가능할 수가 있겠는가! 김현의 '감싸기 이론' 역시도 하나의 태도의 희극이고, 문화적 초월주의자에 불과한 그 자신을 '분석적 해체주의자'라고 호도하고 있는 것도 하나의 태도의 희극이다. 그는 곽광수 교수가 밝힌 바대로 한낱 "전통수용론자"에 불과하지, 감싸기 이론의 창시자가 아니다. 그는 『분석과 해석』에서조차도 "그 초월 세계는 어디 있는가? 이 세상에 그런 초월 세계를 만들려는 네 마음 속에 있다(221면)라고 절규하는 문화적 초월주의자이지, 분석적 해체주의자가 아니다. 골드만과 그 자신의 감싸기 이론, 혹은 전통수용론을 비교하고 있는 것도 세기말적인 퇴폐주의에 불과하고, 탈현대 사상의 철학자들의 지적 조류에 편승하여, 아무런 문학적인 성과도 없이, 자기 자신을 분석적 해체주의자라고 지칭하고 있는 것도 세기말적인 퇴폐주의에 불과하다. 골드만이 살아 생전 김현의 감싸기 이론을 접했더라면 어떠한 표정을 지었을까? 미셸 푸코가 김현의 『시칠리아의 암소』를 읽었더라면 어떠한 표정을 지었을까? 사지를 못쓰는 거지에게 동전 몇 닢을 던져주듯 측은한 표정을 지었을까? 아니면 박장대소를 하거나, 그것도 아니면, 그 자신의 두 눈을 찔러 버리고 문학비평을 때려치워 버렸을까? 이러한 끔찍한 상상이 문화적 후진국의 초라한 비평가인 나로 하여금, 온몸에 소름이 돋아나게 하고 식은 땀을 줄줄이 흘러내리게 하고 있는 것인지도 모른다.

  비평예술의 특권이 아무렇게나 저절로 솟아나오지는 않는다. 고급문화도 삶의 지혜 역시도 아무렇게나 저절로 형성되지는 않는다. 그 모든 것들은 힘에의 의지의 결과이며, 생사를 넘어선 어렵고도 처절한 싸움의 결과이다. 잔인성의 미학은 고통을 증가시키고 신성모독을 범한 결과이지, 의지박약함의 결과가 아니다. 잔인성의 미학은 선악을 뛰어넘어서 혈투를 벌인 결과이지, 패배주의나 허무주의를 옹호한 결과가 아니다. 고급문화도 야만적인 어떤 것들이 세련되게 양식화된 결과이고, 삶의 지혜 역시도 무지가 아주 정교하게 양식화된 결과이다. 소설은 '부르조아지의 서사시'이며, "범죄와 광기는 선험적 고향 상실의 객관화 과정"(『소설의 이론』, 78면)이라는 과감한 가설을 통해서 '추상적 이상주의'(『동키호테』, 『적과 흑』), '환멸적 낭만주의'(『감정교육』), '교양소설'(『빌헬름 마이스터』), '현대 서사형식의 유형'(『전쟁과 평화』) 등, 네 유형의 소설을 분석하고, '소설의 이론'을 정리했던 루카치나 문학작품의 구조와 사회 역사적 구조와의 상동 관계에 주목하면서 파스칼의 『팡세』와 라신의 『비극』을 분석하고 '발생론적 구조주의'를 정립했던 뤼시엥 골드만을 생각하여 보라! 비록 정신분석학자이긴 하지만, 우리 인간들의 욕망이 '성적 욕망'이라는 과감한 가설을 통해서 『그리스 로마신화』와 소포클레스의 『외디프스 왕』, 그리고 백과전서파인 디드로의 『라모의 조카』 등의 분석을 통해서 '승화 이론'을 정립했던 프로이트나 "시적 몽상은 우주적 몽상이다"(『몽상의 시학』, 23면)라는 과감한 가설을 통해서 수많은 시들을 다양하게 분석하고, 우주론적 행복론, 혹은 '몽상의 시학'을 정립했던 가스통 바슐라르를 생각하여 보라!

어떤 하이에나 비평가가 이처럼, 한국문학비평의 후진성을 정직하게 지적하고 있는데도, "자기애를 충족시키려는" 치기로 몰아세울 수가 있고, 그것을 "무지가 용기를 낳는"(『문학과 사회』, 1994, 봄호, 40면)다고 폄하할 수 있을까? 한국문학비평에는 못난 스승과 못난 제자들만이 있을 뿐이고, 제1급의 격세유전이 없고 불길한 흉조의 위업만이 있을 뿐이다. 김현의 분석적 해체주의가 정립되려면 탈현대 사상을 염두에 둔 선언적 명제만으로도 안 되고, 또한 그의 감싸기 이론이 정립되려면 "전통의 단절과 감싸기"(『한국문학의 위상』, 78면)라는 대 여섯 매 정도의 횡설수설만으로도 안 된다. 전자는 『성의 역사』와 『지식의 고고학』과도 같은 체계적인 사상서로 정립되어야만 하고, 후자 역시도 골드만의 사유를 벗어나 실제 텍스트들을 분석하고, 그 이해 과정과 설명 과정을 정교한 이론서로 제시할 수 있어야만 한다. 김현의 분석적 해체주의도 퇴폐주의에 불과하고, 그의 감싸기 이론도 퇴폐주의에 불과하다. 『문학과 유토피아』도 퇴폐주의에 불과하고, 르네 지라르의 사유를 빌어서 '만인 대 일인의 싸움'이라는 주제비평적 접근 태도를 보여준 「증오와 폭력」—이 글은 르네 지라르의 사유만을 빌어오지 않았더라면 김현의 글 중에서 가장 뛰어난 글이 되었을는지도 모른다. 이러한 야심만만하고 도전적인 주제비평을 집대성할 수 있을 때, 한국문학비평은 비로소 세계적인 수준에 다가설 수가 있을 것이다. 아아, 이 망할 놈의 돌대가리들아!—도 퇴폐주의에 불과하다. 비평의 사적 개관이 없는 『프랑스 비평사』도 하나의 횡설수설에 불과하고, "한국문학 이론이 세계적인 수준"(『문예중앙』, 1988, 봄호)이라는 단언도 하나의 횡설수설에 불과하다. '4·19 세대', '65년 세대', '70년대 새 비평', 다시 '4·19 세대'로 왕복운동을 하고 있는 그의 '세대론적 전략'도 하나의 퇴폐주의에 불과하고, 유종호는 배제되고 최인훈, 황동규, 고은에게까지 소급, 적용되는 4·19 세대의 범주표도 하나의 퇴폐주의에 불과하다.

왜 김현은 외디프스콤플렉스를 의심해 보거나 프로이트의 성적 욕망을 극복하려고 노력해 보지도 않았을까? 왜 김현은 골드만이나 바슐라르를 극복하고, 롤랑 바르트, 마르쿠제, 아도르노 등을 극복해 보려고 노력해 보지도 않았을까? 4·19 세대, 혹은 5·16 세대가 무엇이고, 감싸기 이론이 무엇이고, 분석적 해체주의가 다 무엇이란 말인가? '본문이 없는 주석비평'에 대한 문학비 건립이 무엇이고, 16권짜리 호화 전집의 막대한 자원 낭비가 다 무엇이란 말인가? 어떻게 해서 그의 '분문이 없는 주석비평'이 '땀과 좃대의 비평'(조남현)으로 둔갑할 수가 있고, '불세출의 대형비평가'(김윤식), '독특한 이론 체계'(정과리)를 정립한 최고의 비평가로 둔갑할 수가 있단 말인가? 횡설수설이 횡설수설을 부르고, 외화내빈의 수사학이 외화내빈의 수사학을 부른다. 패배주의와 허무주의가 춤을 추고, 비극적 세계관이 춤을 추고, 동정과 연민의 사제들이 춤을 춘다. 쓸모 없는 문학이 퇴폐주의의 독버섯을 먹으며, 불모지대의 한국문학비평의 공간을 더욱더 풍요롭게 사막화시켜 나간다. 모든 문화적 영웅들이 들어설 자리도 없고, 어떠한 특권도 자라날 수가 없다. 패배주의, 허무주의, 동정, 연민, 골드만 류의 비극적 세계관, 기독교, 문학의 무용성, 야만적인 평준화에의 요구, 민주주의⋯⋯ 이 모든 것들이 사색하지 않는 민족들의 특징이며, 의지박약한 자들의 특징이기도 하다.

모든 시인이나 예술가들은 강자의 특권을 향유할 수 있기 위해 나선 사람들이지, 야만적인 평준화에의 요구로 무리를 지으려는 가축떼와도 같은 인간들이 아니다. 또한 그들은 과감한 가설을 통해서 '득죄의 수련'을 쌓아나가는 신성모독자이지, 체제수호의 성직자나 사제들이 아니다. 김현의 비평은 비록 섬세한 감수성과 박학다식을 자랑하긴 하지만, 단편적인 사유의 짜깁기에 불과하지, 다양성과 통일성을 자랑하는 체계적인 비평의 총체가 될 수는 없다. 그는 한번도 자기 자신의 비평방법론과 그 가설을 제시해본 적도 없고, 타인의 말과 타인의 사유에서 벗어나려고 노력해 보았던 흔적조차도 없다. 그의 비평은 모든 문학 이론을 수용하고 그에 못지않게 압도적인 비평문을 쓸 수 있는 장점을 갖고 있긴 하지만, 자기 자신의 장점을 힘에의 의지, 혹은 집중의 힘으로 집약시킬 수도 없었다. 집중의 힘이 없는 확산적인 글쓰기는 전체를 통해서 부분을 이해할 수도 없고, 부분을 통해서 전체를 재구성할 수도 없다. 그의 비평의 최대의 장점은 재기발랄한 경박함이고, 철학의 빈곤 아닌 철학의 부재에 있다고 해도 과언이 아니다. 지적 경쟁자가 없는 열악한 제3세계의 풍토병이 그를 우쭐대게 만들어 버리고, 때 이르게 죽어가게 했는지도 모른다.

그러나 퇴폐주의는 김현의 외부에 있지 않고, 그의 내부에 있다. 부패, 몰락, 쇠퇴의 원인도 그의 외부에 있지 않고, 그의 내부에 있다. 그는 그 인식론적 장애물에 갇혀서 자기 자신의 한계—황지우 시인이 말한 대로 100년 만에 한번 나올까 말까한 대형비평가(?)라는 엄청난 환상과 착각 속에서—도 알 수가 없었고, 비평가의 특권이 무엇인가를 알 수도 없었다. 비극이 무엇인지도 모르고, 문화적 영웅이 무엇을 뜻하는 것인지를 알 수도 없었다. 그러나 비평예술가란 사물에 이름을 부여할 줄 아는 가치창조자이며, 그의 첫 번째 임무도 자기 자신의 이론을 정립하는 것이며, 그의 마지막 임무도 자기 자신의 이론을 정립하는 것이다. 뉴턴의 역학 이론, 아인시타인의 상대성 이론, 루카치의 『소설의 이론』, 가스통 바슐라르의 『몽상의 시학』, 아도르노의 『미학 이론』, 니체의 『비극의 탄생』과도 같은 문학 이론서들이 나올 수 있을 때, 한국문학비평은 비로소 세계적인 시장에서 지적 소유권을 인정받을 수가 있을 것이다. 비평예술이란 아주 잔인한 힘에의 의지의 결과이지, 의지박약함의 결과가 아니다. 고급문화나 삶의 지혜 역시도 의지박약함의 결과가 아니고, 또한 복제가 가능한 어떤 것도 아니다. 고급문화나 삶의 지혜는 지적 소유권을 주장하지 않더라도 어떠한 복제도 가능하지가 않다. 타인의 말과 타인의 사유에 대한 노예적인 복종 태도로 이루어진 민족문학론이 무엇이고, 5·16 세대나 전두환 세대론(혹은 광주세대)이 다 무엇이란 말인가? 이제부터라도 한국문학비평은 잡다한 지식과 단편적인 사유의 총체인 문학평론집들을 대량 생산하지 말고, 아주 세련되고 정교한 문학 이론서에 도전하지 않으면 안 된다. 이미 나는 '득죄신화'라는 가설을 통해서 『행복의 깊이』라는 글—대단히 야심만만하고 도전적인 글—을 쓴 바가 있다.

한국문학 비평에 있어서 지난 시대의 우상의 황혼은 아름답지도 않고, 보기 좋은 것도 아니다. 그의 때 이른 죽음을 안타까워하는 것도 퇴폐주의 해당되고, 그의 죽음을 성화시키고 있는 것도 퇴폐주의에 해당된다.

3

　나는 대작가의 신화를 숭배하는 비평예술가이지, 대작가의 신화를 파괴하는 퇴폐주의자가 아니다. 나는 고통 속의 풍요와 쾌락을 통해서 우리 인간들의 삶의 질을 향상시키려는 비극의 주인공을 옹호하고 있는 비평예술가이지, 희극의 주인공으로서 종의 보존과 증진의 제1급의 힘을 거절하고 있는 유쾌한 퇴폐주의자가 아니다. 문학은 본질적으로 쓸모 있는 어떤 것이다. 우리는 문학을 통해서 꿈을 꿀 수가 있고, 모든 고급문화와 삶의 지혜―문학의 사회적 기능으로서의 종교적인 것과 교육적인 것, 그리고 축제적인 모든 것―를 향유할 수가 있게 된다. 종종 우리 인간들은 대작가의 신화와 비극의 주인공들의 업적에 기대어 긴급한 문제를 해결하고 있는데, 왜냐하면 그들의 삶의 지혜가 절망적인 위기에 맞설 수 있는 용기를 가져다 주고 있기 때문이다. 우리는 호머나 셰익스피어는 알아도 그 시대의 유명 정치인들이나 법률가들은 알지도 못한다. 또한 우리는 발자크나 괴테는 알아도 그 시대의 유명 정치인들이나 법률가들은 알지도 못한다. 셰익스피어가 확대하고 개척한 언어 체험의 영역은 대영국제국의 유산만도 아니고, 괴테가 확대하고 개척한 언어 체험의 영역은 게르만 민족의 유산만도 아니다. 언어 체험의 확대는 우리 인간들의 무한한 가능성의 확대이고, 언어 체험의 축소는 끊임없이 부패하고 몰락해 가고 있는 쇠퇴의 징표이다. 이것이 내가 가짜 우상의 신화에 반대하고, 문학의 무용성에 반대하는 근본적인 까닭인 것이다.
　그러나 대작가의 신화는 저절로 우연히 창조되지는 않는다. 또한 비극의 주인공 역시도 하나의 기적이나 이적異蹟처럼 형성되지는 않는다. 대작가의 신화는 신성모독 행위에 의해서 이루어진다는 것도 불변의 진리이고, 비극의 주인공의 운명도 신성모독 행위에 의해서 이루어진다는 것도 불변의 진리이다. 신성모독이 이루어지지 않고 모든 금기 체제들이 신성시된다면, 그 사회의 장래는 암담할 뿐만 아니라, 어떠한 희망조차도 꿈꿀 수가 없게 된다. 위대한 스승은 스스로 날아가지 못한 인간, 문학적 유산은 아버지에게서 조카에게로 간다는 금언마저도 잃어버린 비굴한 인간을 거절하고, 스승과 제자 사이를 떠나서 '아니다'와 '그렇지 않다'라는 말이 가능하지 못한 인간, 부분적 진실에 함몰되어 종합적인 시야를 잃어버리고 개 같은 학대를 감수하고 있는 인간을 자신의 제자로 삼지는 않는다. 또한 그 반대 방향에서 위대한 제자는 스스로 날 수 없는 스승을 섬기기는커녕, 이미 성화되어 더 이상 깎아내릴 것이 없는 스승의 권위에도 도전하고, 그의 최고의 문학적 유산을 거절함으로써 '그 스승에 그 제자'라는 미풍양속에 값하고자 한다. 이처럼 스승과 제자 사이의 관계는 항상 특이하고도 동등하지 않는 대결로 환원되지만, 스승과 제자 사이가 반드시 적대적인 대립 관계로 귀결되지는 않는다. 스승은 스승답게 자신에게 도전해 오는 제자를 더욱더 마음 속 깊이 사랑하고, 제자는 제자답게 자신의 도전에 의연하고 당당하게 대처하는 스승의 덕망과 학문적 깊이를 더욱더 존경하게 된다. 인류의 역사, 모든 문화의 역사는 이러한 도전과 응전의 역사로 점철되어 왔다고 하지 않을 수가 없다.

　정과리의 문학비평은 '못난 스승과 못난 제자'의 이름에 값하지, 최고급의 격세유전은커녕, 그 어떤 것에도 값하지 못한다. 그의 문학비평은 명예와 명성에 값하고 있는 것도 아니고, 비굴한 굴종을 감내하는 문학비평에 가깝다. 왜냐하면 명예와 명성은 어떠한 문학적 유산도 거절하지만, 비굴한 굴종은 그것을 거절하지 못하고 있기 때문이다. 그는 비평하기보다는 기꺼이 찬양하는 하이에나 비평의 첫 번째 형태이며, 독창적이고 개성적인 삶을 산다기보다는 한없이 스승의 문학비평을 추종하면서, 매우 즐거워하는 제자의 최종적인 형태이다. 그는 비평예술의 언어를 가치판단에 두지 않고, 동네 사랑방의 한담과 덕담, 그리고 특정 집단의 은어와 차이표시기호로 사용하고 있는 것인지도 모른다. 그는 선악의 의미를 떠나서 '아니다'와 '그렇지 않다'로 무장되어 있지도 못하고, 높은 곳에서 낮은 곳을 내려다 보거나 낮은 곳에서 고산 영봉들을 올려다 보지도 못한다. 그는 홀로서기와 강자의 특권이 무엇인지도 모르고, 소위 4·19 세대의 개 같은 학대―"권위적이고 독재적이라는 점에서 박정희적인 유신세대"(김현, 『행복한 책읽기』)라는 말이 그것이고, "세칭 유신 세대인 나는"(정과리, 「특이한 생존. 한국비평의 현상학」, 『문학과사회』, 1994, 봄호)이라는 말이 그것이다―를 기꺼이 감수하는 못난 제자이기도 하다.

   그의 글, 「기억의 저편」(『문학과사회』, 1993, 겨울호)도 퇴폐주의의 소산에 불과하고, 「김현문학의 밑자리」(『문학과사회』, 1990, 겨울호)나 「특이한 생존. 한국비평의 현상학」도 퇴폐주의의 소산에 불과하다. 비평가는 「기억의 저편」이라는 글에서, 80년대의 시적 경향―인간학적이고 실체주의적인 움직임들―과 비교하여 90년대의 젊은 시인들의 시적 경향―"인간학적 의미망의 거부"와 "실체주의의 거부"의 움직임들―을 살펴보고는 있지만, 그가 대비시킨 '순수기억'과 '기억의 부재'는 일종의 형용모순이라고 하지 않을 수가 없다. 문학비평에 있어서 새로운 용어나 개념의 사용은 얼마든지 가능하지만, 그것이 곧바로 그 적정성을 보장해 주는 것은 아니다. 왜냐하면 그가 사용하고 있는 기억이라는 용어는 그 용어에 걸맞는 엄격한 검증 과정도 없기 때문이고, 그것에 상반되는 용어들과의 관계나 수평적인 차원에서 다른 용어들과의 관계도 전혀 고려되지 않고 있기 때문이다. "과거이며 동시에 미래로서 존재하는 것, 그것의 존재 양식은 무엇인가? 그것은 기억일 수밖에 없다"(1292면). 하지만 과거이면서도 동시에 미래로서 존재하는 것은 하나의 이상이나 꿈이지, 기억이 될 수가 없다. 우리는 미래를 기억하지 않고, 상상하거나 꿈을 꾼다. 또한 우리는 천지창조 신화나 우리 인간들의 집단무의식을 추억을 통해서 상상하지, 기억을 통해서 상상하지는 않는다. 이때에 상상력을 가능케 하는 것은 기억이 아니라 꿈(혹은 이상)이라는 사실은 두말할 필요조차도 없을 것이다.

바슐라르의 말을 빌리면, 기억이란 심리적 콤플렉스, 혹은 사건이나 외상과의 관계가 있지, 천지창조의 신화나 집단무의식과는 관계가 없다. 천지창조의 신화나 집단무의식은 구체적인 사건도 아니며, 정확한 날짜와 때와 장소가 검증될 필요조차도 없다. 그것은 기억이 아니라 추억이라는 용어에 더 어울리기 때문이다. 그는 이상과 꿈에 해당되는 용어를 기억이라는 용어로 사용하는 오류를 범하고, 추억과 기억의 범주를 구분하지도 못하는 오류를 범한다. 어떻게 이상이나 꿈이 기억이라는 용어로 설명될 수가 있고, 어떻게 우리 인간들의 천지창조 신화나 집단무의식이 기억에 종속될 수가 있단 말인가? 또한 그는 기억과 상반되는 용어를 전혀 고려하지도 못하는 오류를 범하고 있다. 기억은 이성과 합리성과 역사주의에 더 적합한 용어이지만, 망각은 비이성, 비합리성, 비역사주의에 더 어울리는 용어이다. 우리 인간들의 삶에는 이성, 합리성, 역사주의가 필요한 것과 마찬가지로, 비이성, 비합리성, 비역사주의도 다같이 필요하다. 좀 더 자세하게 말한다면, 우리는 기억이 없이는 살 수가 있지만, 망각 없이 사는 것은 가능하지가 않다. 그가 망각을 배제하고 기억만을 강조하고 있다는 것은 역사와 이성의 광기에 빠져 있다는 것을 역으로 반증해 주기도 한다. 비평가의 「기억의 저편」은 30여 권의 시집들과 수많은 시들이 인용되고 분석되고 있지만,

그의 앙상한 논리만이 드러날 뿐 텍스트의 풍요로운 육체성은 그 어디에서도 찾아볼 수가 없다. 시를 읽는 자의 즐거움도 없고, 삶에 대한 즐거움도 있을 수가 없다. 넋의 울림이나 살아 있는 영혼의 반향은커녕, 최소한도의 공감하려는 의식조차도 없는 것이다. 비록, 20세기 말이 주체의 위기, 인쇄매체의 쇠퇴, 저자의 죽음, 마르크시즘과 휴머니즘의 몰락 등으로 설명되고 있긴 하지만, 비평예술이란 그 대상과의 영적, 육적 교감의 징표가 되어야 하는 것이지, 그 자신의 논리만이 드러나는 하이에나 비평이 될 수는 없는 것이다. 오늘도 그 하이에나 비평가가 수많은 시체들을 물어뜯고, 그 시체들을 더욱더 탐식하기 위해서 음산하고 불길한 울음 소리로 울어대고 있는 것인지도 모른다.

그 하이에나—유신 세대 비평가는 5·16 세대 앞에서 개 같은 학대를 감수하는 비평가이며, 가치판단하기보다는 기꺼이 찬양하는 괴이한 동물의 첫 번째 형태이다. 그는 그 가짜 우상의 신전 앞에서,

> 그의 비평이 사일구에 연원을 두고 있다는 것은 의심할 여지가 없으나, 사일구 세대의 비평도 그의 비평도 한없이 다채롭기만 하다. 사일구 세대 비평가들에게서 거의 공통적으로 드러나는 인간주의적 이념, 문학의 자율성에 대한 믿음과 삶의 주체성을 향한 열망, 문학과 사회의 대결 의지, 실제비평으로부터 출발하기, 집약된 일관성에 대한 선호 등은 그 무한한 다수성 속의 아주 작은 공분모이거나, 혹은 거꾸로 그것들의 연관의 결과이지, 전체도 전제도 아니다. 김현의 비평이 사일구 세대의 비평의 이룸에 가담하는 것이지, 사일구가 김현 비평을 결정하는 것이 아니다.
> ―「김현문학의 밑자리」, 1372면

라고, 4·19 세대 비평의 다채로움을 찬양하기도 하고, 그 놀라움에 덧붙여서,

> 그는 문학의 자율성만을 주장한 것만이 아니었다. 그는 문학의 생성과 전개, 그것의 구조와 기능, 세계내 좌표를 추적하고 탐사하였고, 그 결과를 독특한 이론 체계로 만들어내었다. 그는 문학의 전부면을 체계적으로 재구성한 몇 안 되는 비평가 중의 하나였다. 마치 모두가 이성을 실천하였지만, 그것을 기치와 추구의 차원으로부터 과학의 차원으로 바꾼 계몽주의자가 몽테스키외와 비코를 제외하면, 없었던 것과 마찬가지로
> ― 위 책, 1380면

라고, 마치, 김현이 세계적인 제1급의 비평가라도 되는 것처럼 성화시키기도 한다.

하지만 정과리는 그 신전의 건축 양식과 재료와 서구 문화권과의 영향 관계는 따져보지도 않는 우愚를 범하고 있는 것처럼 보인다. 그는 "숨을 잘 쉬는 것을 어떻게 포기할 수 있는가"(1386면)라는 말이 가스통 바슐라르의 말인지도 모르고, "문학의 자율성"이나 "문학과 사회"에 대한 김현의 경사가 아도르노나 골드만의 베끼기에 지나지 않는다는 사실도 모르고 "김현문학의 밑자리"가 프로이트의 외디프스콤플렉스로 침윤되어 있다는 사실은 알지도 못한다. 내가 알고 있기로는 김현의 바슐라르에 대한 경사는 김춘수, 송욱, 박상륭, 이청준론 등을 비롯하여 '공감의 비평'으로 나타나고, 그의 골드만이나 아도르노에 대한 경사는 『한국문학의 위상』에 이어서 '구조주의 비평'으로 나타나며, 그의 프로이트에 대한 경사는 이인성, 신대철, 김원일, 최인훈론 등을 비롯하여 '정신분석비평'으로 나타나고 있다고 해도 과언이 아니다. 그 영향과 모방 관계는 대

등한 것도 아니고, 모양이 좋은 것도 아니다. 김현이 바슐라르를 참답게 비판하거나 극복해낸 흔적은 그 어디에도 없고, 골드만, 아도르노, 프로이트를 참답게 비판하거나 극복해낸 흔적은 그 어디에도 없다. 여기저기서 제멋대로 베껴먹고 요약해 놓음으로써 공감의 비평이 되고, 구조주의 비평이 되는 것이 김현의 학자적 양심이고, 대형비평가로서의 그의 공적인 것이다.

  무엇이 "사일구 세대 비평"의 "다채로운 모습"이며, 김현이 어떻게 "문학의 전부면을 체계적으로 재구성한 몇 안되는 비평가 중의 하나"이란 말인가? 왜 정과리는 김현을 세계적인 제1급의 비평가들과 비교하고, 김현의 문학비평의 상대적 우위성을 입증해 주지 못하는 불충을 범하고 있는 것일까? "머리도 플라톤, 꼬리도 플라톤"이라는 말도 있다. 정과리가 찬양하고 성화시킨 신전은 서양이라는 타자의 신전이지, 한국문학비평의 신전이 아니다. 정과리의 4·19 세대에 대한 찬양도 동네 사랑방의 한담에 불과하고, 김현의 이론 체계에 대한 찬양도 동네 사랑방의 한담에 불과하다. 그러니까 그는 김현의 문학 이론이 어떠한 가설을 통해서 실제비평에 적용되고 정립되었는가를 따져보지 않고 있는 것이며, 세계적인 제1급의 비평가들과의 비교 우위성을 입증하지 않고 있는 것이다. 하지만, 그것이 제일 고약한 것은 공정하고 객관적이어야 할 문학비평의 장을 특정 집단의 은어와 차이표시기호의 수준으로 전락시키면서, 상호간의 공감대와 의사 소통의 출구를 단절시키고 있다는 사실이다. 김현의 최소한의 공적마저도 하나의 악덕으로 작용하는 순간이라고 하지 않을 수가 없다.

  이제부터라도 한국문학비평은 세대론적 관점에서 50년대, 60년대, 70년대, 80년대, 90년대 문학비평 등을 따져볼 것이 아니라, 좀 더 생산적인 관점에서 그 작업을 진전시키지 않으면 안 된다. 그 생산적인 관점이란, 첫째, 좀 더 '새것 콤플렉스'와 철저하게 싸워야 할 것을 뜻하고, 둘째, 하나의 주제와 가설을 통하여 실제 작품들을 분석하고, 자기 자신만의 독창적인 이론을 정립하는 것을 뜻한다. 한국문학비평은 퇴폐주의적인 관점에서 '새것 콤플렉스'가 없다고 자부—그 대표적인 예가 김병익의 「90년대의 젊은 비평의 새로운 양상」(『문학과사회』, 1993, 겨울호)과 정과리의 「특이한 생존, 한국비평의 현상학」 등이다—하기보다는 그 이론적 후진성과 한계를 자각할 때만이 단편적인 사유의 집적이 아닌, 체계적인 문학비평의 혁명을 주도해낼 수가 있을 것이다. 새것 콤플렉스와 더욱더 철저하게 싸워야 할 때, 새것 콤플렉스가 없다고 말하는 것은 하나의 퇴폐주의에 불과하지, 건전한 낙천주의(혹은 불쾌한 퇴폐주의)가 될 수가 없다. 더욱이 독창적인 문학비평의 방법론이나 그 이론을 정립해야 할 때, 이미 그 이론을 정립하고 있는 것처럼 선언하는 것도 하나의 퇴폐주의에 불과하지, 건전한 낙천주의가 될 수가 없다. 근대문학 비평이나 5·16 세대의 비평도 단편적인 사유의 집적에 지나지 않고, 아무런 사용가치도 없는 쓰레기 더미의 산물에 지나지 않는다. 한국문학비평의 수많은 평론집들과 『소설의 이론』, 『시와 깊이』, 『소설 사회학을 위하여』, 『몽상의 시학』, 『미학 이론』, 『비극의 탄생』 등과 비교해 보고, 김현을 비롯한 외국문학자들의 단편적인 사유와 레이먼 셀던의 『현대문학이론』, E, 라이트의 『정신분석비평』, 빅토르 어얼리치의 『러시아 형식주의』 등의 체계적인 이론 연구서와 비교해 보라! 그 차이는 하늘과 땅 차이보다도 더 크다(감히, 말하건대, 이 차이를 보지 못하는 비평가는 문학비평을 할 자격이 없다).

 정과리의 문학비평은 모든 텍스트를 다 잡아먹는 하이에나 비평이면서도 동시에, 김현의 문학비평, 혹은 5·16 세대의 비평 앞에서는 멋진 겉치레 비평으로 도약하는 이적의 순간을 맞이하고 있는 것인지도 모른다. 그러나 그 순간은 한국문학비평의 암적인 종양이 자라나오는 순간이지, 멋진 신세계의 여명이 밝아오는 순간이 될 수가 없다. 한국문학 비평의 이론적 혈로는 특정 집단이 자기 집단의 이익을 한국비평의 목표인 것처럼 위장하는 순간에 뚫리지는 않고, 자기 집단의 이익이 얼마나 교활하고 계산된 몽환극이라는 사실을 반성하는 순간에 뚫릴지도 모른다. 좀 더 구체적으로 말하자면, 김현의 문학비평과 세계적인 제1급의 문학비평과 비교하고, 그 차이점과 미숙성을 객관적으로 드러내 놓는 일이며, 김현을 비롯한 세 김씨의 한계를 정확하게 드러내 놓는 일이다. 왜 그들은 자신들의 문학비평을 이론적으로 정치하게 무장시키지 못했는가? 왜 그들은 타인의 말과 타인의 사유만을 베껴먹고 자신들의 사유를 진전시키지 못했는가? 한국문학 비평의 이론적 혈로는 어떻게 뚫어야 하며, 세계적인 제1급의 비평가들과 비교할 때 우리들의 과제는 무엇인가?

나는 이러한 질문들에 대한 답변을 단 한마디로 압축시켜 보고자 한다. 한국문학비평의 후진성은 철학의 빈곤이 아닌 철학의 부재에 있다고…… 철학이 없는 문학 예술이나 학문은 진정한 의미에서 문학, 예술, 학문이라고 할 수가 없는데, 왜냐하면 그것들에 대한 체계적인 연구 방법이나 그 가설을 설정하고 정교하게 이론화시킬 수가 없기 때문이다. 철학은 모든 문학, 예술, 학문의 기초이며, 그 주체자의 사유의 진폭을 넓혀주고 새로운 사유를 가능케 해준다. 한국문학비평의 후진성은 문학작품을 이론적인 측면에서만 접근하지, 그 이론의 전거가 되고 있는 철학은 알지도 못한다. 김현이나 세 김씨의 한계도 거기에 있고, 정과리나 젊은 비평가들의 한계도 거기에 있다. 정과리의 '특이한 생존'은 차라리 '괴이한 생존'에 더 가깝다고 할 수가 있다. 나는 그가 강조하고 있는 한국비평의 다양성을 인정할 수도 없고, 그가 옹호하고 있는 젊은 비평가들―권성우의 민족문학이라는 죽어버린 시체에 기대선 선정적인 하이에나 비평, 우찬제의 "욕망의 기호들의 분열학"(『문학과 사회…』, 1994, 봄호), 이광호의 "대상과 관점이 충돌하는 자리"(위 책)―에게 어떠한 기대도 걸고 싶지가 않다. 철학의 빈곤, 주제의 빈곤, 도대체가 과감한 가설이나 도전적인 관점이라고는 전혀 없는 그들의 문학비평에 어떠한 기대를 걸 수가 있단 말인가? 그들은, 모조리 '아니다'와 '그렇지 않다'가 가능하지 않고, 개 같은 학대를 감수하고 있는 비평가들일 뿐이다. 니체도 철학자이자 제1급의 비평가였고, 마르크스도 철학자이자 제1급의 비평가였다. 골드만도 철학자이자 제1급의 비평가였고, 프로이트도 정신분석학자이자 제1급의 비평가였다. 바슐라르나 루카치도 마찬가지이고, 아도르노나 마르쿠제도 마찬가지이다.

피라밋의 꼭지점은 우주로 통하게 되어 있고, 학문과 학문 간의 경계도 있을 수가 없다. 한국문학 비평에 있어서 퇴폐주의는 끝이 없고, 나날이 불길한 흉조의 위업만을 더해가고 있을 뿐이다.

> 문학비평은 문학비평이 문학비평으로 남을 수 있게 싸워야 한다. 그 싸움과 동시에 문학비평은 문학비평이 정말 할 수 있는 것은 무엇인가, 문학비평이란 무엇인가라는 자신에 대한 질문과도 싸워야 한다. 80년대에 문학비평은 무엇일 수 있을까. 80년대의 앞자리에 나는 그 질문을 나에게 되풀이하여 던진다.
> ― 김현, 『문학과 유토피아』, 356면

왜 김병익, 정과리, 권성우 등은 김현의 이 글을 되풀이 인용하기를 좋아하고, 문학비평가로서의 최소한도의 자존심마저도 지키지 못하고 있는 것일까? "문학비평이란 무엇인가"라는 질문이 마치 절대적인 어떤 질문이라도 된다는 것일까? 한국문학비평은 진보하고 있다기보다는 끊임없이 퇴보하고 있다. 가짜 우상의 신화에 파묻혀서 피상적인 질문에 불과한 것을 경전화시키고, 모든 잡지, 언론기관, 출판사의 편집자들까지도 검열기관의 하수인의 노릇을 하고 있는 것인지도 모른다. 김현을 성화시키고, 퀘스천 마크를 성화시키는 퇴폐주의자들, 비굴한 굴종과 개 같은 학대를 기꺼이 감수하고 있는 인간들, 명예와 명성이 무엇인지도 모르고, 눈 앞의 이익을 위해 한국문학비평을 퇴보시키고 있는 인간들, 강자의 특권이 무엇인지도 모르고, 스스로 날 수도 없는 의지박약한 인간들…… 하지만 특정인을 비호하려고 중상모략하고 비방하고 모든 권모술수를 다 동원하는 세기말적인 퇴폐주의자들이여, 김현의 글에서처럼, 문학비평이란 무엇인가라는 유치한 질문을 통해서 문학비평을 설명할 수는 없는 것이다.

 문학비평은 삶을 향유할 수 있는 힘이며, 아주 잔인한 힘에의 의지이다. 정과리는 하이에나 비평의 첫 번째 형태이며, 비평하기보다는 기꺼이 찬양하는 못난 제자의 최종적인 형태이다.

 퇴폐주의를 어떻게 할 것인가? 나는 가짜 우상의 황혼을 맞이하여, 의연하고 당당하게 나의 길을 걸어나갈 것이다.

 능지처참을 당하고, 온몸이 갈갈이 찢겨지는 수난을 당하더라도, 나와 나 자신을 위하고, 한국문학비평을 위해서라도……

  비평예술이란 세계―텍스트를 분석하고 해석하는 제1급의 힘이며, 대대로 전승되어야 할 최고급의 놀이문화인 것이다. (……)자기 이론이 없는 비평가는 문학작품의 시녀이지, 진정한 비평예술가가 될 수는 없다. 또한 자기 이론이 없는 비평가는 타인의 말과 타인의 사유에 종속되어 있는 노예이지, 그 무엇보다도 자유로운 비평예술가가 될 수는 없다. 비평예술가의 첫 번째 임무는 자기 자신의 놀이문화를 양식화시키는 것이며, 비평예술가의 마지막 임무도 자기 자신의 놀이문화를 양식화시키는 것이다. 모든 비평예술가들은 수많은 가설과 함께 실제 텍스트 속으로 들어가 그 텍스트들을 분석하고, 마침내는 자기 자신만의 독창적인 이론을 정립해 내지 않으면 안 된다.(……)

한국문학비평은 이제부터라도 'ism'을 생산하고 그것의 유효성을 따져 볼 수 있는 차원으로 그 작업을 진전시키지 않으면 안 된다. 'ism'이야말로 모든 인류의 지혜가 압축될 수 있는 저장소이며, 어떠한 비난이나 비판에도 살아남을 수 있는 최고급의 격세유전, 혹은 놀이문화라고 하지 않을 수가 없는 것이다. 실존주의, 마르크스주의, 구조주의의 경우에서처럼, 'ism'을 주체적으로 생산하고 논의할 수 있는 민족만이 힘에 의지하고 있는 민족이며, 그렇지 못한 민족은 소멸해 가는 민족에 지나지 않는다. 한국문학 비평에 있어서 무엇보다도 제일 화급火急하고 도전적인 과제는 타자의 베끼기에 불과한 주석비평을 극복하고, 세계적인 수준에서 'ism'을 강제할 수 있는 주체적인 비평예술을 정립하는 일인 것이다.

─ 반경환, 『행복의 깊이』에서

지상 공개: 원고청탁서

수신 :

유종호 : 서울대 영문과 졸업, 뉴욕 주립대 석사, 서강대학교 영문학 박사(영문), 전『세계의 문학』편집위원, 연세대 석좌교수.

김우창 : 서울대 영문과 졸업, 미국 하버드대 영문학 박사, 전『세계의 문학』편집위원, 고려대 교수.

백낙청 : 미국 브라운대 졸업, 미국 하버드대 영문학 박사,『창작과비평』편집위원, 서울대 교수.

김치수, 서울대 불문과 졸업, 프랑스 프로방스대 박사,『문학과지성』편집위원, 이화여대 교수.

김주연, 서울대 독문과 졸업, 독문학 박사,『문학과지성』편집위원, 숙명여대 교수.

황동규 : 서울대 영문과 졸업, 에딘버러대 대학원, 시인, 서울대 영문과 교수.

이성복 : 서울대 불문과 졸업, 불문학 박사, 시인, 계명대 교수.

이인성 : 서울대 불문과 졸업, 불문학 박사, 소설가, 서울대 교수.

정과리 : 서울대 불문과 졸업, 불문학 박사, 『문학과사회』 편집위원, 충남대 교수.

김정란 : 한국 외국어대 졸업, 프랑스 그르노블대 불문학 박사, 『작가세계』, 『문예중앙』, 『현대시』 편집위원, 상지대 교수.

김진석 : 서울대 철학과 중퇴, 독일 하이델베르크대 철학 박사, 전 『문학과사회』 편집위원, 인하대 교수.

내용 :

흔히들 교육은 백년대계라고 말합니다만, 그 말을 좀 더 극단적으로 밀고 나간다면, 모든 교육은 '이민족의 백만 두뇌를 무력화시키기 위한 교육'이라는 말이 더욱더 절실하게 가슴에 와 닿고 있는 것 같습니다. 고전주의, 낭만주의, 현실주의, 초현실주의, 공산주의, 실존주의, 허무주의, 구조주의, 탈구조주의는 최고급의 지혜의 저장소인데, 그러나 지극히 애석하게도 그러한 사상들은 우리 한국인들과는 아무런 상관도 없는 것 같습니다. 또한 비행기, 자동차, 고속전철, 항공모함, 컴퓨터, 인공위성, 비아그라, 쥬라기 공원 등과도 같은 산업 부문에서 어느 것 하나 우리 한국인들이 세계 시장을 석권하고 있다는 소식은 전혀 들려오고 있지 않습니다. 따라서 이러한 앎의 투쟁에서의 패배는 너무나도 가슴이 아프고, 우리 한국인들의 미래를 더욱더 어둡고 암담하게 만들고 있다고 하지 않을 수가 없습니다. 그 결과, 지난 번 서울대학교 총장 후보들이 '우리가 영재들을 불러 모아서 바보로 만들었다'라는 탄식의 목소리가 들려오는 듯도 했습니다만, 이기준 총장이 선출된 이후로, 이내 그 탄식의 목소리는 잠잠해지고, 오히려, 거꾸로 대한민국의 최고의 문학잡지인 『문학과사회』는 어떠한 교육 개혁도 반대한다라는 '반 교육 개혁의 특집'을 마련해 놓은 바가 있었습니다. 그들의 말을 빌면, '권력은 유죄'이고 '학자는 무죄'인데, 왜냐하면 권력자들이 돈을 몇 푼씩 안겨주며 우리 학자들을 길들여 왔기 때문이라는 것입니다. 또한 한국 사회에서는 어떠한 교육 개혁도 유효하지 않은데, 왜냐하면 교육 개혁의 주체는 없고 교육 개혁의 대상만이 있기 때문이라는 것입니다. 따라서, 교육 개혁을 바라는 우리 국민들의 열화같은 성원이 있는 한, 언젠가, 어느 때는 진정한 교육 개혁이 이루어질 것이라고 그들은 결론을 맺고 있었습니다(『문학과사회』, 1998, 겨울호 참조). 우리는 이 '반 교육 개혁주의자들'의 목소리가 너무나도 엄청나게 크고 당당한데 놀라지 않을 수가 없었으며, 수십 년씩, 수백 년씩, 뒤처져 있는 교육 제도에만 안주하고 있는 그들의 그릇된 사고 방식을 지적하지 않을 수가 없었습니다. 첫째, 그들은 이제부터라도 하루에 열 시간씩, 열두 시간씩 공부를 하여 마르크스, 프로이트, 니체, 쇼펜하우어와도 같은 세계적인 석학들을 배출해 내자는 목표가 없었고, 둘째, 박정희, 전두환, 노태우, 김영삼 전 대통령이 비록, 大權을 잡기는 했지만, 그들이 결코 교육 제도를 만들지 못하고 우리 학자들이 교육 제도를 만들었다는 사실에 대한 반성이 없었고, 셋째, 문화선진국에서는 그 유례를 찾아볼 수가 없는 동교 출신 우대의 폐해—서울대, 고려대, 연세대 등, 대부분의 명문대학교들이 동교 출신의 학자들로 구성되어 있는 것을 보면, 우리 학자들은 모두가 '근친상간주의자들'인지도 모릅니다—에 대한 반성이 없었고, 넷째, 국립대학교에서는 외국인 교수 채용이 불법으로 되어 있는 것과 '학문 중의 학문인 철학'을 중, 고등학교에서 가르치자는 교과 과정의 개혁의 목소리가 전혀 없었던 것이었습니다. 세계에서 가장 공부를 안 하고 놀기를 더욱더 좋아하는 우리 학자님들, 수많은 권모술수와 음모로 철두철미하게 아첨꾼(애제자)들만을 생산해 내고, 우리 한국인들의 혈세만을 축내고 있는 우리 학자님들, 무목표, 무의지, 무책임으로 일관하면서도 문화선진국의 교육 제도의 장점은 전혀 알지 못하게 하고, 그들의 사상과 이론만을 무차별적으로 베껴먹고 있는 우리 학자님들, 1억 원이 넘는 거액의 연구비를 받고 타인의 글을 베껴내도 그 학자를 파면하자거나 사법처리하자고는 죽어도 말하지 않고 있는 우리 학자님들, 니체, 마르크스, 프로이트, 쇼펜하우어와도 같은 대 사상가들은 하늘이 무너져 내려도 나오지 못하게 하고, 문화적 식민주의자들의 입맛에 따라 우리 한국인들의 백만 두뇌를 철두철미하게 무력화시켜 놓고 있는 우리 학자님들—, 존경하는 유종호, 김우창, 백낙청, 김치수, 김주연, 황동규, 이성복, 이인성, 정과리, 김정란, 김진석 선생님—, 과연, 우리 한국인들 중에서 세계적인 대 사상가들이 나오고, 우리 한국인들이 진정으로 '사상가의 민족'이라고 불릴 수 있는 날이 올 수가 있는 것일까요? 서울대학교가 세계에서 900등씩이나 하는 삼류대학교가 된 것도 따지고 보면 이러한 '반교육개혁주의자들'이 전혀 공부는 하지 않고, 오직, 대학 제도를 권력투쟁의 장으로만 삼아왔기 때문일는지도 모릅니다.

그러나 선생님들은 대한민국에서는 보기 드물게 해외 유학을 다녀오셨거나 모두가 세계에서 둘째가라면 서러운 명문대학교에서 학위를 받으신 분들인 줄로 알고 있습니다. 주지하다시피, 스물 일곱 살의 니체가 『비극의 탄생』을 써서 세계의 사상을 석권했고, 30대 초반의 미셸 푸코가 그의 박사 학위 논문인 『광기의 역사』를 써서 세계의 사상을 석권한 바가 있습니다. 『의지와 표상으로서의 세계』의 쇼펜하우어, 『차이와 반복』의 들뢰즈, 『소설의 이론』의 루카치, 발생론적 구조주의자인 골드만, 『몽상의 시학』의 저자인 바슐라르 등, 모든 세계적인 제일급의 학자들이 다 마찬가지라고 할 수가 있습니다.

우리는 그들 중에서, 스물 일곱 살의 청년에 불과했던 니체의 『비극의 탄생』을 간단히 소개해 보고자 합니다. 니체는 철학의 관점에서 예술을 이해하고 예술의 관점에서 철학을 이해했던 학자이기도 했습니다. 그는 철학자의 경직된 논리와 사유 체계를 극복하기 위하여 호머, 소포클레스, 아이스퀼로스, 에우리피데스, 셰익스피어, 괴테, 바그너, 도스트엡프스키의 문학 작품을 구체적인 전거로 삼아, 모든 것을 알기 쉽게 설명했고, 또한 예술가들의 감성에 치우친 논리적 약점을 보완하기 위하여, 소크라테스, 플라톤, 아리스토텔레스, 칸트, 헤겔, 쇼펜하우어, 또 몇몇의 위대했던 소피스트들의 사상을 받아들여 잠언적이고도 경구적인 문체를 개발하고, 모든 가치관들을 날카로운 펜싱용 칼처럼 베어버리는 놀라운 비판 정신을 보여주기도 했습니다. 그의 스승인 리츨 교수는 니체를 "딱딱한 고전문헌학의 논문을 불란서 소설처럼 쉽고 재미 있게 쓴다"라고 극찬을 하고, 이제, 겨우 24살 짜리의 청년을 스위스 바젤대학교 교수로 취임할 수 있도록 천거를 해주기도 했습니다. 니체의 『비극의 탄생』은 어떠한 박사 학위의 논문도 쓴 일이 없는 그에게 박사 학위를 수여해준 스승의 파격성을 의식하고, 그가 스물 일곱 살 때 쓴, 최초의 저서이기도 했습니다. 그는 『비극의 탄생』에서 하루바삐 그리스 문학과 그리스 신화를 수용하여 위대한 독일의 민족 신화를 창조하자고 역설하는 한편, 기존의 서정 시인과 서사 시인이라는 두 유형을 전복시키고 새로운 두 유형의 비극 시인들의 상을 정립하게 됩니다. 아폴로 유형(서사 시인)과 디오니소스 유형(서정 시인)이 바로 그것입니다. 기존의 서사 시인들이 장중하고 웅장한 문체로 그리스의 『일리어드』, 『오딧세우스』, 수메르의 『길가메쉬』, 이스라엘의 『출애굽기』, 프랑스의 『롤랑의 노래』에서처럼, 위대한 민족의 영웅을 노래했다면, 기존의 서정 시인은 주관적인 개인의 감정을 통해서 우리 인간들의 정서를 아름답게 노래했다고도 할 수가 있습니다. 하지만 아폴로 유형의 서사 시인들은 아름다운 꿈과 가상의 세계를 추구하며, 언제나 과도함과 지나침을 배격하고 엄격한 자기 절제를 요구했다고 할 수가 있으며, 디오니소스 유형의 서정 시인들은 '자아를 망각한 존재의 무근거 상태'로서 죄를 짓고 죄악을 정당화할 수 있는 황홀한 도취의 세계를 노래했다고 할 수가 있습니다. 아폴로 유형의 시인들은 사회 역사적인 현실을 외면하고 자기 구원이라는 소승적 세계에 머무르는 반면, 디오니소스 유형의 시인들은 오딧세우스나 프로메테우스나 외디프스처럼, 고통에 고통을 가중시켜 나가면서 그가 속한 사회와 인류를 구원할 수 있는 대승적인 세계—위대한 비극의 주인공들의 삶—를 노래하게 되었다는 것이 니체의 주장이기도 했습니다. 이 얼마나 대담하고 야심만만한 관점이며, 놀라운 통찰력이 아닐 수가 있겠습니까? 뿐만 아니라, 니체는 '음악으로부터 비극이 탄생했다'라는 전제 아래, 비극의 역사 철학적인 개념과 그 기원을 정립하고, 비극의 무대에서 합창단을 소외시키고 대사 중심의 드라마를 연출해냈다는 이유로 '소크라테스의 문화'를 어느 누구보다도 날카롭고 예리하게 비판을 하고 있었던 것입니다. 따라서, 니체는 그리스 문학과 그리스 신화의 위대성을 고찰하는 한편, 베토벤에서 바하로, 바하에서 바그너로 이어지는 독일의 음악 정신을 토대로 하여, 소크라테스 이후, 이미, 사멸해 버린 비극 예술을 하루바삐 다시 부활시켜 보자고 다음과 같이 아름다운 글로 역설하고 있습니다.

나무를 치명적으로 손상시키지 않고서도 타국의 신화라는 나무를 성공적으로 이식移植해 낸다는 것은 불가능하다. 그 나무는 아마도 한 때, 외국적 요소를 무시무시한 싸움에 의하여 떨구어버릴 정도의 힘과 건강을 가지고 있었을 것이다. 그러나 이식된 나무는 대개 쇠약해 지고 위축되거나 순간적으로 무성하기도 하다가 이내 죽어버리고 만다. 우리는 독일 본질의 강력하고 순수한 핵심을 높이 평가하여 우리가 바로 그것에 의하여 강력하게 뿌리내린 외국적 요소의 제거 작업을 해낼 수 있기를 기대하며 독일 정신이 자각적으로 자기 자신에게 복귀하는 것이 가능하다고 간주하게 되는 것이다. 아마도 독일 정신이 라틴적인 것을 배제함으로써 그 투쟁을 시작해야 한다고 많은 사람들은 생각할 것이다. 그것을 위한 외적인 준비와 격려는 이번 전쟁에서 보여준 무적의 용기와 피에 물든 영광 속에서 충분히 볼 수 있을 것이다. 그러나 내적인 필연성은, 이 길에 있어서의 선구적인 숭고한 투사들, 예컨대 루터 및 우리의 위대한 예술가와 시인들, 이들에게 동등하고자 하는 경쟁심 속에서 찾아져야 한다. 그러나 독일 정신은 그런 투쟁을 자기의 수호신 없이, 자기의 신화적 고향 없이, 모든 독일적인 사물의 '부흥' 없이 해낼 수 있다고는 믿지 않을 것이다. 그러므로 독일인이 고향에 돌아갈 길을 몰라 두려워하며, 자기를 오래 전에 잃어버린 고향으로 되돌려 보내줄 인도자를 찾기 위하여 두리번거린다면, 그는 단지 디오니소스의 새가 환희에 차서 유혹적으로 부르는 소리에 귀 기울이기만 하면 된다. 그 새는 그의 머리 위에서 선회하면서 그에게 가는 길을 가르쳐 주고자 할 것이다.

— 니체, 『비극의 탄생』, 청하, 142면

니체는 『비극의 탄생』을 쓸 당시에는 이처럼 민족주의자(반 프랑스와 반 유태주의자)에 불과했지만, 그의 두 번째 저서인 『반시대적 고찰』에서부터는 반 민족주의자이자 친근한 유럽인의 이상을 제시하게 됩니다. 그의 호전적이고 전투적인 정신은 헤겔학파의 철학자 다비트 슈트라우스를 무차별적으로 공격하고, 문화의 프랑스에 비하여 너무나도 형편이 없는 독일 문화와 독일 정신을 비판하게 됩니다. "모든 시인과 예술가는 동시대의 파렴치한이 되어야 한다", "나는 언제나 동시대를 비판하고 동시대를 비판함으로써 그 시대에 참여한다", "나는 다른 사람들이 한 권의 책, 아니 열 권의 책으로도 말하지 못하는 것을 단 열 개의 문장으로 말한다", "잘 읽는다는 것은 느릿느릿 천천히 되풀이 읽는 것이다"라는 수많은 경구와 잠언들은 바로 『비극의 탄생』의 저자가 아니라면 쓸 수가 없었던 것이기도 합니다. 미셸 푸코의 '계보학'이나 '광기의 역사'도 니체의 철학의 지류에 불과하고, 데리다의 '차연'이나 '백색의 신화'도, 들뢰즈의 '차이와 반복'도 니체의 철학의 지류에 불과합니다.

존경하는 유종호, 김우창, 백낙청, 김치수, 김주연, 황동규, 이성복, 이인성, 정과리, 김정란, 김진석 선생님, 니체는 우연의 산물이 아니며, 독일의 교육 제도가 꽃 피워낸 필연의 산물일 수밖에 없습니다. 우리 『愛知』의 편집자들은 훌륭한 교육 제도만이 위대한 천재들을 생산해낼 수가 있다고 굳게 믿고 있습니다. 우리가 알고 있는 한, 서양의 철학자들—, 일테면, 플라톤, 아리스토텔레스, 칸트, 스피노자, 라이프니츠, 쇼펜하우어, 니체, 푸코 등은 진정으로 학문을 위해서 태어났고, 학문을 위한 사제—결혼도 하지 않고 학문을 위해서 출가를 했던 사제—들이었다고 할 수가 있습니다. 밥을 먹고, 공부를 하고, 산책을 하고, 또, 밥을 먹고, 공부를 하고, 산책을 하고―, 어떠한 사치와 오락도 모르는 이러한 학자의 길을 통해서, 자기 자신들만의 사상을 완성하고, 그리하여 모든 인간들과 이 세계를 정복할 수가 있었던 것입니다. 그들은 어떠한 교육 제도 속에서 공부를 했으며, 그들의 스승은 누구이며, 그들은 또한 어떠한 친구들과 교제를 했으며, 왜, 그처럼 어렵고도 힘든 길만을 골라서 걸어갔는지, 대부분의 우리 한국인들은 전혀 모르고 있는 실정이기도 합니다. 하지만 선생님들께서는 외국 교육제도의 장점과 대 사상가들의 학문의 태도 등을 어느 누구보다도 잘 알고 있으리라고 굳게 믿고 있으며, 따라서 『愛知』의 기획 특집, '한국 교육 개혁의 올바른 길―외국의 교육제도의 장점 편'을 반드시 써주실 것이라고, 또한, 이처럼 굳게 믿고 있습니다. 존경하는 여러 선생님, 우리 한국인들의 백만 두뇌, 곧 위대한 천재의 생산이 그 어느 때보다도 절실하게 요청되고 있으며, 만일, 이러한 세계적인 대 사상가들이 21세기에 탄생하지 않는다면, 우리 한국인들의 미래는 정말로 암담하기 짝이 없다고 생각합니다. 인문과학에서의 패배가 정신의 IMF 사태로 나타났고, 자연과학에서의 패배가 경제의 IMF 사태로 나타났습니다. 또, 언제, 어느 때, 선생님들의 후손과 제자들이 문화적 식민주의자들의 손짓과 입맛에 따라서 수많은 실업자로 전락을 하게 되는지도 모르는 일입니다. 부디 한국의 교육 제도를 개혁하고, 우리 한국인들의 백만 두뇌를 양성하기 위해서라도, 아니, 풍전등화 속의 우리 한국인들을 위해서라도 꼭 기획 특집, '한국 교육 개혁의 올바른 길―외국의 교육 제도의 장점 편'의 원고를 집필해 주시기를 바랍니다. 왜냐하면 인류의 역사 상, 사상가만이 고귀한 명예이며, 삶의 완성이며, 보다 완전한 인간의 표지이기 때문입니다. 우리 한국인들은 선생님들과도 같은 외국 문학의 석학들이 있다는 것만으로도 꿈을 꿀 수가 있습니다.

  존경하는 여러 선생님, '대한민국, 만세, 만세'라고 하지 않을 수가 없습니다!

원고 매수: 70매 내외

원고 마감일: 2000년 10월 15일

강준만 비판: 평화공존 아닌 전쟁선포*

강준만 사회비평의 장점과 단점

니체는 그의 『도덕의 계보』에서 "인간은 어떤 조건 하에서 선악이란 가치판단을 생각해 냈던가? 그리고 그 가치판단들 자체는 어떤 가치를 지니고 있는가? 그것이 이제까지 인간의 번영을 저지하여 왔던가? 혹은 촉진시켜 왔던가? 그 가치판단은 삶의 고난, 빈곤, 타락의 징조인가? 그렇지 않으면 거기에는 삶의 풍부한 힘, 의지, 용기, 자신의 미래가 나타나는가?"라고, 가장 날카롭고 예리하게 그 철학적 질문을 던진 바가 있다(1: 23). 만일, 그렇다면, 강준만의 『인물과사상』은 어떤 조건 하에서 선악이란 가치판단을 생각해 냈던 것이며, 그 가치판단은 우리 한국인들의 의식을 마비시켜왔던 것일까? 아니면, 그 반대방향에서, 우리 한국인들의 의식을 건강하고 성숙하게 만들고, 한 걸음 더 나아가, 우리 한국인들에게 미래

---

* 나는 강준만의 '사회비평', 즉 그의 '전투적이고 공격적인 글쓰기'를 매우 싫어한다. 그의 텍스트로는 『인물과사상 - 패거리 공화국』 제15권과 월간 『인물과사상』 1999년 6월호로 한정시킬 수밖에 없었다. 따라서 그의 글들을 모두 다 읽지 않은 나의 잘못도 있겠지만, 그 오류들은 언제든지 '반론'으로써 지적해 주기를 바란다. 그러나 하나를 보면 열을 알 수가 있듯이, 나는 그의 글을 읽고, 내가 쓰고 싶은 글들을 잠시 미뤄둔 채, 이처럼 소모적이고 비 생산적인 글쓰기를 해야만 하는 나 자신의 '천역'에 대해서 어떤 환멸을 느낄 수밖에 없었다. (1: 23)은 1권 23면을 말한다.

의 희망과 용기를 불어넣어 주고 있는 것일까? 이제 강준만의 『인물과사상』과 그의 사회비평이 한국 사회에서 그 영향력을 행사하고 있는 힘의 크기로 미루어 볼 때, 니체의 말을 받아들이든지, 아니든지 간에, 나는 이러한 철학적 질문들을 피할 수가 없게 되었다고 생각한다. 강준만의 사회비평이 신문기사와 저명 인사들의 주요 칼럼, 그리고 문학잡지와 각종 주간지들만을 그 텍스트로 삼아, 세간의 화제들만을 양산해 내게 될 때, 나는 그의 사회비평이 한 사람의 진정한 인물과 사상을 제대로 다루지도 못하고 '역사의 종말'을 맞이하게 될 것이라고 생각한다. 모든 철학자는 독창적인 명명자이자 입법자이며, 모든 가치판단의 대가들이다. 강준만의 사회비평이, 그가 제 아무리 정의의 사도이고, 어떠한 강력한 적도 두려워하지 않는 무적의 용사일지라도, 좀 더 정교하고 세련되게 자기 자신의 철학적 옷으로 갈아 입기를 거부할 때, 그의 사회비평은 우리 한국 사회의 암적인 종양으로 자라나게 될 것이다. 왜냐하면 그러한 사회비평은 우리 한국인들에게 미래의 희망과 용기를 불어넣어 주기보다는 삶의 고난, 빈곤, 타락의 징조로 작용하게 될 것이 틀림없기 때문이다.

강준만은 1980년, 성균관대 경영학과를 졸업하고, 1984년, 미국 조지아대 신문방송학과(석사)와 1988년, 미국 위스콘신대 신문방송학과(박사)를 졸업한 엘리트 지식인이며, 현재 전북대학교 신문방송학과 교수로 재직 중이다. 뿐만 아니라, 그는 월간 『인물과사상』의 실질적인 발행인이자 편집인이며, 시민운동단체인 '안티 조선'을 이끌어 나가고 있는 수장首長이기도 하다. 그의 저서로는 20권에 가까운 단행본 『인물과사상』, 『전라도 죽이기』, 『다시 문제는 언론 플레이다』, 『우리 대중문화 길찾기』, 『이미지와 전쟁』 등이 있으며, 외면적으로는 한국 사회에서 그처럼 정직하고, 성실하며, 용기 있는 지식인이 없어보일 정도이다. 사회비평가로서의 그는 현실 정치에 깊이 있게 개입을 하는 것은 물론, 김대중 정권을 적극적으로 옹호하기도 하고, 그의 지역 정서에 따라서, 호남지역을 차별하느냐, 아니냐라는 문제에 개입하기도 한다. 또한 《조선일보》에 글을 쓰느냐, 아니냐의 문제, 즉 한국 사회의 언론을 문제삼기도 하고, 그가 「서울대 망국론」을 썼듯이, 서울대 패거리냐, 아니냐의 학연과 학문 문제에 이의를 제기하기도 한다. 그는 그의 정치관, 지역주의, 언론관, 학문관에 의해서, 그 '패권적 패거리'에 대항할 수 있는 '저항적 패거리'로서의 '안티 조선'을 이끌어 나가고 있다고 해도 틀림이 없다. 사회비평가로서의 강준만의 선악의 가치판단의 잣대는 너무나도 선명하고 명확하다. 1, 《조선일보》적 색깔과 도덕적 수준을 가지고 있으면서 자유 민주주의를 지켜야 한다고 사기치는 지식인; 2, 진보라 하면서 《조선일보》에 글을 쓰거나 《조선일보》와 평화공존을 취하는 지식인; 3, 진보라 하면서 군사독재 옹호자들보다 김대중을 물어뜯는 데 더 열성을 보였던 지식인; 4, 호남차별을 하거나 지역 문제 의식이 없는 지식인; 5, 학연 패거리에 놀아나면서 대중을 향해서 아름다운 말씀을 하시는 지식인; 6, 언행일치를 하지 않으면서 대중을 향해서 고상한 말씀을 하시는 지식인 등이 바로 그것이다(2: 56-7).

　강준만의 사회비평은 비록, 그가 신문기사, 저명 인사들의 주요 칼럼, 문학잡지, 각종 주간지 등에 의거하고 있긴 하지만, 그가 다루고 있는 영역은 정치, 경제, 종교, 호남차별, 언론, 학문, 문학, 예술, 문화 전반에 이르기까지, 무척이나 넓고 다양하다고 하지 않을 수가 없다. "저는 안타까운 마음이나마 김대중을 여전히 지지합니다"라는, 강한 당파성, "호남차별을 어떻게 보는가?", "광주에 대한 반감을 생산하는 주범 중의 주범인 《조선일보》의 인터뷰"에 응하고, 그 《조선일보》와 놀아나면서 평화공존하는—'영원히 지는 게임'을 하는—김우창과 황지우에 대한 비판, 남북통일과 민족화해를 위한 정상회담을 눈앞에 둔 시점에서 김정일을 "파마 머리에 색정광인 똥자루" 정도로 매도하고, "국가안보 상업주의"를 팔아먹는 《조선일보》와 그 새끼 매체들에 대한 비판, "패거리주의의 정점이 학계"이며, "지식인의 종언"을 선언하는 그의 절규, "학연으로 쌓는 부실"과 "종교 단체들의 사적 패거리화"에 대한 비판, 요컨대, 그의 비판의 핵심은 한국 사회의 전반적인 모순과 갈등, 그리고 그 중에서도 그 모순과 갈등을 심화시켜 나가고 있는 지식인들의 위선과 기만—위선과 기만은 앞의 1~6의 예에서처럼, 그의 선악의 가치판단의 척도이다—을 향하여 그의 비판의 칼날을 들이대고 있다. 그는 한국 사회의 정치, 경제, 종교, 지역주의, 언론, 학문, 문학, 예술, 문화 전반에 걸쳐서, 한 시대의 양심인 그의 비판의 칼날을 들이대고, 우리 한국 사회의 불쾌한 물음표, 동시대의 미풍양속의 살해범이 되어가고 있다고 해도 과언이 아니다. 왜냐하면, 그에게는 한국 사회에 만연되어 있는 상호 토론이나 상호 비판의 부재를 일소하고, "민주적인 토론문화의 활성화"를 이룩하고 싶다는 꿈이 있기 때문이다. 그의 사회비평의 꿈은 아직, 거대한 '인식의 제전'으로 수직 상승하고 있지는 못하지만, 어쨌든 한국 사회가 나아갈 곳을 지시하고 있는 것인지도 모른다.

한국이 세계 역사를 주도하면 안 되냐? 아니 '주도'라는 표현엔 제국주의 냄새가 물씬 풍긴다. 말이야 바른 말이지, 한국이 지금과 같은 체질을 그대로 갖고서 강대국되면 큰일 난다. 미국, 일본 못지 않게 못된 짓 할 나라다. 좌우지간 '주도'는 아니더라도 우리가 세계에서 가장 착한 나라도 되면서 세계를 위해 좋은 일을 할 수 있을 만큼 강해지면 안 되냐? 누가 더 자학하는 거냐? 누가 더 진정한 애국자냐?

— 강준만, 『인물과사상』, 제15권, 「패거리공화국」, 머리말에서(3: 5)

강준만의 전투적이고 공격적인 글쓰기는 그의 공격적인 파토스의 산물이며, 그것은 그의 천성이 강하다는 것을 뜻한다. 더욱더 강력한 적을 찾아나서고, 그 적들과의 싸움에서 자기 자신의 모든 것을 다 걸 수가 있다는 것은, 거꾸로 그가 더욱더 강력한 적이 될 수도 있다는 것을 뜻한다. 어쨌든 그의 비판의 칼날을 맞고 쓰러진 사람들은 대한민국 제일급의 인사들, 예컨대, 황지우, 김우창, 김병익, 이문열, 김용옥, 한인섭, 박원순, 고은, 신경림, 김세균, 김진균 등이며, 그들은 이미 더 이상 회복될 수 없을 정도로 치명상을 입었으면서도, 애써 그것을 감추고, 오히려 거꾸로, 강준만을 "두더쥐 새끼"라고, 그 가증스러운 꼬리표를 달아주기에 여념이 없었던 것처럼 보인다. 강준만과 대한민국 제일급의 인사들과의 싸움은 '사적 개인 대 수구기득권 세력들'과의 싸움이면서도, 한 사람의 '지식인 대 문화제도'와의 싸움이기도 한 것이다. 골리앗과 다윗의 싸움이 따로 없고, '만인 대 일인'의 싸움이 따로 없다. 그는 불우한 환경에 처한 강한 유형의 인간으로서,

> 동맹 세력의 추상적, 이론적 비판이 어떻게 해서 수구기득권 세력을 보호해줄 수 있단 말인가? 그 이치는 간단하다. 그들은 기존의 물적 조건을 장악하고 있는 수구기득권 세력의 보호를 받기 때문에 막강한 문화권력

> 을 행사한다. 그들은 그 문화권력으로 '비판'에 대한 정의를 내리고 그 정의에 벗어나는 비판 행위를 박멸하거나 폄하하려고 든다. 동맹 세력의 정의에 도전하는 사람들은 거의 대부분 개인의 각성과 양심에 근거해 일어난 개인들이다. 개인이니 힘이 강할 리 없다. 또 동맹 세력에 속하는 사람들의 경우 사생활에서 아무리 개판 쳐도 자신이 속한 마피아 집단의 든든한 보호를 받지만, 동맹 세력에 도전하는 개인의 경우 사생활은 늘 감시의 대상이 된다. 현미경까지 동원된다. 그래서 조금만 방심하면 순식간에 날라간다(3: 108)

라고, '수구기득권 세력의 보호' 아래, '막강한 문화권력'을 행사하는 자들에게 그의 비판의 칼날을 들이대고, 언제나 '예의'와 '겸손'을 주창하면서도 '인적 네트워크'에 갇혀버린 김우창에게,

> 김우창은 창작과비평사와 문학과지성사에 대해 어떻게 생각할까? 그들의 패거리주의에 대한 세간의 비판에 동의할까? 동의한다면 그걸 비판하는 글을 쓸 수 있을까? 그간 한국문학에 대해 그토록 많은 글을 쓴 분이 그걸 외면한다면 말이 될까? 제발 내가 김우창에게 사과하는 기회가 오길 바라지만, 나는 김우창이 절대 그들을 비판하는 글을 쓰지 못할 것이라고 믿는다. 왜? 그들은 그의 인적 네트워크의 핵심이기 때문이다. 또 그런 비판은 예의와 겸손에 어긋나는 것이거니와 세계적인 설득력을 갖지 못하는 것이기 때문이다(3: 81)

라고, 그의 비판의 칼날을 들이댄다. 이밖에도 그의 비판의 칼날은, 자칭 진보라 하면서도 《조선일보》에 대해서 만큼은 '정신적 골다공증'에 걸린 한국문인들을 베어버리기도 하고, 김대중 정권을 물어

뜯기에는 늘 바쁘면서도 《조선일보》와 결탁하는 좌파들과 '시민단 체들의 내부 문제와 그 불투명성'을 베어버리기도 한다. 한국 사회 의 불쾌한 물음표이자 미풍양속의 살해범인 강준만, 그는 더없이 강력한 공격적인 파토스를 지녔으며, 불우한 환경에 처한 강한 유 형의 지식인이다. 사회비평가로서의 강준만은 더없이 정직하고, 성 실하고, 용기가 있으며, 박학다식하다. 또한 그는 사회적인 時事의 흐름과 그 문맥을 정확하게 이해하는 안목을 지녔으며, 어떠한 현 상 뒤에 숨어 있는 문제점을 찾아내고, 그것을 재빨리 분석하고 이 의를 제기할 수 있는 능력을 지녔다. 이것이 『인물과사상』의 발행인 이자 편집인이며, '안티조선의 수장'으로서의 그의 사회비평의 장점 이기도 한 것이다. 그는 한국 사회의 정치 개혁을 위해서 싸우고, 지역차별을 극복하고 민족화합을 이끌어 내기 위해서 싸운다. 또 한 그는 언로言路의 문제를 파고드는 언론학자로서 한국 사회의 언 론 개혁을 위해서 싸우고, '패거리주의의 정점인 학계'를 정화시키 고 우리 한국인들의 백만 두뇌를 양성하기 위해서 싸운다. 따라서 그는 그의 목숨이 살아 있는 한, "필자의 격과 급을 따지지 않고" "민 주적인 토론문화의 활성화에 기여"하겠다는 것, 그 민주적인 토론문 화을 통해서, "자꾸 외국어로 된 원서만 보지 마십시오. 한국의 독 특한 현실을 냉철히 꿰뚫어 보려고 고민하면서 그 현실에 어울리 는 모델을 스스로 찾아내려는 노력을 해야 할 것입니다. 그렇게 해 서 다른 나라에 수출할 생각을 해야지 언제까지 '기지촌 지식인' 근 성을 고수할 생각입니까?"라고, 열변을 토했듯이, 우리 한국인들의 사상과 이론을 정립하겠다는 것, 이것이 바로 그의 사회비평의 목 표이자 장점이기도 한 것이다(2: 121).

나는 강준만의 사회비평의 목표와 그 장점을 생각하면서, "환영

한다, 오 인생이여! 나는 (마음 속으로) 백만 번이나 생생한 경험과 조우하려고 한다. 나는 신의 대장간에서 아직 창조되지 않은 인류의 양심을 단련한다"라는, 제임스 조이스의 말을 떠올려 보기도 한다. 하지만 강준만의 도전적이고 그 야심만만한 관점은 그 제국의 문턱 앞에서, 그만 멈칫거리며, 제국주의에 대한 혐오증으로 움츠러들고 만다. 이 세상의 모든 인간들은 그들만의 거대한 신전과 그 제국을 숭상하고, 그 꿈을 구체적으로 현실화시킨 인간들, 예컨대, 알렉산더와 시이저와 나폴레옹을 그들의 문화적 영웅으로 숭상한다. 모든 유기체들에게는 힘에의 의지가 근본이며, 그 힘(권력)을 부정한다는 것 자체가 우리 인간들의 삶을 혐오하고 적대시 하고 있다는 증거가 된다. 니체의 '권력에의 의지', 마키아벨리의 '사자의 용맹성'과 '여우의 간지', 새뮤엘 헌팅턴의 『문명의 충돌』은 거대한 제국의 꿈에 맞닿아 있으며, 역사의 주체로서 모든 것을 명명하고, 입법화하고, 그 법과 규칙에 따라서 지배하고자 하는 욕망을 역설하고 있다고 해도 과언이 아니다. 서구의 제국주의자들은 대내적으로는 민주주의를 지향하고, 대외적으로는 식민주의(제국주의)를 지향한다. 그들의 민주주의는 방어본능이며, 그들의 식민주의는 공격본능이다. 이 방어본능과 공격본능이 제대로 갖추어져 있을 때, 특정한 국가나 특정한 개인은 자기 자신의 몸과 그 조직을 살아 움직이게 할 수가 있는 것이다. 이 점에 대해서는 나의 「박노해 비판」을 참고해 주기를 바란다(4). 외교의 무대는 힘의 무대이며, 그 힘에 따라서 위계질서화된 무대이다. 강준만이가 그토록 존경해 마지 않는 김대중조차도 클린턴과 부시 앞에서 꼼짝달싹하지 못하고, 머리에 피도 안 마른 그 애송이들 앞에서, 미국의 미사일 방위체계를 묵인해줘야만 하는 노예적인 복종 태도를 보여줄 수밖에 없었던 것이다. 세계에서 가장 착한 나라가 되기 위해서라도 가장 강력해져야 하고, 이 세계에서 가장 위대한 국가와 그 구성원이 되기 위해서라도, 강준만은 약소민족으로서의 그 제국주의에 대한 혐오증을 거두어 버리지 않으면 안 된다. 바로 이 지점에서 강준만의 사회비평의 장점은 그 치명적인 한계와 단점을 드러내게 된다.

강준만의 사회비평의 여러 심급들은 그의 정치관, 지역주의, 언론관, 학문관으로 대충 요약할 수가 있지만, 그 중에서도 가장 핵심적인 최종 심급은 호남출신의 한과 비 서울대 출신의 한이라고 하지 않을 수가 없다. 그의 정치관과 언론관은 그 두 가지 한이 파생시킨 두 싹에 불과하다. 그의 호남출신의 한은 너무나도 당연히 김대중 정권의 옹호로 이어지고, 김대중 죽이기의 주범, 아니, 호남차별의 주범 중의 주범인 《조선일보》와 그 새끼 매체들을 무차별적으로 공격을 하게 된다. 그리고 그의 비 서울대 출신의 한은 서울대 출신이냐, 아니냐라는 선명한 이분법으로 이어지고, 정치, 경제, 지역주의, 언론, 학문, 문학, 예술, 문화 전반에 걸쳐 있는 서울대 패거리들을 또한 무차별적으로 공격하게 된다. 이 후자의 극단적인 예는

> 내가 공부를 밥벌이로 택하면서 발견하게 된 가장 놀랍고 흥미로웠던 사실은 학계라고 하는 곳이 이 대한민국에서 가장 배타적인 '패거리주의'가 만연한 동네라는 사실이었다. 기업의 패거리주의가 아무리 심하다 해도 기업은 자기들의 이윤 추구에 도움이 될 만한 능력을 가진 사람이라면 패거리주의에 관계없이 사람을 데려다 쓴다. 그런데 학계라고 하는 곳은 학연이라는 게 없으면 도무지 어디 명함 하나 내밀 수가 없는 곳이었다. 게다가 내 경우 학부 전공과 대학원 전공이 다르다 보니 학연에 관한 한 완

전한 무소속이 되어 학연으로 놀아나는 대한민국의 학계를 보면서 기가 막혔던 일이 한두 번이 아니었다. 같은 업계에 종사하는 대부분의 동료들에겐 그게 너무 당연한 '하늘의 질서'처럼 간주되고 실천되는 것 또한 내겐 기이하기 짝이 없는 일이었다. 좋은 의미에서건 나쁜 의미에서건 나의 '새로운 눈'은 한국 사회 전반이 그 패거리주의로 오염되었다는 데까지 보게 하였고 그러면 그럴수록 나는 학계의 '주류 문화'에서 멀어져 갔고, 지금과 같은 이상한(?) 방식의 글쓰기에 몰두하게 되었다(3: 9)

라는 것이지만, 솔직히 따지고 보면, 그는 한국 사회의 '제3세계의 문화적 풍토병'과 '비평의 만장일치 제도'가 낳은 희생양이 아닌가도 생각된다. 그의 학적부를 살펴보면, 그는 철저하게 문화선진국의 우등생이라고 하지 않을 수가 없다. 그는 서강대학교에서 경영학을 전공했고, 미국 조지아대에서 신문방송학과 석사 학위를 받았고, 또한 미국 위스콘신대에서 신문방송학과의 박사 학위를 받았다. 이것이 학연, 지연, 혈연에 의한 근친상간을 원천적으로 봉쇄하는 엘리트 코스이긴 하지만, 그것은 한국 사회에서는 아주 비참하고 더러운 출신성분의 표지일 수밖에 없게 된다. 우리 한국인들은 강준만 유형의 인물 앞에서 속죄의식을 느껴야 마땅하고, 하루바삐 패거리주의를 청산하고, 그의 공격적인 파토스 앞에서 얼마간의 경의를 표하지 않으면 안 된다.

내가 보기에 일단 중립적인 지식인이라면 《중앙일보》 문제에 대한 답은 철저한 양비론이어야 했다. 그러나 앞서 살펴보았듯이, 한인섭의 칼럼은 양비론이 아니다. 양비론의 냄새만 피웠을 뿐 일방적으로 김 정권을 '조지는' 칼럼이었다. 내가 월간 『인물과 사상』 5월호에 쓴 「유석춘: "《중앙일보》

의 앞잡이"인가?」라는 글에서도 말한 바가 있지만, 한인섭은 권력과 언론의 갈등에서 권력은 무조건 악이고 언론은 무조건 선인지 그 고정관념에 대해 재검토를 해보아야 할 것이다. 한국 언론이 어떤 언론인가? 그걸 한동안 김대중 정권에 대해 온갖 독설을 퍼부었던 김영삼 정권 실세들의 증언을 통해 알아보면 매우 공정하지 않을까?

― 「서울대 법대 교수 한인섭의 이상한 행태」에서(3: 100)

매우 이상한 역설 같지만, 강준만의 최종심급은 '서울대 출신이냐/ 아니냐'와 '지역 차별을 하느냐/ 아니냐'라는 선명한 이분법에 의해서 '마피아적인 형벌법'의 요체로 이어지고, 그 마피아적인 형벌법에 의해서, "양비론의 냄새만 피웠을 뿐 일방적으로 김 정권을 '조지는' 칼럼을 썼다"라고, 서울대학교 법대 교수인 한인섭을 난도질을 하게 된다. 그러나 철저하게 양비론이 정답이었다고 하는 그의 글에서도 전혀 양비론의 냄새는 나지도 않는다. 또한 "권력은 무조건 악이고 언론은 무조건 선인지 그 고정관념에 대해 재검토를 해보아야 할 것이다. 한국 언론이 어떤 언론인가?"라는 말에서도, 권력은 무조건 선이고 언론은 무조건 악이라는 냄새만 나고 있을 뿐, 그 어디에서도 김대중 정권의 언론 탄압의 냄새는 나지도 않는다. 그의 양비론이 정답이라는 말은 무조건 김대중 정권의 옹호 속에 묻혀져 버리고, "한국 언론이 어떤 언론인가"라는 말 속에는 그의 '안티 조선'의 부도덕성이 고스란히 배어 나온다. 문민 정부도 한국의 언론 때문에 실정을 했고, 국민의 정부도 한국의 언론 때문에 실정의 위기를 겪고 있다. 그러나 한국 사회의 언론 개혁의 목표는 모든 언론 매체를 통해서 전반적으로, 공정하게 이루어져야 하는 것이지, 김대중 죽이기에 앞장을 섰다고 해서 《조선일보》만이 그 문제를 떠맡아야만 하는 것은 아니다. 하지만 《조선일보》는 너무나도 부당하게 '안티 조선의 패거리들'에 의해서 한국 사회의 언론의 문제를 모조리 떠맡아 버리게 된 것이다. "김대중이야말로 한국 정치사에서 도덕성을 상실시킨 최대의 범죄자"라고 낙인을 찍었다고 해서(3: 75), 강준만은 "도올 김용옥의 원맨쇼가 목불인견目不忍見"이라고 무섭게 비판을 했듯이(3: 76), 그의 마피아적인 형벌법의 요체는 '검은 수사학의 대가', 즉 강준만 자신에 의해서 집대성될 수밖에 없었다. 그는 양비론마저도 열광적인 김대중 옹호로 바꿔치기 하고, 호남차별의 주범 중의 주범인 《조선일보》가 밉다고 해서, 한국 사회의 언론 전체의 문제를 《조선일보》에게 전가를 하고, 늘 김대중 정권의 옹호가 '차악'—"제가 춤추면서 김대중 편을 들어줬나요? 전 늘 '차악'이라고 이야기했지요"(2: 53)—이라고 말하면서도, 그것을 항상 '최선'의 선택으로 변모시켜 놓는다. 그의 호남출신의 한은 한 민족의 민심과 국력을 결집시키지 못하고, 눈앞의 사소한 이익을 위해서 전체를 왜곡시키고, 마침내 우리 한국 사회의 암적인 종양으로 자라나게 된다. 나는 그의 사회비평이 '마피아적인 형벌법'의 요체로 되어 있고, 그것은 그의 '검은 수사학'에 의해서 씌어져 있다고 말할 수가 있다. 그의 사회비평은 사회비평이 아니고, 다만, 하나의 '잡설비평'에 지나지 않는다.

다음과 같은 '진중권 대 강준만의 논쟁'은 나의 그러한 진단을 더욱더 명확하고 확실하게 증명해 줄 수가 있을 것이다.

그는 「서울대 망국론」을 썼다. 그런데 김대중은 우연히 서울대 출신이 아니다. 둘째, 그는 전라도 지역 차별을 비판했다. 그런데 우연히 김대중은 전라도 출신이다. 셋째, 그는 우리 사회의 장애인 차별을 비판했다. 그런데 TV를 보니 우연히 김대중이 다리를 전다. 여기서 난 우연히 우연성 이상을 본다. 그리고 내게 우연히 이런 생각이 떠오른다. 휴머니즘의 관점에서 제기해야 할 문제를 정치적 의도로 제기하는 게 과연 온당한가?
— 진중권, 「한 전투적 자유주의자의 지식인 혐오증」에서(2: 50 재인용)

저는 김대중이 좋아한다는 동물 다큐멘터리 프로그램을 아주 즐겨 봅니다. 저는 김대중이 너무 좋아해 아내로부터 가끔 면박을 당하곤 한다는 '간식으로 라면 먹기'도 아주 좋아합니다. 저는 김대중이 가끔 즐겨 본다는 「은실이」라는 TV 드라마도 가끔 즐겨 봅니다. 저는 김대중이 좋아한다는 홍어를 무척 좋아합니다. 오늘 이 밤이 다 새도록 같은 점을 열거할 수도 있을 것 같습니다. 아니 근데 진중권씨가 가장 중요한 걸 빠트린 것 같네요. 저의 《조선일보》 비판도 그 신문이 김대중을 가장 못 살게 군 신문이란 사실과 무관할까요? 그게 과연 우연일까요?
— 강준만, 「최진실, 김용옥, 진중권에 대하여」에서(2: 50)

진중권의 비판의 핵심적인 요체는 학력 차별, 장애인 차별, 지역 차별을 휴머니즘의 관점에서 다루지 않고, 무조건 김대중만을 옹호하고 있는 강준만을 비판한 것이지만, 그것은 너무나도 명확하게 강준만의 당파성의 핵심을 지적한 명문장이라고 생각된다. 언제나 검은 수사학의 대가는 우연의 탈을 쓰고 필연의 쳇바퀴를 돌린다. 하나도 김대중(호남 중심주의)이고, 둘도 김대중이고, 셋은 무조건 김대중이다. "여기서 난 우연히 우연성 이상을 본다"라는 진중권의 발언은 아주 날카롭고 예리한 비수의 칼날이면서도, 매우 통렬한 풍자의 말이 된다. 바로 이 지점에서, 강준만의 마피아적인 형벌법의 요체와 검은 수사학은 더 이상 그 빛을 발할 수가 없게 된다. 강준만은 이러한 위기 의식을 재빨리 인식하고, 그 고통스러운 나날을 보낸 결과, 이처럼 말발도 글발도 서지 않는 '역 비판'을 시도하게 되었는지도 모른다. 그러나 그의 변명은 정직하지도 못하고 성실하지도 않다. 왜냐하면 동물 다큐멘터리 프로그램 시청, 간식 라면, 「은실이」 드라마 시청, 홍어회를 좋아함은 너무나도 보편적이고 통속적인 것이어서, 우리 한국인들이라면 어느 누구라도 자연스럽게 자기 자신과도 연관시킬 수가 있기 때문이다. 따라서, 나는 학력 차별, 장애인 차별, 지역 차별을 해소시켜 줄 수 있는 김대중을 옹호한다라고, 말하는 것보다도 더욱더 정직하지도 못하고 성실하지도 않다. 한 가지 다행스러운 일이라면, 학력 차별, 장애인 차별, 지역 차별을 해소시켜 줄 수 있는 김대중을 가장 못 살게 군 《조선일보》에 대한 반감을 갖고 '안티조선 운동'을 시작했다는 점을 솔직히 시인한 것인데, 그것은 한국 사회의 언론 전체의 문제를 《조선일보》에게만 전가시켰다는 점에서, 더욱더 추악하고 비난을 받아야만 마땅한 것이다. 그렇다면 우리는 이렇게 물어 볼 수도 있을 것이다. 만일, 그가 이인제와 이회창 중, 둘 중 하나가 전라도 출신이고, 김대중이가 경상도 출신이라면, 과연 그가 그처럼 열광적으로 김대중을 지지하고 옹호할 수가 있었던 것일까? 나는 감히, '아니다', '그렇지 않다'라고 어느 누구보다도 자신 있게 말할 수가 있다. 그는 김대중의 정치적 이념이나 성향에 관계없이, 그가 경상도 출신이라는 사실 하나만으로도 이인제나 이회창을 선택했을 것이다. 그의 정치적 당파성은 근본적으로 불순하며, 그가 그토록 타기해 마지 않던 지역주의(호남중심주의)에 기초해 있을 뿐이다. 그는 너무나도 당연한 말이지만, 우리 한국인들의 미래의 희망과 꿈을 제시하고, 천박한 정치 문화와 지역 차별을 넘어서서, 민족화합과 남북통일을 이끌어 낼 수 있는 인물을 발견하고 그를 지지하고 옹호했어야만 마땅했을 것이다.

나는 진중권이 왜, 그 날카로운 비판의 칼날을 거두어 들이고, 강준만과 함께, '안티조선 운동'을 벌이고 있는지는 잘 모르겠지만—그렇다, '안티조선'의 친구들이여! 오늘도 무사하고 매우 즐겁고 재미있게 지내고들 있는가? 김대중 씨의 정권 재창출의 전망은 그렇게도 밝고, 또 밝기만 하던가?—, 그 진중권은 학계는 객관성을 지향하고, 정치계는 당파성을 지향한다고 말한 바가 있다. 그가 또다시, 강준만이 '강단/ 정가'의 구별을 무화시키고, 자신의 당파성(현실 정치참여)이 '학적 공정성'일 수도 있다는 말을 비판하자, 강준만은 "미국 대학에서는 우파적 성향이 농후한 교수일수록 객관성되게 좋아"한다라고 맞받아치고, 진중권은 진정한 좌파도 아니고, "좌파 지망생"일 뿐이라고 역공을 가한다. 뿐만 아니라, "'좌파 지향성'은 학자로서의 문제가 안 되지만, 그보다 낮은 단계인 '김대중 지향성'은 문제가 된다는 '새로운 이론'을 이 좌파 지망생께서 내놓으신다"고 흥분을 하게 된다(2: 51). 바로 이 지점에서 강준만은 진중권의 핵심적인 비판의 요체를 놓쳐 버리게 된다. 학자로서의 좌파 지향성이나 우파 지향성은 어디까지나 사상의 문제이며, 그것과 현실의 정치참여와는 매우 다른 것이다. 마르크스와 사르트르는 좌파 지향성이었고, 헤겔과 니체는 우파 지향성이었다. 바로 이것이 어떻게 문제될 수가 있고, 사회비평가로서의 강준만이 이러한 사실을 모르고 있었다니, 지나가는 개도 웃을 일이다.(매우 불유쾌한 방식이 되겠지만, 나도 강준만 식의 어법으로 한 말씀을 해보고자 한다. 하룻강아지야, 미안하다. 어쩌다가 강씨가 되었니?) 아무튼 진중권은 좌우 이념의 논쟁을 제기한 것이 아니라, '학적 공정성'을 해칠 수도 있는 그의 당파성을 비판한 것임에도 불구하고, 강준만은 검은 수사학의 대가답게, '지식인의 현실 정치참여/ 학적 공정성'의 문제를 쓸데없는 이념의 논쟁으로 변질시켜버린다. 좌파 지망생께서 "객관성 되게 좋아하시네"라는 비아냥거림은 정직한 답변도 아니고, 또한 "좌파를 전세냈느냐?", "진중권은 진정한 좌파도 아니고 좌파 지망생일 뿐"이다라는 말은 아주 비열한 인신공격에 지나지 않는다(2: 51). 그것은 헐벗고 굶주린 북한동포를 돕고, 김정일 국방위원장을 "지도자로서의 판단력과 식견을 상당히 갖춘 인물"이라고 평가를 했던 김대중을 "사상이 의심스러운 빨갱이"로 몰아가는 《조선일보》의 수법과도 똑같은 짓일 뿐인 것이다. 그는 《조선일보》를 비판하다가, 《조선일보》와도 똑같이 닮아가고 있다. 그는 《조선일보》에 기생을 하면서, 《조선일보》보다도 그가 더 먼저 쓰러져 가야 할 운명을 타고났는지도 모른다.

나는 지식인의 현실 정치참여는 그의 비판 능력을 자기 스스로 무장해제시키는 것이며, 그것은 때 이르게 자기 스스로 자기 자신의 무덤을 파는 짓이라고 생각한다. 사르트르가 그의 『지식인의 변명』에서 역설하고, 니체가 그의 『선악을 넘어서』에서 역설한 바가 있듯이, 지식인의 사명이란 끊임없이 이의를 제기하고 비판하는 일이며, 그는, 또한 동시대의 파렴치한이 되어가지 않으면 안 된다. 강준만은 객관적이고 보편적일 수도 없고, 이미 학적 공정성을 상실한 체제 수호의 하수인에 지나지 않는다. 강준만은 진중권의 비판에 대해서, 그의 현실 정치참여가 어떻게 학적 공정성을 담보할 수 있으며, 그리고 그것을 사르트르의 『지식인의 변명』에서처럼, 그의 저서를 통해서 보여주었어야만 했다. 그의 '차악'은 늘 최선의 김대중 옹호이고, 《조선일보》 비판도 김대중 옹호이고, 그의 양비론적 태도마저도 김대중 옹호이다. 그의 호남출신의 한은 이처럼 골수에 사무쳤고, 너무나도 지나치게 옹졸하고 편향적이며, 마지막으로 김대중 정권, 아니 호남출신의 정권을 재창출 해내기 위해서 한국 사회 전체를 망가트려 나가고 있다고 하지 않을 수가 없다. 나는 계간시전문지, 『愛知』 2000년 겨울호의 머리말에서 김대중 씨의 부도덕성을 너무나도 가혹하게 비판한 바가 있지만, 대한민국 최초로 노벨평화상의 수상자인 김대중 대통령을 또다시 이렇게 비판해 보고자 한다.

김대중 씨는 언제나 '부정 부패의 척결'을 주창해오셨는데, 이제는 그 말씀이 부패한 정치인의 헛소리가 아니라는 사실을 보여주실 때가 되었습니다. 정당의 민주화를 위해서 상향식 공천을 현실화시켜 주시고, 지구당 제를 하루바삐 폐지하여 돈 안 드는 정치를 실현시켜 주십시오. 한국 경제를 크나큰 위기로 몰아넣고 외국으로 도망을 간 김우중 씨에게는 얼마나 많은 정치 자금을 받았고, 또, 돈 먹는 하마가 된 현대의 정주영 씨에게는 얼마나 많은 정치 자금을 받았으며, 지난 해의 총선 때는 자민련과의 '내각제 약속'을 파기하고, 민주당의 東進政策을 추진하기 위해서 수천억원 대의 정치 자금을 소모했을 텐데, 도대체 그 정치 자금은 어떻게 조성했고, 또 얼마나 많은 가—차명 계좌를 가지고 계시는지요? 늘 대가성 없는 정치 자금만을 받았다고 하시면서도, '김대중 씨는 부정축재자다'라고, 연일 독설을 퍼붓고 있는 김영삼 씨를 명예훼손죄로 고소하지 못하는 이유가 도대체 무엇 때문인가요? 한빛은행 불법대출 사건, 동방금고 사건, MCI 코리아의 사건 등에서처럼, 대형사건과 사고가 터질 때마다 가—차명 계좌가 춤을 추고 있는데, 바로 그것이 노벨평화상의 축하 쇼였으며, 기초생활질서가 모조리 다 무너져내려 삼천리 금수강산이 쓰레기 천국이 되어가고 있는 것도 김대중 씨의 크나큰 업적이던가요? 강준만이라는 사회비평가는 늘 입에 거품을 물고 체제 수호의 하수인이 되어가고 있지만, 우리는 금융실명제와 부패방지법과 자금세탁법안 처리에 더 많은 관심이 있고, '한국교육개혁의 올바른 길'이 무엇인지도 모르면서 교육부 장관을 다섯 명씩이나 갈아치운 김대중 씨의 대권과 지적 수준에, 늘 경악을 금치 못하고 있지요? 김대중 씨는 고등학교밖에 다니지 못했고, 우리 한국인들의 백만 두뇌를 어떻게 양성해야 될 지도 모르는 무식하고, 또 무식한 대통령이 아니시던가요? 노벨평화상의 의미는 '부패의 검은 별'에 대한 서양인들의 찬사에 지나지 않으며, 가까운 미래에 남북통일이 된다면, 3·8선 이북마저도 부정부패와 쓰레기 천국이 되겠지요? 이봐요, 김대중 씨! 하루바삐 그 동안의 정치 자금을 공개하고, 더 이상 돈 많이 드는 정치를 하지 않겠다고 온 국민 앞에 선언을 하고 용서를 구해 보세요? 지금, 이 순간에도, 김대중 씨는 이회창 씨의 정치 보복이 두려워 너무나도 크나큰 자충수를 자꾸만 두고 있어요. 만일, 김대중 씨가 정권을 재창출해 낸다면 한국 사회는 더 이상 돌이킬 수 없는 부패의 공화국이 될 것이고, 만일, 그렇지 못하다면 김대중 씨는 부정축재의 혐의로 그 막대한 재산을 몰수당하게 되고, 사법절차를 밟게 되겠지요? 늘 가—차명 계좌 때문에 양심의 가책을 받고 있으면서도, 그 가—차명 계좌의 달콤한 행복에 젖어 있는 한, 김대중 씨는 지옥이 만원이라고 할지라도 우리 한국인들이 보장해드리기로 하지요!"

강준만은 도대체 문화선진국인 미국에서 어떻게 돈 많이 드는 정치와 공정하지 않은 사법절차를 배워 올 수가 있었으며, 그 앎의 실천에 그토록 열광적일 수가 있었단 말인가? 강준만의 선악의 가치 판단의 잣대는 마피아적인 형벌법이고, 마피아적인 형벌법은 그의 검은 수사학에 의해서 집대성되어 있다.

　강준만의 사회비평은 그의 열등의식의 산물이며, 그 열등의식의 최종심급은 호남출신의 한과 비 서울대 출신의 한에 맞닿아 있다. 우리 인간들은 누구나 다같이 열등의식을 소유하고 있고, 그 열등의식을 극복해 나가는 과정에서 '자아의 발전'을 '세계의 형성사'로 이끌어 나갈 수도 있다. 그리스의 변방인 마케도니아를 거대한 제국으로 만들고 학문과 예술과 문화의 요람인 알렉산드리아를 구상했던 알렉산더, 자그만 키에 코르시카 섬 출신으로서 세계를 정복하고 위대한 황제가 되었던 나폴레옹, 유태인 출신이라는 사실 하나만으로도 무리를 이룬 다수로부터 배척될 운명에 처해 있었던 마르크스, 프로이트, 아인시타인, 프란츠 카프카, 대학강단은 다른 신경으로 움직이는 나뭇조각이라고 독설을 퍼붓고, 외롭고 고독하지만, 그러나 의연하고 꿋꿋하게, 자기 자신들만의 사상의 신전을 건축했던 데카르트, 스피노자, 라이프니츠, 쇼펜하우어, 니체, 그들의 저주받은 운명 속에다가 뮤즈의 신전을 건설했던 보들레르, 랭보, 인상파의 반 고흐, 폴 고갱 등이 바로 그들이라고 할 수가 있다. 그들에게 있어서의 열등의식이란 하나의 쓰디쓴 보약이며 강장제이다. 그들은 자기 자신들의 열등의식을 승화시켜 나가면서 새로운 사상과 새로운 이론을 창출해 내고, 인간이라는 종의 건강과 문명과 문화의 발전에 매우 커다란 업적을 남겼다.

　하지만 대부분의 우리 한국인들은 그 열등의식 속에서 좌절과 체념―소월, 염상섭, 채만식, 김현, 김윤식, 유종호, 고은, 신경림, 황지우, 최승호, 신경숙, 윤대녕, 구효서 등, 이 땅의 가장 유명한 대부분의 인사들을 살펴보아라!―으로 주저앉거나, 원한 맺힌 저주 감정으로 그 모든 대상들을 물어뜯기에 너무나도 바쁘고, 또 바쁘다. 강준만의 열등의식은 위대한 제국으로 이어지지도 못하고, 그 제국의 문턱 앞에서, 기껏해야 제국주의에 대한 혐오증으로 움츠러들고 만다. 그래, 말이 좋아 착한 나라이지, 그 착한 나라가 공격본능(제국주의)이 없고 방어본능(민주주의)만이 있는 기형적인 나라에서, 또한 어떻게 가능할 수가 있단 말인가? 강준만의 열등의식은 그에게 그 원인을 하나 하나 따져보거나 살펴볼 수 있는 집중력을 부여했으며, 그 원한 맺힌 저주 감정은 그로 하여금 '도덕적 선'의 고지를 점령할 수 있게 만들어 주었는지도 모른다. 제국주의자도 나쁜 놈들이고, 서울대 출신도 나쁜 놈들이고, 호남차별을 일삼아 온 자들도 나쁜 놈들이다. 따라서 그는 사회 정의의 칼을 휘두르며 대한민국의 제일급의 인사들을 무차별적으로 난도질을 해대고, 자기 자신의 존재를 높이 높이 끌어올린다. 그는 지역 차별, 학력 차별, 장애인 차별, 《조선일보》가 있어서 행복하고, 그의 분노는 한 바가지의 신선한 청량제가 된다. 『인물과 사상』, 그리고 '안티조선'은 그가 마련한 처형장이며, 지상낙원이다. 그러나 그의 마피아적인 형벌법은 한낮의 백일몽에 지나지 않으며, 그의 검은 수사학은 더 이상 통용될 수 없는 경멸과 조롱과 치욕의 수사학이 되었다. 왜냐하면 그가 처형시킨 대한민국의 제일급의 인사들은 이미, 죽은 시체에 지나지 않았고, 김대중 정권과 온갖 학연의 패거리들마저도 나의 사상의 칼날에 의하여 이미, 오래 전에 베어져 버렸기 때문이다. 강준만의 사회비평의 치명적인 단점은, 사회학자이기를 포기하고 김대중 정권의 체제 수호의 하수인으로 전락한 그의 정치관에 있으며, 두 번째로는 '사상과 이론의 차원'에, 세 번째와 네 번째로는 '학자로서의 나쁜 생활 태도와 나쁜 학습 태도', 그리고 '안티조선의 조직의 차원'에 폭넓게 걸쳐 있다고 해도 과언이 아니다. 고귀하고 위대한 인간들의 열등의식이란 하나의 쓰디쓴 보약이며 강장제이지만, 강준만과 우리 한국인들의 열등의식이란 원한 맺힌 저주 감정으로서의 자기 자신과 타인들에게 치명적인 해를 끼치는 독약일 뿐이다. 나는 이 글을 강준만과 논쟁을 하자고 쓰는 것이 아니다. 그의 사회비평을 아주 경멸적인 '잡설비평'의 차원으로 끌어내리고, 그와의 '평화공존이 아닌, 전쟁을 선포'하기 위해서 나는 이 글을 쓴다. 그러나 말이 좋아서 '전쟁의 선포'이지, 그 말 속에는, 학자로서의 그의 존재의 의의와 생존의 근거 자체를 대대적으로 소탕해버리겠다는 나의 잔인성이 각인되어 있다고 해도 틀림이 없다. 나는 고급문화인을 지향하며, 모든 고급문화는 잔인성에 기초해 있다는 것이 나의 변함없는 신념이다. 나는 충분히 그럴만한 능력과 자격을 갖추고 있다. 왜냐하면 나는 우리 한국인들 최초로 '한국문학의 이론'을 정립했고, '낙천주의 사상'을 정립했다고 자부하고 있기 때문이다.

『인물과 사상』: 사상과 이론의 부재 현상을 어떻게 볼 것인가?

강준만의 『인물과 사상』에는 나의 말대로 '제3세계의 문화적 풍토병'과 '비평의 만장일치 제도' 속에 갇혀버린—강준만의 말대로는 '학연 패거리주의'에 갇혀 있는—어중이떠중이들만이 있을 뿐, 그 제호題號에 걸맞는 인물도 없고, 사상도 없다. 황지우, 김우창, 이문열, 김용옥, 한인섭, 박원순, 고은, 신경림, 김세균, 김현, 정과리, 김윤식, 김주연, 김대중, 조갑제, 김영삼 등은 『인물과 사상』에 걸맞는 세계적인 인물들이기는커녕, 아직도 제국주의와 민주주의를 구분하지도 못하고, 권력의 긍정적 기능과 부정적 기능을 분간하지도 못하는 영원한 철부지 어린 아이와도 같다. 그들은 제3세계의 문화적 풍토병과 비평의 만장일치 제도 속에 갇혀 있는 '파리대왕'들이고, 1993년, 내가 「황지우, 김현, 정과리 비판」이라는 글에서, 우리 한국인들 최초로 '아버지 살해'를 감행했듯이, 이미 죽어버린 시체에 지나지 않는다(5: 281-326). 『인물과 사상』에는 사실 그대로, 인류의 문화사 전체를 통해서 불멸의 업적을 남긴 문화적 영웅들이 살아 숨쉬는 곳이어야 하지, 이 세상의 어중이떠중이들이 살아 숨쉬는 '萬神殿'이 되어서는 아니된다. 그렇다면 강준만은 무슨 의도로, 무슨 대단한 배짱으로, 그런 거창한 제호로, 『인물과 사상』을 내게 되었던 것일까? 다소 유치한 치기와 객기에서였을까? 아니면, 이 땅에, 진정으로 '인물'과 '사상'이 실재한다고 믿고 있어서였을까? 또, 그것도 아니라면, 하루바삐 우리 한국인들의 백만 두뇌를 양성하고, 가까운 미래에 세계적인 『인물과 사상』의 신전을 짓고 싶다는 소망에서였을까? 그러나 제 아무리 좋게 선의로 해석한다고 하더라도 나는 유치한 치기와 객기를 떨쳐버릴 수도 없고, 또한 그의 '인물과 '사상'에 대한 무지와 그의 문화적 무의식을 떨쳐버릴 수도 없다. 그러나 단 한 가지, 이 점만은 너무나도 분명하고 확실한 것 같다. 그가 상호 토론과 상호 비판의 부재 현상을 그처럼 극렬하게 비판한 것도 학자로서의 그의 양심에 맞닿아 있고, 한국 사회에 만연되어 있는 '패거리주의'를 청산하고 '세계의 역사'를 주도해 나가자고 역설했던 것도 학자로서의 그의 양심에 맞닿아 있다. 그러니까 그의 학자적 양심은 우리 한국인들의 백만 두뇌를 양성하고, 이 세상에서 가장 화려하고 찬란한 『인물과 사상』의 신전을 짓고 싶다는 소망에 맞닿아 있는 것이라고 하지 않을 수가 없다. 그는 어렴풋이나마 권력의 선전이 허망하다는 것을 알고 있었고, 따라서 사상의 신전만이 이 세계를 정복할 수가 있다는 것을 알고 있었던 것이다. 권력의 신전은 더없이 허망하고 사상의 신전만이 영원하다. 나는 여기까지는 진심으로 그의 학자적 양심에 입을 맞추고, 더욱더 따뜻하고 뜨겁게 그를 포옹해줄 수도 있다.

만일, 그렇다면 그는 어느 사상에 깊이 있게 영향을 받았고, 어떠한 사상가들을 진정으로 사랑하고 있었던 것일까? 그의 사상과 이론에 대한 생각은 어떠한 것이며, 그는 진정으로 사상과 이론의 정립에 대한 꿈을 현실화시키고 있었던 것일까? 하지만 그의 사상과 이론에 대한 인식은,

> 나는 여기서 굳이 정의正義—'저항적 글쓰기'와 '아부형 글쓰기'가 다같이 '권력과의 게임'을 하고 있다는 점을 말한다. 인용자—를 논할 생각이 없다. 다만 '뒤통수 때리기' 수법의 글쓰기는 실명을 거론하지 않는다는 이유로 안이하고 나태한 자세를 갖게 돼 **정교한 이론 구성**에 소홀할 수밖에 없다는 걸 권오룡의 글을 통해 확인할 수 있었다고 말할 수 있겠다(3: 115).

한국 문단의 패거리주의와 그에 따른 문언유착文言癒着을 어떻게 타파할 것인가? 나는 신문이 문인文人 선발권을 갖고 있는 기존의 신춘문예 제도부터 폐지되어야 한다고 생각한다. 문학을 하는 데에 무슨 라이센스가 필요하단 말인가? 물론 상호 공생 관계를 맺고 있는 신문들과 문인들이 그걸 폐지하지 않겠다고 한다면 보통 사람들이 할 수 있는 일은 없다. (……) 그렇다고 해서 기존의 사이버 공간이 대안이 될 수 있는 것도 아니다. (……) 우선적인 문제는 기존의 **고정관념과 '철학'**을 바꾸는 일이다(3: 150).

그러니까 '좌파 지향성'은 '학자로서의 객관성'에 아무런 문제가 안 되지만 그보다 낮은 단계인 '김대중 지향성'은 문제가 된다는 **새로운 이론**을 이 좌파 지망생께서 내놓으신 겁니다. 저의 당파성이 지나치다구요?(2: 51)

자꾸 외국어로 된 원서만 보지 마십시오. 한국의 독특한 현실을 냉철히 꿰뚫어 보려고 고민하면서 그 **현실에 어울리는 모델**을 스스로 찾아내려는 노력을 해야 할 것입니다. 그렇게 해서 **다른 나라에 수출**을 할 생각을 해야지 언제까지 **'기지촌 지식인'** 근성을 고수할 생각입니까?(2: 121)

한국이 **세계 역사를 주도하면** 안 되냐? 아니 '주도'라는 표현엔 제국주의의 냄새가 물씬 풍긴다(3: 5)

라는 예문들에서처럼, 너무나도 소박하고 피상적인 것들 뿐이어서, 우리 진정한 학자들은 그의 학자적 양심의 덫을 재빨리 인식하고, 그것을 대대적으로, 신속하고 정확하게 폐기처분하지 않으면 안 된다는 것을 알게 된다. 그는 한 마디로, 사상과 이론이 왜 그처럼 중요한 것인가를 알지도 못하고, 또 어떻게 과감한 가설을 설정하고, 그것을 증명할 수 있는가를 이해하고 있지도 않다. 가설과 증명은 사상과 이론의 가장 핵심적인 두 축이다. 새로운 사상과 새로운 이론은 좋은 생활 태도와 좋은 학습 태도 속에서, 하루에 열 시간씩, 열두 시간씩 자기가 좋아하는 공부만을 해야 하고, 인류의 역사에 있어서 가장 위대했던 천재들과의 끊임없는 대화와 그 토론을 통해서, 자기 자신의 삶과 우리 인간들의 삶에 새로운 형식을 부여하고, 문명과 문화의 발전에 기여할 수 있는 어떤 것이지 않으면 안 된다. 모든 철학자는 독창적인 명명자이자 입법자이며, 모든 가치판단의 대가들이다. 나는 강준만의 『인물과 사상』을 통해서, 우리 한국인들의 삶의 고난, 빈곤, 타락의 징조를 발견하게 된다. "뒤통수 때리기 수법의 글쓰기"가 "정교한 이론 구성에" 실패할 수밖에 없다는 그의 진단도 덫이고, "한국 문단의 패거리주의"와 "문언유착"을 타파하기 위해서라도 "기존의 고정관념과 철학"을 바꿔야 한다는 그의 진단도 덫이다. 또한, "새로운 이론을 이 좌파 지망생께서 내놓으신다"라는 말도 그의 덫이며, "독창적인 모델을 다른 나라에 수출"을 해야된다라는 허장성세도 그의 덫이고, "한국이 세계 역사를 주도하면 안 되냐?"라는 허장성세도 그의 덫이다. 그의 덫은 대한민국의 제일급의 인사들, 아니, 나의 말대로라면 이 땅의 어중이떠중이들, 예컨대 권력에 기생하며 '뒤통수 때리는 글쓰기를 하는 자들'과 '문언유착의 패거리들'과 '좌파 지망생들'과 '기지촌 지식인들'을 때려잡기 위한 덫이기는 하지만, 그는 사상과 이론이라는 진검을 갖고 승부를 벌이고 있는 것이 아니다. 강준만의 『인물과 사상』은 겉만 번지르한 말장난과 이 땅의 어중이떠중이들을 때려잡기 위한 덫(흉기)만이 있을 뿐, 세계의 역사를 주도해 나갈 수 있는 고귀하고 위대한 꿈이 담겨 있는 것도 아니다. "오너 있는 사립대학의 교수"였더라면, "학술 연구만 전념"했을 것이라는 말도 속 빈 강정이고, '패거리주의의 정점이 학계'라는 말도 속 빈 강정이다. 상호 토론과 상호 비판의 부재 현상을 그토록 강하게 비판하고 있는 것도 속 빈 강정이고, 한국 지식계의 정상화를 위해 이 한 목숨을 기꺼이 바치겠다는 말도 속 빈 강정이다. 그의 몸은 학문을 연구할 수 있는 몸도 아니고, 또, 그의 정신은 어떤 집중력도 가능하지가 않다. 학계의 모든 패거리주의자들이 만들어 놓은 '무노동—고임금 구조'와 '고비용—저효율 구조' 속에 안주하면서, 신문기사, 저명 인사들의 칼럼, 문학잡지, 각종 주간지 등이나 어루만지며 허송세월만을 보내고 있을 뿐—.

바로 이 지점에서 그의 나무아미타불의 기적이 연출되고 있는데, 왜냐하면 그는 『인물과 사상』의 실질적인 발행인이자 편집인으로서, '안티 조선의 수장'으로서, 또, 거기다가 대한민국의 국민들과 그 학부모들의 혈세와 고혈을 빨아먹고 사는 대학교수로서, 온갖 돈과 명예와 권력을 향유할 수가 있게 되었기 때문이다. 그의 '저항적 패거리주의'는 그의 마피아적인 형벌법과 검은 수사학에 의해서 김대중 정권과 손을 맞잡고, 온갖 패권적 패거리주의자들의 사냥을 나서고 있는 실정이기도 한 것이다. 돈과 명예와 권력을 얻으면서 산 짐승보다도 더 신명나는 저명 인사들의 사냥에 나서고, 불구대천의 원수와도 같은 《조선일보》를 때려잡을 수가 있으니까, 어찌 『인물과 사상』의 공화국이 이처럼, 즐겁고 기쁘고 행복하지 않을 수가 있겠는가? 따라서, 앎의 투쟁에서의 패배와 정신의 IMF를 초래한 학자로서의 그는 최소한도의 양심의 가책도 없게 되고, 미국인들의 손짓과 입맛에 따라 그의 제자들이 수많은 실업자들로 쏟아져 나와도 그는 여전히 즐겁고 기쁘고 행복하기만 할는지도 모른다. 아아, 강준만이여! 자칭 '저항적 패거리주의'를 주창하고 있으면서, 어쩌다가 체제 수호의 하룻강아지가 되었단 말인가? 하룻강아지야, 어서 빨리 무럭무럭 자라나고, 초여름의 복날, 푸르고 푸른 강가의 보신탕집에서 만날 수 있기를 우리 진정한 학자들은 손꼽아 기다리고 있단다. 강준만의 『인물과 사상』 속에는 인물도 없고 사상도 없다. 내가 1993년, '한국문학비평의 혁명'을 통해서 '아버지 살해'를 감행했듯이, 일찍이 처형되었던 대한민국의 어중이떠중이들의 시체만이 즐비할 뿐—. 강준만은 너무나도 순진하게 마피아적인 형벌법과 검은 수사학이라는 가짜 검을 진검으로 착각을 하고, 이미 죽어버린 시체들과 싸움이나 벌이고 있었던 것이다. 그의 『인물과 사상』은 동키호테의 그것에 지나지 않으며, 한낮의 백일몽 속에서, 그의 꿈은 더욱더 무르익어가고 있는 것인지도 모른다. 그의 사회비평은 잡설비평이다. 그 잡설비평가가 나의 글을 어떻게 제멋대로 과장하고 왜곡시켰는가는, 이 글을 쓰고 있는 나보다도, 독자 여러분들이 더욱더 궁금해 하실는지도 모른다.

앞서 반경환은 권성우를 높이 평가하는 말을 했다. 권성우가 『문예중앙』 1999년 가을호에 쓴 「비판, 그리고 '성찰'의 현상학」이라는 글과 관련해서 한 말이다. 권성우, 정말 대단하다. 그는 패거리주의와 마피아주의로 썩을 대로 썩은 한국 문학계의 엄청난 축복이다. 한국문학계의 갱생을 전제로 해서 말이다.

그러나 나는 권성우의 등장으로 인해 문학과지성사의 영광의 시대가 이미 종말을 고했다는 반경환의 낙관론엔 동의하지 않는다. 어찌 문학과지성사 뿐이겠는가. 창작과비평사와 민음사를 비롯한 문학 출판계는 말할 것도 없고 패거리주의와 마피아주의를 삶의 신조로 삼고 있는 모든 기득권 및 동맹 세력 집단, 특히 그들의 연결고리 역할을 하고 있는 언론이 기존 질서를 지키기 위해 벌떼처럼 들고 일어나 반격을 가할 게 틀림없다.
— 강준만, 「'문학과지성'의 패거리주의」에서(3: 111)

강준만이 제멋대로 과장하고 왜곡시켜가며 인용한 나의 글은 「권성우의 '타자의 현상학'을 위하여」라는 글인데, 나는 거기서 권성우라는 삼류 비평가를 그가 '타자의 현상학'이라는 연구 주제가 있다는 것만으로도 조금쯤은 지나치다 싶을 정도로 높게 평가하는 실수를 저질렀다. 나의 일생 일대의 최대의 실수이긴 했지만, 나는 '문학과지성사'라는 마피아 집단에게 정면으로 도전했던 사나이다운 용기와 그의 '타자의 현상학'이 사상과 이론의 차원에서 하루바삐 정립될 수 있기를 마음 속으로 빌고, 또 빌 수밖에 없었다. 나는 한국문학만을 그 텍스트로 삼는 한, 그의 사상과 이론의 정립은 불가능하다는 점을 역설하고, '비교문학의 관점'에서 '호머를 비롯한 세계적인 대 작가들과 대 사상가들의 글'을 읽고, 또, 거기다가 수많은 민족들의 신화와 종교사회학과 문화인류학을 연구하지 않으면 안 된다고 아주 간곡하고 진지하게 주문을 한 바가 있었다. 나는 진심으로,

> 이 세상의 모든 지식인들에게 사상이란 최고의 목적이며, 그 모든 것이다. 세상의 모든 것이 변하고 이 세계의 종말이 온다고 하더라도 자기 자신과 자기 자신의 사상만은 영원하기를 바라는 것은 모든 지식인들의 한결같은 꿈이다. 사상은 그 어떤 것보다도 고귀한 명예이며, 삶의 완성이며, 보다 완전한 인간의 표지이다. 우리는 그 사상가의 신전 앞에서 언제, 어느 때나 시를 짓고, 노래를 부르며, 찬양과 찬송을 하게 된다. 또한 우리는 그 신전 앞에서, 우리 인간들의 존엄성을 바치고, 가장 좋은 예물을 바치고, 하늘을 우러러보며, 항상 자기 자신을 갈고 닦으면서, 그 사상의 위업을 이어나갈 것을 맹세를 하게 된다(6: 388)

라고, 역설을 할 수밖에 없었던 것이다. 나는 권성우를 지나치게 높이 평가를 하는 실수를 저지르기는 했지만, "권성우의 등장으로 해서 문지의 영광의 시대는 종말을 고했다"라는 말은 그 어디에서도 하지 않았다. "문학과지성사의 구성원들은 한국문학의 암적인 존재

들이며, 그들의 영광의 시대는 이미, 종말을 고했다"라는 말은, 나의 한국문학의 이론과 낙천주의 사상의 정립을 염두에 두고 했던 말이지, '타자의 현상학'의 얼치기 앎을 염두에 두고 했던 말이 아니다. 강준만이 인용한 나의 글에도, "왜, 그들은 서양의 사상과 문학 이론만을 무차별적으로 베껴먹고 있으면서도 우리도 새로운 사상과 문학 이론을 정립하여 문화선진국이 되자고 주장하지 못하고 있는 것일까?"라는 말도 있고, 그 말을 토대로 하여 수많은 문학상과 상업주의로 포장을 하여 '제3세계의 문화적 풍토병'—아무런 명명의 힘이 없다는 것을 뜻한다—과 '비평의 만장일치 제도'—비평하기보다는 기꺼이 찬양하는 제도를 말한다. 한국 사회에서는 김현이 심사를 하면 김병익이 상을 받고, 김병익이 심사를 하면 김현이 상을 받는다. 또 김현이 심사를 하면 이인성이 받고, 김병익이 심사를 하면 정과리가 받는다. 이 세상에서 '근친상간의 추태'가 '미덕'이 되는 나라는 대한민국밖에 없을 것이다—속에서 일어나는 지극히 비생산적이고 후진적인 작태를 꼬집은 말도 있다(6: 380). 그런데, 무엇이 어떻게 돼서, 강준만은 나의 사상과 이론의 중요성을 역설한 대목은 아예 거들떠 보지도 않고, 또, 그처럼, 나의 말을 제멋대로 과장하고 왜곡시켜 놓을 수가 있단 말인가? 나는 예나, 지금이나 권성우를 '삼류 중의 삼류'이며, 아주 저질적이고 야만적이며, 비 생산적인 '권력 투쟁'이나 벌이고 있는 판단의 어릿광대라고 생각하고 있다.

나는 지금, 이 순간에도 후회를 하고, 또 후회를 하고 있다. 하지만 나는 『인물과 사상』의 강준만의 추태는 결코 용서를 할 수가 없다. 그의 지적 수준은 어느 것 하나 제대로 이해하지 못하는 얇을 박薄자字의 薄學多識함을 자랑하며, 그의 비판은 정치, 언론, 학문,

문학 등의 그 본질과 의미를 제대로 이해하지도 못하고, 무목표, 무의지, 무책임의 표본으로 일관하고 있다고 해도 과언이 아니다. 자본주의 체제를 옹호한다고 말하면서도 그것을 사회주의 체제와 비교 평가를 통한 새로운 '자본론'을 역설하지 못하고 있는 것도 그렇고, 한국 사회의 언론의 개혁을 말하면서도 언론의 목표와 방향을 제시하지 못하고 《조선일보》만을 때려잡고 있는 것도 그렇다. 또한 학문의 궁극적인 목표와 자기 자신만의 교수법과 한국교육 개혁의 올바른 길을 제시하지 못하고, 「서울대 망국론」이나 되씹고 있는 것도 그렇고, 정치 권력의 구조에 그처럼 민감하게 반응을 하면서도 니체나 미셸 푸코처럼, 권력의 본질과 목표, 그것의 긍정적인 기능과 부정적 기능, 또, 그리고 앎과 권력과의 상호 생산적인 관계를 역설하지 못하고 있는 것도 그렇다. 왜냐하면 그는 철두철미하게 학문적으로는 '불임의 동물'이고, 사상과 이론적으로는 이미 거세를 당했기 때문이다. 나는 그 잡설비평가에게,

> 이미 보아온 바와 같이 인식의 능력도 없는 자연물도 그 내면적인 본질은 한결같이 목표가 없는, 그리고 쉴 사이 없는 부단한 노력이다. 이것은 동물이나 인간을 관찰해 보면 더욱 잘 나타나 있다. 그 모든 본질은 충족시킬 수 없는 갈증과 같은 욕망과 노력이다. 그러나 결국 모든 욕망의 근원은 동물이나 인간이 본질적으로 본래 지닌 바 부족, 결핍 그리고 고통이다.
> 이와 반대로 너무 손쉽게 원하는 것을 손에 넣을 수 있기 때문에 욕망이 감퇴하여 욕망의 대상이 없어지면 이번에는 무서운 공허와 권태에 빠지게 마련이다. 즉, 자기의 본질과 생존 자체가 감당할 수 없는 부담이 된다. 이러한 삶은 마치 시계추처럼 삶의 본질적인 구성 부분인 고통과 권태

사이를 왔다 갔다 하고 있는 것이다. 이 사실은 이상한 말이기는 하지만 인간이 모든 고뇌를 지옥으로 추방한 뒤에는 천국에 권태밖에 남지 않는다는 것을 의미한다고 하겠다.

— 쇼펜하우어, 『의지와 표상으로서의 세계』(7: 53)

라는, 쇼펜하우어의 말과,

    수많은 나라와 수많은 민족을 짜라투스트라는 보았다. 그리하여 그는 수많은 민족들의 선악을 발견하였다. 짜라투스트라는 지상에서 선과 악보다 더 큰 힘을 찾지 못했다.
    우선 먼저 가치판단을 하지 않는 민족은 어떠한 민족도 살 수가 없다. 그러나 스스로 존속하기를 원한다면, 이웃 민족이 하듯 가치를 판단해서는 안 된다.
    한 민족에게는 선이라고 불리우는 많은 것들이 다른 한 민족에게는 조롱거리, 치욕으로 불리웠다. 내가 발견한 것으로는 그렇다. 많은 것들이 이곳에서는 악이라 불리우고 저곳에서는 화려한 영광으로 장식되는 것을 나는 발견하였다.
    (······)
    각 민족의 머리 위엔 하나의 선악의 표가 걸려 있다. 보라, 그것은 그들이 초극해 온 것들의 표이다. 보라, 그것은 그들의 권력에의 의지의 목소리이다.
    그 민족에게 어려운 것으로 여겨지는 것은 찬양할 만한 것이고, 없어서는 안 되는 어려운 것은 선이라 불린다. 그리고 가장 큰 곤경으로부터도 해방시켜 주는 것, 가장 희귀한 것, 가장 어려운 것—그것을 신성한 것으로 찬미한다.

한 민족으로 하여금, 이웃 민족이 두려워하고 질투할 정도로, 지배하게 해주고 정복하게 해주고 화려하게 빛나게 해주는 것—그것이 그 민족에게 는 지고한 것이며, 최상의 것이며, 척도이며, 삼라만상의 의미인 것이다.
— 니체, 「짜라투스트라는 이렇게 말했다」에서(8: 98)

라는, 니체의 말을 들려주고자 한다. 쇼펜하우어의 말은 우리 인간들은 고통과 권태 속에서 '연기된 사망'과도 같은 '假死 상태'의 삶을 살고 있다는 말에 맞닿아 있고, 니체의 말은 "이웃 민족이 하듯이 가치판단을 해서는 안 된다"는 말에 맞닿아 있다. 쇼펜하우어의 염세주의는 생명부정에의 의지이며, 니체의 권력에의 의지는 삶의 본능의 옹호이다. 너무나도 아름답고 고귀하고 성스러운 말들인 만큼, 몹시 조심하지 않으면 강준만은 영원히 소화불량증 환자의 신세를 면하지 못할 것이다. 진정한 우리 학자는 항상 의연하고 꿋꿋하게, 모든 것을 자기 자신이 판단을 하고, 자기 자신의 목소리로 말하고, 내가 『愛知』를 통하여 '한국교육개혁의 올바른 길'을 제시하고 있듯이, 분명한 목적과 그 방향을 제시하게 된다. 패거리주의를 패거리주의로 깰 수 없다는 나의 말도 어느 정도 타당성이 있고, "패거리주의를 패거리주의로 깨야 한다"는 강준만의 말도 어느 정도 타당성이 있다(3: 24). 그러나 '문학과지성사의 구성원들'의 최대의 약점은 서구의 사상과 문학 이론에 기대지 않고는 어떤 말도 할 수가 없다는 점에 있는 것이고, 따라서 우리는 서양인들마저도 노예적인 복종 태도를 지닐 수밖에 없는 새로운 사상과 새로운 이론을 정립하지 않으면 안 된다.

나와 김병익과 정과리와의 관계는 사제지간의 관계이며, 나는 그분들로부터 하나님의 은총과도 같은 사랑을 받았다. 문학비평 공부, 문단 데뷔, 발표지면 주선, 나의 취직과 결혼식의 주례와 사회, 그리고 나의 첫 저서, 『시와 시인』의 출간 등―, 지금도 이러한 사실들을 생각해볼 때마다 가슴이 뛰고 눈시울이 붉어진다. 그러나 나에게는 한국문학의 이론과 낙천주의 사상의 정립이라는 꿈이 있었고, 지난 8여 년 동안, 온갖 시련과 아픔을 다 겪으면서도, 이를 깨물고, 또 깨물면서, 그러나 내가 좋아하는 공부만을 하루에 열 시간씩, 열두 시간씩 해왔다. 김현, 정과리, 유종호, 백낙청, 김우창―, 이러한 어중이떠중이들은,

> 모세는 이집트에서 노예 생활을 하고 있는 이스라엘 민족들을 발견하였고, 마호메트 역시도 뿔뿔이 흩어져 쓸데없는 우상숭배에 시달리고 있는 아랍 민족들의 삶을 발견하였다. 자기 민족이나 백성들의 삶을 발견해야만 위대한 지도자라고 할 수가 있듯이, 위대한 철학자는 자기 자신만의 비평 방법과 문학 이론을 정립하지 않으면 안 된다. 나는 '주제비평의 부재', '철학의 빈곤 아닌 부재 현상', '독창적인 비평방법론의 부재 현상' 등, '제3세계의 문화적 풍토병'과 '비평의 만장일치 제도'에 신음하고 있는 한국문학을 발견하였다. 따라서 지적으로 세련되고 노련한 名醫가 암적인 종양을 제거하듯이, 한국문학의 인식론적 장애물들을 제거하지 않으면 안 되었다. 아무도 인정을 하지 않고, 또 인정을 해줄 수도 없겠지만, 『행복의 깊이』와 『한국문학비평의 혁명』은 매우 호전적이고 전투적인 정신의 소산이며, 나는 그것을 통해서 한국인 최초로 문학 이론의 정립과 낙천주의의 철학을 전개할 수가 있었다. 앞으로 한국문학의 현대성의 기점은 그 두 권의 저서가 되어야 할 것이고, 그렇지 않을 때, 우리 한국인들의 미래는 없게 될 것이다. 나는 스스로, 자발적으로, 우리 한국인들의 미래의 희망이라는 무거운 짐을 짊어질 수밖에 없었다(6: 29-30)

라는, 글에서처럼, 나의 어떠한 공격도 더 이상 견디어낼 수 없을 만큼 내상을 입었고, 기껏해야 살아 있는 시체들에 지나지 않는다. 또한 나의 「사색인의 십계명」 속에는,

> 나는 낙천주의자로서 '세계는 나의 범죄의 표상이다'라고 역설한 바가 있다. 이 말은 나의 범죄 행위가 있고, 그 다음에 세계가 있다라는 뜻이다. 創字에는 칼 도刀字가 들어 있다. 나의 사상의 신전, 낙천주의 속에는 우리 인간들의 꿈과 행복이 들어 있고, 언제나 행운의 여신이 미소를 짓고 있다(6: 87)

라는 경구가 들어 있다. 나는 나의 사상을 통해서, 우리 한국인들의 염세주의적인 토양을 낙천주의의 토양으로 변모시키고, 바로 그곳에다가 한 그루의 생명의 나무를 심고 수많은 지혜의 열매들을 수확할 수 있게 해주고도 싶었던 것이다. 나는 공부를 하고 글을 쓸 때마다 '대한독립만세!'를 부르짖고, 부르짖으며, 또 그것을 넘어서서 세계정복운동을 펼쳐나가고 있다.

강준만, 김정란, 권성우, 이 따위 비평가들은 내가 이미 살해해 버린 시체들과 '권력 투쟁'이라는 허망한 게임을 하고 있다고 해도 과언이 아니다. 그런데도 그대들은 김현, 정과리, 유종호, 백낙청 따위들의 실력에는 열 배나 스무 배쯤 미치지 못하고, 과연, 왜 그들이 세계적인 비평가들인가를 묻지도 못하고 있다. '인문학의 거장', '불세출의 대형비평가', '한국의 대표적인 지성', '우리 시대의 현자' 등이라는 그 헌사들이 왜 말들의 '성찬에 불과한지를 따져 보지도 못하고, 여전히 그들의 '문화 권력'만을 문제 삼으면서, 그들에게 전적으로 의존하는 글들만을 양산해 내고 있다. 우리 『愛知』는 강

준만과 같은 사회비평을 거절한다. 패거리는 보드리야르의 말대로 동년배 집단이며, 니체의 말을 빌면 그들은 상호 결속(원조)에의 의지로 뭉쳐져 있다. 그들의 법의 체계는 극단적인 '이기주의의 형태'이며, 사회학자 피터 버어거의 말을 빌면, 타인들에게는 '밤의 척도'로 작용을 하게 된다. 패권적 패거리주의자나 저항적 패거리주의자는 동일한 인물의 양면이거나 무서운 짝패들일 뿐이다. 내가 만일, 강준만이라면, 나는 그 『인물과 사상』에 걸맞게 세계적인 삼류들에 불과한 이 땅의 어중이떠중이들을 때려잡지 않고, 패거리들의 출신 성향과 그 지적 수준, 그들의 의상과 취미, 그들의 말과 그 담론의 체계, 그리고 그들의 세계관을 고찰하면서, 그것이 자유와 평등과 사랑이라는 민주주의의 이념 아래, 우리 한국인들을 지배하고 개같이 학대하려는 '권력 욕망'이라는 것을 밝혀 나갈 수도 있을 것이다. 바로 그렇게 된다면, 미셸 푸코도, 보드리야르도, 부르디외도, 니체도, 쇼펜하우어도 모두가 다같이 깜짝 놀랄 것이고, 그의 책은 세계 시장을 석권하고, 학문과 예술의 본고장인 유럽 무대의 초청 연사로 가장 화려하고 찬란하게 세계정복운동을 펼쳐나가게 될 것이다. 아아, 강준만이여, 적어도 『인물과사상』의 발행인이자 편집인이라면, 안 될 때 안 되더라도 이러한 목표와 야망을 가지고 가장 화려하고 찬란하게 세계정복운동을 펼쳐나가야 하지 않겠는가? 이제부터라도 그대는 그대의 무모한 열정과 허망한 욕망을 잠재우고, 그대에게 피비린내 나는 열등의식을 심어주고, 그대의 유학비용을 마냥, 빨아만 먹은 세계적인 석학들에게 그 비판의 화살을 돌려야 하지 않겠는가? 미셸 푸코의 말을 빌면, "이론이란 안경과 같은 것이 아니라 총과도 같은 것"이고, 그것은 "사람들로 하여금 보다 더 잘 볼 수 있게 하는 것이 아니라, 보다 더 잘 싸울 수 있게 하는" 백전 불패의 무기라고 하지 않을 수가 없다(9: 206). 강준만, 김정란, 권성우, 그대들은 이 땅의 어중이떠중이들보다도 열 배나 스무 배쯤은 뒤처진 실력으로, 그들과의 '권력투쟁의 게임'을 하고 있지만, 그러나 그것은 그대들이 영원히 지는 게임을 하고 있는 것이다. 그들과 똑같은 수준이거나 그들에게 턱없이 못 미치는 실력으로는 절대로 그들의 권력의 성채는 무너지지도 않는다. 그대들의 '권력투쟁'은 우리 한국의 논쟁의 수준을 한없이 비천화에로, 야만화에로, 저질화에로, 그리고 범속화에로 끌어내리고 있을 뿐, 우리 한국문학의 이론과 사상의 정립에는 아무런 도움도 되지를 않는다. 실존주의, 구조주의, 탈구조주의의 생성의 기원과 그 쇠퇴의 과정만을 살펴보더라도, 『인물과 사상』의 강준만이 왜, 사상과 이론으로 무장해야 되는가는 금방 드러나게 될 것이다. 만일, 강준만이 새로운 사상과 이론으로 무장을 한다면, 마르크스, 프로이트, 니체, 쇼펜하우어, 칸트, 헤겔, 미셸 푸코, 데리다 등, 그 어떤 문화적 식민주의자들도 무서울 것이 없게 된다. 만일, 그가 바보나 천치가 아니라면, 자기 자신이 백전불패의 무기를 가지고 있으면서도 벌벌 떨고만 있을 인간은 이 세상에서 아무도 찾아 볼 수가 없을 것이다. 『인물과 사상』은 인물도 없고 사상도 없다. 그러니까, 이제부터라도 신문기사, 저명 인사들의 칼럼, 문학잡지, 각종 주간지 등이나 짜깁기 하는 '잡설비평'을 때려치우고, 강준만 본연의 자세로 되돌아가 학문 연구에만 전념해 주기를 바란다. '『인물과 사상』: 그 사상과 이론의 부재 현상을 어떻게 볼 것인가?'―. 나는 그가 『인물과 사상』의 간판을 내리든지, 또 그것이 싫으면 『어중이떠중이들과 잡설』로 그 간판을 바꿔달아야 한다고 생각한다. 나는 이제부터 강준만에게 '좋은 생활의 태도'와 '좋은 학습의 태도'를 매우 역설적인 반어법으로 가르쳐 주고자 한다.

평화공존 아닌 전쟁선포: 나쁜 생활의 태도와 나쁜 학습의 태도에 대하여

나는 레오나르도 다 빈치의 전기를 읽다가 그의 스승이자 당대의 최고의 거장이었던 베로키오가, 레오나르도가 천사의 그림을 그렸을 때, 그만 그의 붓을 꺾어버렸다는 사실을 새삼스럽게 이해하게 되었고, 몇 날, 며칠 동안을 그 신선한 충격에서 헤어나오지를 못했던 경험을 간직하고 있다. 아직도 나는 그 신선한 충격에서 헤어나오지를 못하고 있고, 산책을 하거나 쉽게 잠을 이루지 못하는 밤에, 그 사제지간의 아름다운 명장면을 떠올려 보게 된다. 베로키오에게 있어서 레오나르도의 출현은 그의 사망선고 이상이며, 레오나르도에게 있어서 그의 스승 베로키오는 그가 짓밟고 넘어가야 할 '인식론적 장애물'에 불과하다. 레오나르도가 천사의 그림을 그렸을 때, 붓을 꺾어야만 했던 베로키오의 심정은 어떠했을까? '나는 틀렸다, 나는 화가로서 더 이상 존재할 가치조차도 없다'라고 탄식했을까? 아니면, 물에 빠진 어린 녀석을 구해 주었더니, 이제는 내 생명마저도 빼앗아간다라고, 벌컥 부아가 치밀어 올랐을까? 또, 그것도 아니라면, 이 세상의 진정한 그림은 레오나르도라는 천재에 의해서만 그려질 수 있는 것이라고 기뻐했을까? 나는 베로키오도 인간인 이상, 그 탄식, 부아, 기쁨이 중층적으로 겹쳐져 있을 것이라고 생각한다. 하지만 진정한 스승으로서의 베로키오는 그 탄식, 부아, 기쁨 중에서, 그 기쁨을 선택하고 이 세상에서 가장 위대하고 훌륭한 화가, 즉 레오나르도 다 빈치의 탄생을 아주 감동적으로 맞이하게 된다. "천재란 레오나르도를 두고 하는 말이로구나! 다시는 내 손에 물감을 묻히지 않겠노라!"라는 말이 바로 그것이다. 오늘날, 화가로서의 베로키오는 죽었지만, 진정한 스승으로서 그는 인류의 문화사 전체 속에 영원히 살아 남아 있다. 니체와 그의 스승, 리츨 교수와의 관계도 마찬가지이다. 고전문헌학자로서의 리츨 교수는 니체의 논문이 마치, 프랑스 소설처럼 재미 있으면서도 깊이가 있다고 극찬을 하고, 이제 겨우 24살 짜리를 스위스 바젤대학교의 교수로 천거를 해 준 것은 물론, 어떤 박사 학위 과정이나 논문을 쓴 적도 없는 니체에게 무상으로서 박사 학위를 수여하는 파격적인 은전을 베풀어 주었다. 베로키오—레오나르도, 리츨—니체의 관계 이외에도 또다른 차원의 진정한 사제의 관계도 있다. 소크라테스—플라톤—아리스토텔레스—알렉산더, 바슐라르—캉기엠—미셸 푸코, 후서를—하이데거 등의 관계가 바로 그것이다. 그들은 스승이나 제자가 모두가 한결같이 세계적인 대 사상가가 되었거나 거대한 제국을 건설했던 인물들이긴 하지만, 내가 지금 말하고자 하는 스승의 입장에서 바라보면, 아무래도 베로키오와도 같은 커다란 감동을 던져주지 못한다. 자기 자신의 몸과 마음을 항상 갈고 닦지 않으면, 우리 학자들은 결코, 진정한 스승의 위치로 자기 자신을 높이 높이 끌어올릴 수가 없다.

우리 학자들은 인간적으로는 더없이 교활하고, 학문적으로는 더없이 고루하다. 그들은 돈, 명예, 권력—, 이를테면 대학제도, 학회, 언론, 문학상, 출판제도를 이용하여, 훌륭한 제자의 출현을 가로막고, 그 제자들의 영광의 무대를 빼앗아버린다. 또한, 그의 못난 제자는 '아버지 살해'가, 프로이트가 역설한 대로, 모든 문화를 움직여 가는 근본적인 힘이라는 것을 알면서도, 그 스승의 권위가 두려워, 어떠한 홀로서기도 시도하지를 않는다. 그 극단적인 예가 김현과 정과리의 관계이며, 그들의 관계는 전 근대적인 부자세습의 나쁜 선례에 지나지 않는다. 그러나 진정으로 위대한 천재는 '아버지(스승)'를 살해하고 매우 어렵고 힘들지만 가시밭길의 형극 속을 헤매다가, 그의 말년이나 사후에 평가를 받는 것이 보통이다. 思無邪의 경지는 스승으로서의 선행조건이고, 모태이며, 토양이라고 하지 않을 수가 없다. 좋은 생활의 태도와 좋은 학습의 태도가 思無邪의 전제조건임은 두말할 필요조차도 없다. 나는, 지금, 이 순간에도 위대한 스승으로서의 베로키오의 인간 승리가 레오나르도의 「모나리자」나 「최후의 만찬」보다도 더 아름답다고 생각한다. 만일, 베로키오가 없었더라면, 레오나르도의 천사의 그림이 존재할 리가 없었고, 이 세상에서 가장 위대하고 훌륭한 스승으로서의 전범이 영원히 사라져 갔을는지도 모른다. 대부분의 역사가들은 레오나르도의 천재성과 그의 예술작품만을 부각시키고, 위대한 스승 베로키오에 대해서는 그 관심조차도 보이지를 않는다. 그 역사가—호사가들은 눈에 보이는 현상만을 쫓아다니는 판단의 어릿광대들이며, 그 이면에 숨어 있는 진실은 이해하지도 못하는 눈 뜬 봉사들이다. 베로키오와 레오나르도 다 빈치—, 이 아름다운 사제 관계를 생각해볼 때, 우리가 미처 갖추지 못한 덕목은 과연 무엇일까? 그것은 두말할 필요조차도 없이, 아름다운 사제의 관계이며, 그 아름다운 사제의 관계를 갖추지 못했다는 것은 모든 것을 다 잃어버렸다는 것을 뜻한다. 모든 학문의 목적은 끊임없이 진리와 지혜를 탐구하여 우리 인간들의 백만 두뇌를 양성하고, 고급문화와 고급 문명을 건설하는 것을 말한다. 고급문명과 고급문화는 인간이라는 종의 건강과 삶의 질의 수준이 보다 더 행복해질 수도 있다는 것을 말한다. 한국 사회는 진정한 스승도 없고 진정한 제자도 없다. 우리 학자들은 좋은 생활의 태도와 좋은 학습의 태도를 전혀 갖추지 못하고 있고, 또 그것을 만들어 갈 만한 능력도 없다. 따라서 진정한 우리 학자들이 없으니까, 삼천리 금수강산은 쓰레기더미로 오염되고, 기초생활질서가 다 무너져 내리고, 정치, 경제, 문화, 예술, 학문의 장이 김대중이나 강준만과도 같은 잡설비평가들로 득시글거리게 되었다. 베로키오, 소크라테스, 플라톤, 아리스토텔레스, 알렉산더, 레오나르도 다 빈치, 후서를, 하이데거, 바슐라르, 캉기옘, 미셸 푸코, 리츨, 니체, 쇼펜하우어, 모차르트, 마르크스, 프로이트―, 아아, 이 대한민국은 어느 세월에, 어느 가까운 미래에 진정한 우리 학자들을 출현시킬 수가 있단 말인가? 사회비평가가 아닌 잡설비평가를 비판하려고 하니까, 나의 손이 더러워지고, 나의 마음이 더욱더 부끄럽고 창피해진다. 나는 쓰레기를 청소하는 마음으로 이 글을 쓰고 있고, 나의 사랑하는 독자들은 이 반경환을 이해하고 용서하여 주기를 바란다.

소크라테스를 비롯한 그리스 철학자들의 화두가 '愛知'였지만, 나는 이제 그것을 나의 철학적 화두로서 받아들이고, 그것을 육화시켜 나가고 있다. 나는 '愛知'라는 화두를 통해서 '내가 인류의 역사상 가장 위대한 스승이 될 수 있느냐, 없느냐!/ 이것이 문제로다!'라는 질문을 던져보게 되었지만, 어쨌든 '모든 천재는 인류의 스승이다'라는 좌우명을 머리맡에 써붙여 두고 살아간다. 만일, 금욕주의가 자기 자신에 대한 도전의 형태로 되어 있다면, 모든 철학자들은 학문을 위해 그 모든 욕망을 포기해 버린 금욕주의자들에 지나지 않는다. 나는 처자식을 거느리고 살아가고 있는 것을 몹시도 후회를 하고 있지만, 일상 생활에서는 영원히 낙제점을 면하지 못하고 있는 백수건달일 뿐이다. 이처럼 백수건달로서 매우 가난하고 어렵지만, 하루에 열 시간씩, 열두 시간씩 내가 좋아하는 공부만을 할 수 있게 해 준 나의 아내를 나는 항상 감사하게 생각하면서 살아가고 있다. 나의 좋은 생활의 태도와 좋은 학습의 태도는 첫째도 공부이고, 둘째도 공부이고, 셋째도 공부라는 그 말 속에 담겨 있다. 나의 좋은 생활의 태도와 좋은 학습의 태도에 대해서는 『어느 철학자의 행복』 중, 제1장 「독서에 대하여」라는 글에 잘 나타나 있고, 그것은 나의 독서체험에서 비롯된 것이며, 인류의 역사에 있어서 가장 위대하고 훌륭한 스승들인 쇼펜하우어와 니체의 영향으로부터 물려받은 최고급의 철학적 유산이라고 해도 과언이 아니다. 쇼펜하우어가 "일찍이 생존했던 모든 철학자, 즉 타인의 견해를 해석하고 그것을 재탕하여 제공해준 사람들이 아니라 자기 자신의 생각을 짜낸 사람들의 서적"만을 읽게 되었을 때, 그에게는 어떤 운명이 기다리고 있었던 것이며(7: 27), 니체가 쇼펜하우어의 제자로서, "잘 읽는다는 것은 느릿느릿, 천천히 여러번 되풀이 읽는 것이다"라는, 말을 남겼을 때, 과연 그에게는 어떤 운명이 기다리고 있었던 것일까?(10: 19) 안다는 것은 행동을 한다는 것을 말하고, 행동을 한다는 것은 모험을 한다는 것을 뜻한다. 사르트르의 말대로 앎은 기껏해야 실천의 한 동기가 아니라, 라이프니츠의 말대로, 그 앎 속에는 우리 인간들의 행동이 '주름'잡혀져 있는 것이다. 앎과 행동의 일치, 그것은 모든 인간들의 꿈이면서도, 언제나 실현 가능하지 않은 꿈에 불과하다. 쇼펜하우어는 대학강단은 "다른 신경으로 움직이는 나뭇조각"이라는 독설을 퍼붓고, 30여 년 동안이나 외롭고 고독하고 쓸쓸하게 살아갔고(7: 85), 니체는 바그너와의 마찰, 바젤대학교의 동료들과의 마찰, 그리고 그의 단명短命이라는 약한 몸을 이끌고 "십 년 동안이나" "학자적 허물만을 차리느라고 나는 그 동안 어리석을 만치 많은 것을 잃어버렸다"라는 탄식을 남기고, 바젤대학교 교수직을 헌신짝처럼 내던져 버렸다(11: 260). 쇼펜하우어의 철학은 '정직'과 '공명'을 이마에 써붙이고 '현대인의 갈채'를 단념한 철학이며, 니체의 철학은 병자의 건강함을 이마에 써붙이고, 우리 인간들의 삶의 본능을 옹호한 힘에의 의지의 철학이다. 그들은 모두가 동시대의 불쾌한 물음표이자 미풍양속의 살해범이며, 앎과 행동을 극단적으로 일치시켜 나갔던 우리 인간들의 영원한 스승이기도 한 것이다. 모든 천재는 인류의 스승이다라는 말을 나는 그들의 책을 읽고, 그들과 끊임없이 대화를 나누면서, 나의 좌우명으로 선택할 수가 있었던 것이다. 아직도 그 좌우명이 나를 무겁게 짓누르고 있고, 내가 그 무게에 함몰될 수도 있지겠만, 나는 첫째도 공부, 둘째도 공부, 셋째도 공부라는 방법론으로써 그 좌우명의 무게를 극복해 나가려고 안간힘을 쓰고 있다. 금욕주의와 思無邪의 경지는 통하고, 베로키오와 레오나르도 다 빈치의 아름다운 사제의 관계가 그냥, 우연히, 저절로 얻어지는 것은 아니다. 좋은 생활의 태도와 좋은 학습의 태도는 우리 학자들의 선행조건임은 두말할 필요조차도 없다.

『인물과 사상』의 강준만, '안티조선의 수장'으로서의 강준만, 전북대학교 신문방송학과 교수로서의 강준만, 그리고 사회비평가로서의 강준만은 불우한 환경에 처한 강한 유형의 지식인 같지만, 그의 생활의 태도와 학자의 태도를 살펴보면, 너무나도 '위선'과 '기만'에 차 있고, 몹시도 사악하고 나쁜 냄새가 코를 찌른다. 그는 일상 생활인으로서도 사악하고 우리 학자로서도 사악하다. 그는 무목표, 무의지, 무책임의 표본이며, 그가 그처럼 타기하고 매도했던 이 땅의 어중이떠중이들의 태도와도 똑같이 닮아 있다. 그는 그의 나쁜 생활의 태도와 나쁜 학습의 태도를 좋은 생활의 태도와 좋은 학습의 태도라고 착각을 하고 있는 것인지도 모른다. 나는 강준만의 마피아적 형벌법과 검은 수사학을 여러 번 지적하였고, 그것은 호남출신의 한과 비 서울대출신의 한이 그의 열등의식으로 표출된 결과라고 밝혀낸 바가 있다. 그는 선악의 이분법이라는 편리한 잣대를 갖고 있지만, 그 이분법은 위선과 기만으로 얼룩져 있을 뿐이다. 그의 양비론도 김대중 옹호이고, 그의 차악도 김대중 옹호이다. 《조선일보》 비판도 김대중 옹호이고, 김대중 정권의 비판도 김대중 옹호이다. 하지만 더욱더 큰 문제는 그의 정치관, 언론관, 지역주의, 학문관이 그 어떤 목표나 방향의 제시도 없이, '너희들은 모두가 나쁘다'라는 식의 독단주의와 이전투구의 양상만을 띠고 있다는 점일 것이다.

우선, 그의 한국언론개혁의 문제를 예로 들어서 말해 보자. 나는 한국 사회의 언론 전체의 문제를 《조선일보》에게만 전가하고 그 신문을 매도하기보다는 비교사회학의 관점에서, 《뉴욕 타임지》와 《워싱턴 포스트지》와 한국의 신문들과 비교를 하고, 『언론의 사회학』을 역사 철학적으로 정립을 하여, 그의 제자들을 더욱더 잘 가르쳐 내보내는 것이 한국언론개혁의 최선의 방법이라고 생각한다. 거기에는 언론의 목표와 방향, 공정성과 객관성의 확보, 사주의 전횡과 권력의 압력으로부터의 편집권의 확보, 전문기자의 육성과 그 교수법의 창안, 사회적 공기로서의 언론사의 상업주의를 견제할 수 있는 제도적 장치를 마련한 다음, 이 땅의 미래의 인재들로 하여금, 아직도 구 시대적인 발상과 온갖 폐습에서 벗어나지 못하고 있는 언론인들을 대대적으로 소탕해 버려야만 한다고 생각한다. 장강의

뒷물결이 앞물결을 밀어낸다는 말이 있듯이, 새로운 지식과 사상으로 무장한 새 시대의 주인공들을 이길 수 있는 구 시대적인 인물들은 이 세상에서 결코 존재할 수가 없는 것이다. 이것이 신문방송학과 교수로서의 강준만의 사명이지, 학문 연구를 팽개치고, 아주 지엽적이고 저질적이며 극단적으로 《조선일보》에 글을 쓰느냐, 아니냐의 문제로 싸움질이나 일삼는 것이 그의 사명은 아닌 것이다. 그 다음, 두 번째로, 한국교육개혁의 문제를 예로 들어 말해 보기로 하자. 왜 강준만은 대학 사회가 패거리주의의 최정점에 있다고도 말하면서 지식인의 종언만을 우울하게 되씹고 있는 것이며, 왜 또한 그는 대학 사회의 만연된 병, 그 집단적인 패거리주의에 환멸을 느낀다고 말하면서도, 쇼펜하우어나 니체처럼, 그 대학 사회를 박차고 뛰쳐나가는 용기를 보여주지 못하고 있는 것일까? 그는 니체와 쇼펜하우어가 적을 두었던 바젤대학교와 베를린대학교보다도 서울대나 전북대가 더 낫고, 따라서 전북대에서도 얼마든지 세계적인 석학의 길을 걸어갈 수가 있다고 생각하고 있는 것일까? 그는 왜, 교수채용 방식에 의한 순치를 고발하면서도 그가 공부를 했던 조지아대나 위스콘신대의 교과 과정을 죽어도 말하지 못하고, 왜, 또한 오너 중심의 사립대학의 굴종과 오욕의 삶을 고발하면서도 나는 진정으로 국제경쟁력을 갖춘 학자라고 말하지 못하고 있는 것일까? 왜, 그는 미국에서 십 년 가까운 세월 동안 공부를 했으면서도, 어떻게 석, 박사학위를 받았으며, 우리 한국인들의 백만 두뇌를 양성할 수 있는 최선의 교수법을 말하지 못하고 있는 것일까? 나는 그가 보드리야르, 부르디외, 마크 포스트, 존 버거와도 같은 사회학자였다면, 전북대학교 신문방송학과는 세계적인 석학을 배출해 냈을 것이라고 생각하며, '서울대학교 패거리'는 이미 그 존재의 의의와 근거를 상실했으리라고 믿어 의심하지 않는다.

우리『愛知』가 청주라는 자그만 도시에서 창간된 지 1년 만에, '국립중앙도서관'의 '최우수 잡지'로 선정되었듯이, 학문 연구는 중앙문화와 지방문화의 문제도 아니며, 일류대학교와 삼류대학교의 문제도 아니고, 더욱이 시간과 장소의 문제도 아니다. 못난 스승 밑에는 못난 제자가 있고, 위대한 스승 밑에는 못난 제자가 없다. 전북대학교가 지방대학교이고 삼류대학교라면 그것은『인물과 사상』의 발행인이자 편집인인 강준만에게 일차적인 책임이 있는 것이지, 전적으로 대한민국 교육제도와 서울대의 패거리에 그 문제가 있는 것은 아니다. 신문방송학과 교수로서의 그는 얼마나 못났고 공부를 하지 않고 있길래, 서울대 패거리만을 문제삼고, 자연과학의 분야에서 서울대의 패거리가 가사 상태에 빠져 있다는 것을 알지도 못하고 있는 것일까? 서울대 공대는 이미, 포항공대나 과학기술대의 수준에도 턱없이 미치지 못하고, 한양대의 도전 앞에서도 오직 식은 땀을 뻘뻘 흘리고 있는 실정이라고 하지 않을 수가 없다. 오직 서울대는 서울대라는 패거리에 둘러싸여 그 수명을 간신히 연장하고는 있지만, 이것은 앞으로의 시간이 자연스럽게 해결해 줄 사소한 문제에 지나지 않는다. 그러므로 서울대망국론이나 서울대 패거리주의를 외치는 것보다는 그 어떤 서울대 출신보다도 더 나은 실력을 쌓는 것이 최우선적인 과제라고 하지 않을 수가 없다. 나는 초등학교만을 졸업하고도 나의 학력 콤플렉스를 나의 실력으로 극복한 지가 오래되었는데, 강준만의 열등의식은 영원히 씻을 수 없는 저주받은 악마의 상징이 아닌가도 생각된다. 그러나 그 열등의식의 꼬리표는 자기 스스로, 고독한 개인으로서, 끊임없는 노력과 정진을 통해서 극복해야 하는 것이지, 무슨 불구대천의 원수처럼 서울대 망국론이나 되씹고 있다고 해서 해결될 문제가 아니다. 아아, 이 유치한 얼간이야, 나는 그대보다도 더욱더 심하고, 더욱더 처절하게 서울대와 서울대 출신의 인사들을 공격했지만, 그러나 서울대 망국론은 주장하지도 않았다. 내가 서울대학교를 공격했던 진정한 의도는 서울대학교를 파리고등사범학교나 하버드대학교처럼 세계적인 수준의 대학으로 육성을 하고, 조기유학 붐이나 교육 이민을 차단하고, 거꾸로, 세계적인 석학들과 외국 유학생들이 이 대한민국으로 찾아오도록 만들겠다는 꿈이 있었기 때문이다. 강준만 같은 잡설비평가에게는 귀신 씻나락 까먹는 소리가 되겠지만 모든 천재들은 백만 분의 일의 가능성에 매달렸던 사람들이기도 했던 것이다. 사회비평가로서의 강준만의 최대의 약점은 그가 학문 연구에는 전혀 관심도 없고 국제경쟁력이라고는 하나도 갖추지 못한 학자라는 사실에 있을 수밖에 없다. 학자가 열심히 학문 연구를 하지 않으면, 그는 그러한 사실을 한사코 은폐를 하고, 또, 위선과 기만의 탈을 쓰고, 마치 정의의 사도인 양, 길거리로 나서게 되어 있다는 점이다. 패권적 패거리주의가 다 무엇이고, 저항적 패거리주의가 다 무엇이고, 『인물과 사상』이 다 무엇이고, 안티 조선이 다 무엇이란 말인가? 위선과 기만의 탈을 쓴 강준만, 마피아적 형벌법과 검은 수사학을 '진검'으로 착각을 하고 있는 강준만, 그 강준만의 베일을 하나 하나 벗겨보면, 그가 얼마나 '자기보호색의 대가'인가가 금방 드러나게 된다. 바로 이 지점에서 나도 강준만 식으로 그에게 온갖 독설을 퍼부어 줄 필요성을 느낀다. 강준만은 강준만이 재직하고 있는 전북대학교가 어떤 대학인가를 알고나 있단 말인가? 스승이 제자의 논문을 베껴먹는 것도 보통이고, 전주고와 서울대 패거리가 가장 심한 곳도 전북대학교이다. 서울 거주 지방대학 선생이 아무런 학문 연구의 주제도 없이 길거리에 이틀씩을 깔아버리는 것도 보통이고, 외국인 교수 채용은 결사적으로 반대하는 것은 물론, 엄격한 논문의 심사보다는 '충성의 강도'만을 따져서 교수를 채용하고 있는 곳도 전북대학교이다. BK 21의 연구비를 함부로 축내는 것도 보통이고, 스승이 제자의 연구비를 가로채 가는 것도 보통이다. 내가 잘 알고 있는 전북대학교 교수에 의하면, 그 모든 부패의 독버섯이, 다른 대학교와 똑같이 자라나고 있는 곳이 전북대학교라고 하지 않을 수가 없다. 왜 강준만은 비겁하게도 그가 유학을 한 조지아대와 위스콘신대의 예를 들면서 '내부고발자'가 되는 '정의의 사도'가 되지를 못하고, '서울대 망국론'이나 되씹고 있는 위선과 기만을 되풀이하고 있단 말인가? 자기 자신의 이해 관계가 개입되어 있지 않은 문제는 입에 게거품을 물고 '정의의 사도'가 될 수 있지만, 그가 재직하고 있는 전북대학교의 문제와 교수의 신분에 치명적인 위험을 초래할 수도 있는 '진실'의 문제는 목에 칼이 들어와도 함구를 하고 있는 것이 강준만의 이율배반적인 태도인 것이다. 하루에 열 시간씩, 열두 시간씩 학문 연구에만 전념을 해야 하는 조지아대와 위스콘신대의 교과 과정은 죽어도 말하지 않고 있는 것도 그렇고, 자기 자신의 눈앞의 사소한 이익을 위해서라면 부정부패의 장본인인 김대중과 사상과 이념의 차원에서의 '전향'이 아닌 변절의 화신, 박노해를 열광적으로 옹호하고 있는 것도 그렇다(7 참조). 그의 마피아적인 형벌법과 검은 수사학은 이처럼 위선과 기만으로 가득 차 있고, 그것은 타인들의 사소한 잘못은 일벌백계로 단죄를 하면서도 자기 자신의 잘못이나 더러운 치부는 무조건 은폐를 하고 있는 자기보호색으로 나타나게 된다. 그는 위선과 기만에 가득 차 있는 자이며, 자기보호색의 대가이다. 그의 사회비평은 인문학의 정신을 한없이 때묻게 하고 더럽게 하는 '잡설비평'에 불과하다.

나는 이제 그가, "한국의 지식 시장에 난무하는 위선과 기만을 차마 눈 뜨고 보기 어렵다"고 고발할 때에도, "어떻게 진보를 내세우면서 《조선일보》를 껴안을 수가 있단 말인가"라고 삿대질을 할 때에도(3: 67), 그의 도덕 감각의 마비만을 바라보게 되었고, "도대체 어쩌다가 내가 이렇게 싸움질이나 일삼으며 적을 양산해 내는 길로 빠졌는지 한탄할 때도 더러 있다"라고 고백을 할 때에도, "자기 자신의" "소모적인 글쓰기"에 대한 회의와 "오래 남을 글쓰기에 주력하고 싶다"라는 반성과 소망을 말할 때에도, 그의 도덕 감각의 마비만을 바라보게 되었다(3: 67). 그는 "정권교체는 한국 사회의 엄청난 진보"라고 말하고, "모두 다 처해 있는 경제적 사정은 똑같은데도 불평불만"은 "주로 영남지역에서 나온다"고 말한다. 또한 그는 이제 "호남인들은 매사를 긍정적으로 낙관적으로 보려는 여유를 갖게 되었다"고 말하고, "이제야말로 제대로 된 역지사지易地思之를 할 수 있게 되었다"고 말한다(2: 126). 바로 거기에는 승자의 아량과 관용도 없고, 오직 승자의 자기도취와 오만방자함만이 나타나고 있다고 할 수가 있다. 소수정권으로서의 민주당의 東進政策에 대한 어려움도 이해하지를 못하고, 그 동진정책의 타락의 극치가 '박정희 기념관의 건립'으로 나타나고 있다는 사실도 이해를 하지 못하고 있다. 나는 호남인들을 사랑하지만 김대중과 강준만의 도덕 감각의 마비를 생각할 때마다 호남차별의 타당성을 역설하고 싶고, 또 나는 《조선일보》를 싫어하지만, 김대중과 강준만을 생각할 때마다 《조선일보》의 '북진통일론'마저도 남북통일의 한 방법론이라고 옹호해 주고 싶다. 실제로 언론과 사상과 표현의 자유가 있는 사회에서 《조선일보》의 통일론을 억압하고 탄압할 수 있는 방법이 어떻게 있을 수가 있단 말인가? 《조선일보》는 엄격히 말한다면, 합법적인 테두리 내에서 움직이고 있는 것이고, '안티 조선'은 독자의 판단의 몫을 '시민운동의 이름'으로 빼앗아, '《조선일보》제 몫 찾아주기'라는 어리석은 만행을 되풀이 자행하고 있다고 하지 않을 수가 없다. '안티 조선 운동'은 한국 사회의 언론 전체의 문제를 《조선일보》에게만 덮어 씌우고 있다는 점에서도 나쁘고, 《조선일보》의 목적과 그 색깔과 그 편집권을 침해하고 있다는 점에서도 나쁘다. '안티 조선'은 언론과 사상과 표현의 자유를 위해서라도 하루바삐 그 깃발을 폐기처분해 버리지 않으면 안 된다. 이 모든 어리석고 유치한 만행들은 무엇보다도 강준만 그 자신, 학자로서 학문 연구의 본분을 망각하고 나쁜 생활의 태도와 나쁜 학습의 태도만을 익혀나가고 있는 강준만 그 자신에게서 비롯된 것이다. 강준만의 사회비평은 우리 한국인들의 미래의 희망과 꿈에 기여하기보다는 한국 사회의 암적인 종양으로만 더욱더 자라나고 있다고 하지 않을 수가 없다.

강준만의 사회비평은 잡설비평에 불과하다. 그 잡설비평가 강준만이 「'인문학의 거장' 김우창에게 묻는다」라는 글을 쓰고, 자기 자신의 나쁜 생활의 태도와 나쁜 학습의 태도를 은폐시킨 채, 다음과 같은 가짜 진검의 칼날을 또, 휘둘러 대고 있다.

　　나는 김우창의 글은 '주관적'인 게 아니라 '객관적'인 거라는 주장에도 결코 동의할 수 없다. 극우 파시스트들이 자기들이 누려야 할 몫 이상으로 사회적 언로言路에서 설쳐대도 명색이 '우리 사회의 대표적 지성', '한국 인문학의 거장' '한국의 대표적인 인문학자'라는 찬사를 듣는 분이 점잖게 그러나 엉뚱하게 뜬구름 잡는 말씀이나 해대시는 게 더 '주관적'인게 아닐까? 혹 김우창은 '주관, 객관'의 문제를 처세술과 혼동하고 있는 건 아닌가?

좋다. 상아탑의 세계가 대중을 상대하는 사회적 언로의 문제까지 책임져야 하는 건 아닐 게다. '학술적이고 객관적인 비평' 그거 좋은 거다. 그러나 그건 어디까지나 상아탑의 세계에만 머물러야 할 것이다. 그러나 김우창은 그러한 '비평'을 들고 상아탑의 세계를 벗어나 대중을 만나기 위해 시장거리로 뛰쳐나왔다. 아마도 최근에 낸 『정치와 삶의 세계』(삼인)라는 책이 그 좋은 증거일 것이다. 이 책은 스스로 '정치 사회비평서'라고 주장하고 있는데, 문학을 전공하신다는 분이 그런 비평서를 내는 게 과연 '학술적'인 것인가? 그래 놓고선 '주관적이고 공격적인 글쓰기'도 쓸 만한 구석이 전혀 없는 건 아니지만, 그래도 자기 방식의 '글쓰기'가 더 낫다고 말씀하신다. 이거 너무 심하신 것 아닌가?(3: 73)

강준만의 김우창 비판의 핵심적인 요체는 김우창이 '학술적이고 객관적'인 비평만을 선호하고, '주관적이고 공격적인 글쓰기'를 폄하하고 있다는 것이지만, 그것은 '주관과 객관'의 문제를 혼동하고 있는 귀신 씻나락 까먹는 소리가 아닐 수가 없다. 학술적이고 객관적인 비평만을 선호하는 김우창이 '정치 사회비평서'를 들고 상아탑 밖으로 뛰쳐나온 것도 문제이지만, 주관적이고 공격적인 글쓰기만을 하는 강준만이 '주관과 객관'의 문제를 혼동—김우창도 마찬가지지만—을 하고, 전혀 아프지도 않고 날카롭지도 않은 비평의 칼날을 휘두르고 있는 것도 문제이다. 학문이란, 또 비평이란 새로운 사물과 그 현상에 이름을 붙이고, 그 가치를 창조하고, 그것을 하나의 사상과 이론으로 만들어 나가는 것이며, 그것은 무엇보다도 그 저자의 주관적인 판단과 취향과 사색의 결과일 뿐인 것이다. 마르크스의 공산주의, 니체의 건강한 염세주의, 쇼펜하우어의 염세주의, 프로이트의 외디프스콤플렉스, 칸트의 비판철학, 헤겔의 정신현상학, 후서를의 현상학, 레비 스토로스의 구조주의, 그리고 나의 낙천주의 등—. 모든 사상과 이론은 그들만의 고유한 서명과 표지가 각인되어 있다는 것을 말하고, 그들의 사상과 이론이 타인들에게 하나의 진리나 규범으로 채택될 때, 우리는 그것을 객관적이라고 부를 수가 있는 것이다. 이 말이 무슨 뜻이냐 하면, '한국 인문학의 거장'이라는 김우창이나 『인물과 사상』의 강준만이 모두가 다같이 '주관/ 객관'의 문제를 제대로 인식하지도 못한 채, 사상과 이론의 근처에는 기웃거려 보지도 못한 얼치기 앎의 소유자라는 사실을 말해주고 있다고 하지 않을 수가 없는 것이다. 한국 인문학의 거장이며, 서울대 영문학과를 졸업하고 하버드대학교의 박사이며 세계적인 문학비평가인 김우창은 "대학 내부에서의 충돌 회피, 즉 교수간 또는 스승과 제자간의 비판 부재가 대학 낙후의 심각한 원인"이라는 기자의 질문에 "인정해야 할 부분이 있는 지적입니다. 왜 활발한 토론이나 상호비판이 안 되는 건지"라고, 얼버무리고(3: 69), 반 영웅주의이자 반 엘리트주의자의 입장에서, "철학적으로" 끊임없이 자기를 낮추는 "예의와 겸손"이 중요하다고 역설한다(3: 79). 한국 인문학의 거장이며 하버드대학교 박사인 김우창이가 고려대학교 영문학과 교수로 수십 년 동안이나 재직을 하고 있으면서도, 대학 내부에서의 충돌 회피와 상호 비판의 부재 현상에 대해서는 그 역사와 책임 의식을 망각하고 '난 모르겠다는 식'의 답변을 하고 있는 현상을 우리 학자들은 어떻게 받아들여야 할 것이며, 인류의 역사에 있어서 가장 위대하고 뛰어났던 천재들은 모두가 한결같이 '예의와 겸손' 따위를 짓밟아 버리고, 언제나 '아버지 살해'를 감행했다는 사실을 또한 우리 학자들은 어떻게 이해를 해야 할 것인가? 대학 내부에서의 충돌 회피와 상호 토론과 상호 비판의 부재 현상에 대한 일차적인 책임은 삼류 중의 삼류인 김우창에게 있고, 우리 한국 사회의 백만 두뇌가 그 '예의와 겸손'의 채찍을 맞고 모조리, 철두철미하게 무력화된 것도 김우창에게 일차적으로 책임이 있다. 모든 스포츠 선수들은 세계챔피언이 되기 위해서 항상 실전을 방불케 하는 연습을 하고 있듯이, 우리 학자들도 '인문학의 거장'이 되기 위해서는 항상 자기 자신의 몸과 마음을 청결히 하고, 피눈물나는 실전 연습을 하지 않으면 안 된다. 끊임없이 새로운 문제점을 발견하려는 눈과 언제나 이의를 제기하고 비판할 수 있는 능력을 기르지 않으면 안 되고 상호 토론과 상호 비판을 통해서 일진일퇴를 거듭하는 스포츠처럼, 모든 학습의 과정을 진행시켜 나가지 않으면 안 된다. 비평의 무대는 논쟁의 무대이며 전쟁의 무대이지, '예의와 겸손'의 무대가 아니다. 또한 비평의 무대는 '아니다', '그렇지 않다'라는 말 대답이 가능한 무대이지, '충성의 강도'나 따지는 무대가 아니다. 김우창의 『궁핍한 시대의 시인』, 『지상의 척도』, 『정치와 삶의 세계』 등도 서양이라는 타자의 베끼기의 쓰레기 더미에 불과하고, 강준만의 모든 저서들도 마찬가지이다. 그들은 한결같이 어떤 제자도, 어떤 토론 문화의 활성화에도 기여를 한 바가 없고, 하버드대학이나 위스콘신대학이 김우창이나 강준만같은 어중이떠중이들만을 배출해 냈다면, 그 대학들의 세계대학 순위는 3,000 등씩이나 하는 삼류대학이 되었을 것이라고 나는 확신한다. 그들의 업적이라고는 오직 예의와 겸손만을 가르치면서, 타인들의 글을 무자비하게 베껴먹고(훔쳐먹고—도대체 글 도둑질이나 하는 것도 예의와 겸손에 해당되는 것인지, 나 원 참, 기가 막혀서 말이 나오지를 않는다.), 그 충성의 강도에 비추어 무리를 짓는 패거리나 양산해 냈을 뿐인 것이다. 그들이 대학사회의 상호 토론과 상호 비판의 문화를 활성화시키고, 그 동안의 자기 자신들의 '무노동—고임금 구조'와 '고비용—저효율 구조' 속에 안주해온 죄의 대가를 민족과 역사 앞에 진심으로 뉘우치고 과연 사과를 할 수가 있을까? 한국의 교육시장이 개방되어 세계적인 명문대학이 들어오기까지는 어림 반 푼어치도 없는 소리이다. 김우창과 강준만은 문화선진국인 미국 대학의 유학시절은 매우 자랑스럽게 이마에 써붙이고 다니지만, 학문이 무엇이고, 비평이 무엇이며, 천재가 무엇인지도 모르는 판단의 어릿광대들이다.

강준만은 김용옥도 천재이고, 진중권도 천재이고, "천재는 뭐 그렇게 대단하지 않은" 존재라고 말하고 있지만(2: 60), 천재에게 '예의와 겸손'을 바란다는 것은 반 고흐에게서 붓을 빼앗고, 모차르트에게서 오선지를 빼앗고, 알렉산더에게서 그의 진검을 빼앗는 것과도 같다. 호머, 셰익스피어, 괴테, 니체, 쇼펜하우어는 김용옥, 진중권, 강준만, 감우창 등—, 이 어중이떠중이들을 언제, 어느 때나 그들의 발밑으로 깔아 뭉개버리면서, 인류의 문화사 전체를 높이 높이 끌어올리고, 우리 인간들의 건강과 행복을 연출해 냈던 위대한 문화적 영웅들이기도 했던 것이다. 거기에는 인종과 문화와 종교의 편견도 있을 수가 없는데, 왜냐하면 그들은 모두가 다같이 우리 인간들의 아름다운 원형이자 전범이기 때문이다. 思無邪의 경지는 스승으로서의 선행조건이고, 모태이며, 토양이다. 좋은 생활의 태도와 좋은 학습의 태도가 思無邪의 전제 조건임은 두말할 필요조차도 없다. 마피아적인 형벌법과 검은 수사학으로 무장을 하고서도, 이미 죽은 시체나 대량학살하고 있는 강준만이 우리 진정한 학자들에게 그 자신의 소모적인 글쓰기를 반성하며, '평화공존'이라는 인면수심의 협상안을 제의해왔는데, 나는 참으로 그것이 가소롭고 한심하기 짝이 없다는 생각만이 들고 있다.

 나는 가끔 내가 주로 하고 있는 글쓰기에 대해 깊은 회의를 느낄 때가 많다. 한마디로 이야기해서 너무 소모적이라는 생각이 들기 때문이다. 나도 때로는, 오래가는, 오래 남을 그런 글쓰기에 주력하면서 내가 하기에 따라 모든 사람들로부터 존경을 받을 수 있는 삶을 살고 싶다는 생각을 한다. 도대체 어떡하다가 내가 이렇게 싸움질이나 일삼으며 적을 양산해내는 길로 빠졌는지 한탄할 때도 더러 있다. (……)
 그러나 그런 생각은 나를 정당화하기 위한 심리적 기제일 뿐, 나는 현실 문제에 깊이 개입하지 않으면서 학술적이고 깊이 있는 글쓰기를 하는 지식인이 부럽다는 생각을 하는 동시에 그들에 대해 호의적인 생각을 갖고 있다. 다만 한 가지 조건은 있다. 내가 그들을 존중하는 만큼 나 역시 존중받고 싶다. 즉, 각자의 영역과 방식을 존중하는 '평화공존'을 하자는 것이다.
 — 「인문학의 거장 김우창에게 묻는다」(3: 67)에서

 이봐요, 강준만 선생! 뭐, 뭐라구요? "내가 그들을 존중하는 만큼 나 역시도 존중받고 싶다"구요? 그러나 나는 그대에게 '평화공존 아닌 전쟁을 선포'한 바가 있고, 그대는 아직도 나의 사상과 이론이라는 '진검'의 위력을 실감할 수가 없단 말인가요? 하루바삐 『인물과 사상』과 '안티 조선 운동'의 간판도 내리고, 그대의 연구실에 파묻혀, 마크 포스터의 『뉴 미디어 철학』, 존 버거의 『영상과 커뮤니케이션』, 존 피스크와 존 하들리의 공저 『TV 읽기』, 보드리야르의 『소비

사회』, 미셸 푸코의 『말과 사물』, 사르트르의 『지식인의 변명』, 존 스토리의 『문화 연구와 문화 이론』 등과도 같은 책들을 쓰고, 전북대학교 신문방송학과를 국제경쟁력을 갖춘 세계적인 대학으로 육성해 보는 것이 그대의 대역죄를 씻을 수 있는 길일 것이요. 나는 그것만이 한국교육개혁의 올바른 길과 한국 언론개혁의 올바른 길이며, 이 땅의 야만적인 지역갈등을 해소하고 민족통일과 민족화합을 이끌어 낼 수 있는 지름길이라고 믿고 있소. 그러나 그것마저도 그대의 역량이 미치지 못한다면, 역사와 민족 앞에 진심으로 사죄를 하고, '잡설비평'의 치욕을 안고, 외롭고 고독하지만 쓸쓸하게, 孤島 '세인트 헬레나'로 유배를 떠나 나폴레옹의 발자취나 더듬어 보는 것도 한 방법일 수도 있을 것이요.

나는 『인물과 사상』의 강준만, '안티조선의 수장'으로서의 강준만, 전북대학교 신문방송학과 교수로서의 강준만의 존재의 의의와 생존의 근거는 이미 소멸되었다고 확신한다.

'안티 조선'의 깃발을 찢어버리면서

이미 시사를 한 바가 있듯이, '패권적 패거리주의자'와 '저항적 패거리주의자'는 동일한 인물들이며, 무서운 짝패들에 불과하다. 그들이 무서운 짝패(원수형제)들이라고 하는 것은 춘추전국 시대를 맞이하여, 오직 '절대 권력'만을 위해 그들이 다같이 사생결단의 싸움을 하고 있기 때문이고, 그들이 동일한 인물들이라고 하는 것은 부처와 예수와도 같은 위대한 인물들을 몰아내기 위해서는 언제든지 그 싸움을 중단하고 일치단결을 할 수가 있기 때문이다. 그들은

權不十年이라는 말도 염두에 두지를 않으며, '사상의 신전'이 아닌 '권력의 신전'을 짓기 위해서, 한 나라와 그 민족의 운명을 언제나 절망의 구렁텅이로 몰아 넣을 수가 있는 자들에 지나지 않는다. 눈 앞의 이익만이 달콤하고 미래의 희망이나 꿈은 오직 인고의 신산일 뿐인 것이다. 문화 권력을 소유한 자들은 자기 자신들의 권력이 별 것이 아니거나 죽어버린 시체에 지나지 않는다고 말하고, 그 권력을 가지지 못한 자들은 대학 사회, 학회, 언론, 출판, ○○문학상 심사위원, 각종 세미나의 연사와도 같은 무대를 바라보면서, 그들의 권력을 엄밀하고 공정하게 행사해야만 한다고 말한다. 문화 권력을 가진 자들에게 있어서 권력이란 죽어버린 시체이면서도 언제나 화려하게 부활할 수 있어야만 하고, 그렇지 못한 자들에게 있어서의 권력이란 그들이 입에 게거품을 물고 '공정한 권력의 행사'를 부르짖을수록 그들의 주가를 한없이 솟아오르게 해주고, 또한 그들의 명예와 명성을 더욱더 높이 끌어 올려주어야만 하는 어떤 것이지 않으면 안 된다. 권력은 절대 공정하거나 평등하게 행사될 수 없는 어떤 것이어야만 하고, 그 위치—자리만의 이동을 통해서, 주인(패권적 패거리주의자)과 노예(저항적 패거리주의자)의 신분이 전도되지 않으면 안 된다. 따라서 저항적 패거리주의자와 패권적 패거리주의자들은 모두가 한결같이 절대 권력만을 향유하고 싶어 할 뿐이지, 이 세상에서 가장 아름다운 사제의 관계인 베로키오와 레오나르도 다 빈치의 관계는 영원히 은폐되어야만 하는 어떤 것이다. 그들은 모두가 다같이 권력투쟁에 눈 먼 문화적 쇄국주의자들일 뿐이다. 그들의 암묵적인 동의에 의하면, 한국의 음악 수준은 영원히 세계적인 삼류가 되어야만 하고, 세계적인 지휘자인 정명훈은 영원히 이 땅에 발을 붙일 수 없도록 인천공항과 모든 항구들을 폐쇄시키지 않으면 안 된다. 나는 만일, 정명훈이 KBS에 있었더라면 KBS 교향 악단은 세계적인 교향 악단이 되고, 한국의 음악의 수준은 더욱더 향상되었으리라고 믿어 의심하지 않는다. 뿐만 아니라 한 걸음 더 나아가, 모든 인접 학문과 예술이 세계적인 수준으로 향상될 수도 있었을 것이다. 하지만 어느 누구 한 사람, 어느 비판적 지식인 한 사람이 정명훈을 다시 불러들여야 한다고 역설한 적이 있었단 말인가? 내가 1993년, 불세출의 대형비평가 김현을 정면으로 비판하고 나의 이름 자체가 '금기의 대상'이 된 것도 따지고 보면, 우리 한국 사회에는 '김현, 김우창, 정과리 대 강준만, 김정란, 권성우'와도 같은 어중이떠중이들이 존재하고 있었기 때문이다. 반경환의 문학적 성과는 더욱더 은폐되어야만 하고, 반경환은 저주받은 악마의 상징이거나 하루바삐 한국 사회에서 사라져가야만 하는 어떤 시대착오적인 인물에 지나지 않는다. 나는 대학교수직을 헌신짝처럼 내던져 버리고 '無位人의 사상'을 몸소 실천하고 있는 이정우 교수를 그 어느 누구보다도 마음 속 깊이 존경을 하고 사랑한다. 이정우 교수와 나와의 만남은 우리 한국인들의 미래의 희망과 꿈 자체가 되어줄는지도 모른다. 우리는 언제, 어느 때나 '권력투쟁' 따위는 발밑으로 깔아뭉개 버리면서, 천세불변의 '사상의 신전'을 짓고자 최선의 노력을 다 할 것이다.

    나는 나의 입이 더욱더 더러워질까봐 몹시 자제를 하고 있지만, '안티 조선'의 폐해는 정말이지, 더 이상 눈 뜨고 볼 수 없을 정도로 심각한 수준에 올라섰다고 하지 않을 수가 없다. 강준만도 魔物이고, 김정란도 魔物이고, 권성우도 魔物이다. 오늘도 그 魔物들이 사이버 공간의 여러 분신들로 세포분열을 하고 있다. 더럽고 추하게, 자기 자신의 신분을 밝히지도 못하고, 그것도 익명으로 숨어서 온갖 험담과 쌍욕을 해대며 집단적인 테러들을 자행하고 있다. 강준만과 김정란이여, 우리가 백 번 양보를 한다고 하더라도 '안티 조선'이 진정한 시민운동의 단체라면, 그 구성원들은 언제, 어느 때나 자기 자신의 신분을 밝히고, 항상 의연하고 떳떳하게 자기 자신의 의견과 비판을 해야만 되는 것이 아니던가? 우리 대한민국 사회를 더욱더 밝고 깨끗하고 아름답게 하기 위해서 나선 사람들이 그것도 익명으로 숨어서, 온갖 험담과 쌍욕을 해대며 집단적인 테러들을 자행하고 있다는 것이 그렇게도 자랑스럽고 떳떳한 일이라고 할 수가 있단 말인가? '안티 조선'의 운명은 《조선일보》보다도 더 빨리 비명횡사하게 되어 있고, 온갖 수치와 치욕뿐인 훈장을 달고 역사의 무대에서 사라져 가게 되어 있다. 나는 '안티 조선'의 깃발을 찢어버리면서, 내가 '창비'의 자유게시판에 올렸던 나의 글을 마지막으로 제시해 보고자 한다. 이 글은 본문과도 중복되는 부분이 있지만, 독자 여러분들께 어느 한 사건의 일면을 상세하게 소개를 하여 보겠다는 의미에서, 그 전문을 수정—삭제 없이 그대로 내보낸다.

(……).

| 참고 문헌 |

1. 니체, 『도덕의 계보』, 청하출판사, 1990
2. 강준만, 월간 『인물과 사상』, 인물과사상사, 1999, 6월호
3. ──, 『인물과사상』 제15권, 개마고원, 2000
4. 반경환, 「박노해 비판」, 『愛知』, 2000년 가을호
5. ──, 『한국문학비평의 혁명』, 국학자료원, 1997
6. ──, 『어느 철학자의 행복』, 국학자료원, 2000
7. 쇼펜하우어, 『의지와 표상으로서의 세계』, 집문당, 1994
8. 니체, 『짜라투스트라는 이렇게 말했다』, 청하, 1980
9. 이광래, 『미셸 푸코』, 민음사, 1989
10. 니체, 『서광』, 청하, 1983
11. ──, 『이 사람을 보라』, 청하, 1982

이성복 비판
― 외디프스의 운명

1

  시는 삶 이상도 아니고 삶 이하도 아니다. 시인은 온몸으로 온몸으로 그 자신의 삶의 내용을 쓰는 것이며, 그 온몸의 실천 속에 자기 자신의 삶의 형식을 완성해 나가지 않으면 안 된다. 시에 있어서 내용과 형식을 분리할 수가 없듯이, 시인의 삶의 내용과 형식도 분리할 수가 없는 것이다. 시는 문화적 장식품도 아니며, 공허한 말장난도 아니다. 시가 시인의 삶의 내용이 되고 형식이 될 수 있을 때, 그 시인의 시적 기교는 하나의 우연이나 기적처럼 저절로 이루어지게 된다. 이것이 훌륭한 시인의 외적 출현의 전모이며, 한 천재가 탄생한다는 시중의 속설의 전거가 되고 있는 것인지도 모른다.
  그러나 시적 기교는 진정성의 문제이지, 두뇌 속의 가짜 기교의 문제가 아니다. 따라서 한 천재는 탄생하는 것이 아니라, 온갖 만고 풍상을 겪으며 오랜 기간 동안의 뼈를 깎는듯한 수련의 과정을 거쳐 왔을 뿐인 것이다. 우리는 그 과정을 이해하지 못한 채, 마치 그것을 돌연한 탄생처럼 이해하게 된다. 시적 기교는 삶의 진정성의 문제이고, 삶의 진정성의 문제는 고통을 향유할 수 있는가, 없는가라는 문제이다. 어떻게 이글이글 생살을 태우는 고통이 없이 하늘을 찌를듯한 삶의 환호가 가능할 수가 있겠는가! 또한 어떻게 온몸에 식은땀을 흘리는 고통이 없이 아름다운 삶으로서의 진수를 펼쳐 보일 수가 있겠는가!

삶의 향유는 고통의 향유이며, 차라리 고통, 그 자체일는지도 모른다. 우리들의 삶에 있어서 쾌락과 고통은 산봉우리와 산봉우리 사이로 이루어진 하나의 밧줄이다. 우리는 혼신의 힘을 다해 그 밧줄을 건너가야 하는 것이지, 마치, 땅을 짚고 헤엄을 치듯이, 가짜 곡예를 펼쳐 보여야 하는 것은 아니다. 이성복은 어느 누구보다도 한 편 한 편의 서정시로서 서사적 총체성을 완성해 나가고 있는 시인인 것처럼도 보인다. 편의상 그 하나의 시적 도정을 네 개의 시적 도정으로 정리해 본다면,

　　1, 우리들의 아버지를 부정하는 『뒹구는 돌은 언제 잠깨는가』의 첫 번째 도정과;

　　2, 치욕의 주체인 어머니—누이들과 연애하는 『남해 금산』의 두 번째 도정, 그리고;

　　3, 그 연애 과정 끝에 육적 동일화(결혼)를 이루고 있는 『그 여름의 끝』의 세 번째 도정과;

　　4, 마침내 아버지가 되는 『호랑가시나무의 기억』의 네 번째 도정 등으로

설명해 볼 수도 있을 것이다.

첫 번째 시집의 시적 화자는 '완벽한 허위, 완벽한 범죄'(「어째서 이런 일이 벌어졌을까」)의 세계에서, "아버지, 아버지… 씹새끼, 너는 입이 열이라도 말 못해"(「그해 가을」)라고 아버지를 부정하고

있는 '정든 유곽'의 한량이며, 두 번째 시집의 시적 화자는 치욕의 주체인 어머니와 누이들—"오늘도 화장지 행상에 지친 아들의 손 발에, 가슴에 깊이 박힌 못을 빼는 어머니"(「어머니 1」)라는 시구가 그것이고, "누이는 낮게낮게 소리쳤다, 오빠, 치욕이야!"(「자고나면 龜甲같은 치욕이」)라는 시구가 그것이다—에게 더없이 따뜻한 사랑의 시선을 보내고 있는 "화장지 행상에 지친" 아들이다. 세 번째 시집의 시적 화자는 "그대와 나의 길은/ 통곡이었네// 못다 간 우리 길은/ 멎어버린 통곡이었네"(「길」)라고 노래를 부르면서, 그 어머니—누이들과 육적 동일화를 이룩한 남편이며, 네 번째 시집의 시적 화자는 '어머니와 아내'를 '한몸'(「높은 나무 흰 꽃들은 燈을 세우고 17」)처럼 생각하면서, "아이들 이불을 덮어주고 불도 꺼주어야 할 텐데"(「높은 나무 흰 꽃들은… 20」)라고 걱정하는, 마침내 아버지가 된 시적 화자이다.

첫 번째 시집의 아버지는 한국 사회를 병든 유곽의 구조로 이끌면서, 그 가족 구성원들에게 치욕적인 삶을 강요했던 아버지이며, 네 번째 시집의 아버지는 그 치욕적인 삶의 주체가 되어 모든 시적 화자들과의 관계를 따뜻한 사랑의 관계로 변용시킨 아버지이다. 하지만 전자의 아버지와 후자의 아버지는 '완벽한 범죄'와 '완벽한 사랑'의 주체자로서 상호 대립적이면서도, 한 가정의 가장이라는 점에서, 동일한 인물의 다른 두 모습처럼 보여지기도 한다. 모든 시의 밑에는 그 시대의 사회적 현실이 작용하고 있으며, 모든 시는 동시대의 사회적 현실에 대한 반영이라고도 할 수가 있다.

어쩌면 이성복 시인은 아버지를 살해한 아들로부터 살해를 당해야 할 아버지의 길을 매우 아슬아슬하게 건너가고 있는 것인지도 모른다.

2

외디프스콤플렉스는 프로이트식의 성적 욕망을 나타낼 수도 있고, 르네 지라르식의 모방 욕망을 나타낼 수도 있다. 아들이 아버지를 살해하고 어머니와 동침하고 싶다는 욕망은 프로이트식의 성적 욕망일 수도 있지만, 현대 사회의 문화적 맥락에서는 타인과 경쟁자(아버지)들에 의해서 야기된 우발적인 모방 욕망일 수도 있는 것이다. 프로이트식의 외디프스콤플렉스는 우리들의 성적 욕망의 전거가 되고, 르네 지라르식의 외디프스콤플렉스는 우리들의 모방 욕망의 전거가 된다. 하지만 외디프스 신화에 초점을 맞추어 그 개념을 정리해 본다면, 외디프스의 범죄가 뜻밖의 어떤 것이라는 점에서, 잃어버린 자아를 회복하려는 나의 '정체성 회복 욕망'으로 설명할 수도 있을 것이다. 이성복의 콤플렉스는 외디프스콤플렉스이며, 그의 콤플렉스는 매우 복합적인 울림을 갖고 있다고 생각된다. 그의 어머니—누이에 대한 편향은 첫 번째에 해당되고, 아버지를 경쟁자로 인식하는 경향은 두 번째에 해당되며, 완전한 존재에 대한 욕망은 마지막 세 번째에 해당된다. 그러니까 그의 시세계에 있어서 외디프스콤플렉스를 단일한 의미로 환원시키지 않고, 여러 의미가 중첩되는 콤플렉스로 읽어내는 것이 보다 중요한 일이 될 것이다.

아버지는 모든 권력이 집중된 통개인적인 어떤 인물이며, 아들은 아버지의 권위에 도전하는 아들로서의 통개인적인 어떤 인물이다. 왜냐하면 우리 인간들의 모든 권력 관계는 잠재적으로라도 하나의 투쟁 전략을 낳고 있기 때문이다. "우리의 행복은 일류 학교 뱃지를 달고 일류 양장점에서/ 재단"(「다시, 정든 유곽에서」)된다는 아버지의 권위가 그것이고, "아버지, 아버지…씹새끼, 너는 입이 열이라도 말 못해"라는 극단적인 부정이 그것이다. 아버지의 권위는 범죄적이고, 아들의 권위는 모독적이다. 이러한 싸움에서 힘이 약한 아들은 주변적인 유곽으로 도피하게 되지만, 정의 사회를 언제나 부르짖고 있는 아버지에게는 그러한 사실이 참을 수가 없는 것이 된다. 하지만 아버지는 그 싸움에서 패배할 수밖에 없는데, 왜냐하면 부단히 학대받고 짓밟힌 자들에 대한 아들의 노래가 더욱 더 폭넓은 울림을 갖고 있기 때문이다. 이성복의 초기시의 위대성은 이러한 풍자적인 언어로써 아버지의 언어를 해체하고 재구성했다는 데 있다고 보여진다.

이성복의 네 번째 시집인 『호랑가시나무의 추억』은 이제는 그 반대의 입장에서 아버지의 언어를 그의 아들에게 들려주고 있는 것처럼도 보인다. 보수와 진보는 우리들의 두 얼굴이다. 이러한 사실들이 이성복의 시에서는, "아침에 갑자기 아내에게 전화가 온다 어머니가 몹시 아프다고", "어머니, 내리세요, 그 차가 아니예요!"(「높은 나무 흰 꽃들은 燈을 세우고 16」)라는, 어머니에 대한 사랑으로 나타나기도 하고, "여기 와서 제일 허전한 순간은 잠잘 때이다 아이들 이불을 덮어주고 불도 꺼주어야 할 텐데……"(「높은 나무 흰 꽃들은…20」)라는, 자식들에 대한 사랑으로 나타나기도 한다. 자연스러운 운명의 순간마저도 인위적으로 막아보려는 시적 화자의 안타까운 노력이나 자식들에 대한 쓸데없는 걱정은 보수주의자의 시선이지, 그러한 사실들을 순리로서 받아들이고 있는 진보주의자의 시선은 아닌 것이다.

그 아버지는 훌륭한 아들이면서도 훌륭한 남편이고, 훌륭한 남편이면서도 훌륭한 아버지이다. 이러한 일인 삼역의 어려운 역할 속에 우리들의 아버지의 고민이 담겨 있고, 그 쓸쓸하고 허전한 의무 속에 과감하게 떨쳐버릴 수 없는 우리들의 삶의 밧줄이 매여 있다. 이성복의 『호랑가시나무의 기억』은 이러한 일상인의 삶의 세목이 사실 그대로 자연스럽게 담겨 있다고 해도 과언이 아니다. 더욱더 다행스러운 것은 아내와 자식과, 그리고 아버지의 삼각 관계 속에 매여 있지만도 않고, 그 시집의 후반부에서는 자기 자신의 이웃들과 타인들에 대한 사회학적인 관심의 폭을 넓혀가고 있다는 점을 들 수도 있을 것이다. 이러한 점이 고전적인 수신제가의 덕목일는지도 모른다.

그러나 시인은 보수적일 수도 있지만, 그의 시는 전복적일 수도 있는 것이다. 그 대표적인 예가 「높은 나무 흰 꽃들은 燈을 세우고 19」라는 시라고 생각된다.

나의 아이는 언제나 뭘 물어야 대답하고 그것도 그저 "응" "아니요"라고만 한다 그때마다 나는 가슴이 답답하고 저 아이가 딴 아이들처럼 자기 주장을 하고 억지도 썼으면 좋겠다는 생각을 한다 때로 나의 아이가 무작정 울면서 들어오지만 아무리 물어도 제가 왜 울었는지를 모른다 나의 아이는 그 마음이 따뜻하고 나름대로 고집과 욕심이 없는 것도 아니지만 나는 무언가 마저 주지 못한 것 때문에 늘 마음이 답답하고 그것이 무엇인지 물어보지만 또 잊어버리곤 한다 나의 아이를 내가 늘 잊지 못하는 것은 저러자면 저는 얼마나 답답할까 하는 생각이 가끔씩 들기 때문이다

「높은 나무 흰 꽃들은 燈을 세우고 19」에서 아버지는 자상한 아버지가 되려고 하지만, 아이는 그 아버지의 자상함에 어떤 위화감과 거리감을 느끼고 있는 것 같다. "언제나 뭘 물어야 대답하"는 아이가 그것이며, 그 대답마저도 '응' '아니요'라고만 짤막하게 대답하는 아이가 그것이다. 이처럼 아버지와 아들의 관계는 애증이 겹치

는 관계이다. 아버지의 수신제가적인 덕목은 늘 시혜적이지만, 아들에게는 그 시혜적인 사랑이 하나의 부담으로만 작용한다. 아버지의 아들에 대한 사랑(전략)은 "자기 주장도 하고 억지도 썼으면 좋겠다"는 바램이지만, 아들은 그 아버지의 전략을 벗어나서 '나름대로의 고집과 욕심' 속에서 묵묵부답으로만 대꾸한다.

이때의 묵묵부답은 아들의 전략이지, 속수무책의 어떤 것이 아니다. 아들은 아버지의 범죄적인 물음에 맞서서 모독적인 묵묵부답으로 대꾸한다. 그 결과, 안달과 광기에 사로잡힌 것은 아버지이지, 그의 아들이 아니다. 왜냐하면 언제나 '답답한' 것은 수신제가적인 모범답안만을 갖고 있는 아버지이지, 그 모범답안을 벗어난 아이가 아니기 때문이다. 따라서 아버지의 사랑도 미움으로 변모되고, 아버지의 간섭을 바라지 않는 아이의 사랑도 미움으로 변모된다.

시인의 보수적인 성향과 시의 진보적인 성향은 양립할 수가 있다. 우리는 이러한 시의 기원에 잔인성을 두지 않으면 안 된다. 또한 아버지의 사랑의 기원에도 잔인성을 두지 않으면 안 되고, 아이의 사랑의 기원에도 잔인성을 두지 않으면 안 된다. 아버지와 아들의 관계는 애증이 겹치는 관계이며, 언제나 그 잔인성을 실천하는 투쟁의 관계이다. 아버지의 위상은 가부장적인 권위에서 출발하여 노쇠한 불명예로 귀착되고, 아이의 위상은 주변적인 복종의 상태에서 출발하여 위대한 지배자(신성모독자)로 귀착된다.

우리들의 삶에 있어서 모범답안(수신제가적 덕목)이란 있을 수가 없다. 또한 바람직한 정상과 비정상의 관계도 있을 수가 없고, 이성과 광기의 바람직한 관계도 있을 수가 없다. 오늘의 아버지는 살해당해야 할 외디프스에 불과하고, 오늘의 외디프스 역시도 내일이면 살해를 당해야 할 아버지에 불과하다. 아버지의 사랑의 이면은 모든 것을 허용해 주면서까지도 자기 자신만의 권위를 쌓아가는 잔인함이며, 아들의 사랑의 이면은 어떠한 시혜적인 사랑마저도 거절하는 신성모독적인 잔인함이다. 우리는 이러한 엄연한 사실 앞에서 기뻐해야지, 그것을 두려워해서는 안 된다.

결론적으로 말한다면, 시인의 보수적인 성향과 시의 진보적인 성향은 바람직한 관계가 아닌 것이다.

3

이성복 시인은 외디프스처럼 슬기로워서 스핑크스의 수수께끼를 풀듯이, 한국 사회의 구조적 모순과 그 아버지들을 상징적으로 살해하고, 한국 시사에 길이길이 남을 만한 불멸의 시들을 남겼다. 1980년대 한국 시단이 풍요로웠다면, 나는 두말할 것도 없이 이성복을 꼽을 것이고, 그 다음으로 황지우와 박남철, 그리고 최승호 시인 등을 꼽을 것이다. 하지만 『호랑가시나무의 기억』의 시들은 그의 명성을 욕되게 하고 있는 것 같다. 그것은 피할 수 없는 외디프스적 운명의 문제도 아니고, 후배들의 거세어진 도전 때문만도 아니다. 이성복적 위기 상황은 어디까지나 시인의 문제이지, 불가피한 외부조건의 문제가 아닌 것이다.

그는 훌륭한 아들이면서도 훌륭한 아버지이기도 하지만, 다른 한편, 타자의 주체성마저도 동일화하려는 잔인한 아버지이기도 한 것이다. 시인으로서의 이상적인 전형은 아폴로적 유형에서 디오니소스적인 유형으로 걸어 나가야 하는 것이지, 디오니소스적 유형에서 속물 교양주의자의 전형인 희극의 주인공으로 걸어 나가야 하는 것은 아니다. 『호랑가시나무의 기억』의 시적 화자들은 희극의 주인공은 될 수 있을지언정, 결코 비극의 주인공이 될 수는 없다고 보여진다. 그 시집에는 무엇보다도 이글이글 생살을 태우는 시적 화자의 고통도 없고, 한 뛰어난 시인의 사회학적 상상력의 깊이도 있을 수가 없는 것이다.

삶의 깊이가 차츰차츰 엷어져 간다는 것, 이것은 단순성의 깊이도 아니고, 진보의 결과도 아니다. 메마르고 건조한 문체가 그렇고, 짧은 단시들이 그렇다. 이성복의 시적 목표는 한 편 한 편의 서정시로서 서사적 총체성을 완성해 나가는 것이지만, 그것이 하나의 두뇌 속의 기교에 불과할 때, 그것의 실패는 불을 보듯이 뻔한 일일 것이다. 시는 문화적 장식품도 아니고, 공허한 말장난도 아니다. 또한 시는 시적 기교의 문제도 아니고, 후 세대를 두려워하는 보수주의자의 문제도 아니다. 위대한 진보주의자는 자기 자신의 비극적인 삶마저도 어떠한 시적 기교도 필요치 않은 세계로 만들어 버린다.

이제 이성복을 칭찬함으로써 자기 자신들의 이익과 특정 집단의 이익을 챙기던 시대는 지나갔는지도 모른다. 그들의 칭찬은 시인에게도 독이 되고, 그 자신들에게도 독이 된다. 그리고 한국 시문학사는 더 큰 중병을 앓게 될 것이다. 누가 이성복의 『호랑가시나무의 기억』의 세계를 '자아의 확대와 상상력의 심화'라고 칭찬할 수가 있겠는가? 또한 누가 이성복의 『호랑가시나무의 기억』의 세계를 훌륭한 아버지의 초상으로서 칭찬할 수가 있겠는가? 나는 그들과 반대 방향에서, 마지막으로, 「높은 나무 흰 꽃들은 燈을 세우고 1」의 시를 인용해 두기로 한다.

『호랑가시나무의 기억』의 시세계에서는 보기 드물게 이성복다운 수준을 유지하고 있는 시라고 생각된다.

노오란 꽃들이 종아리 끝까지 흔들리고 나는 식당으로 밥 먹으러 간다

발정난 개처럼 알록달록한 식욕을 찾아, 지름길을 버리고 여러 개의 정원 같은 세월의 골목을 돌아 나는 추억의 식당으로 간다 내가 몸 흔들면 송진 같은 진액이 스며나오고, 발길에 닿는 것마다 조금씩 슬픈 울음을 울기 시작한다 언제 와도 좋은 길을 나는 처음인 듯 이렇게 걸어보는 것이다 으으으 벙어리의 입 모양을 지으며

모든 시인들에게 있어서 수신제가적 덕목은 불필요한 감정의 낭비에 지나지 않는 것인지도 모른다. 진정한 비극의 주인공들은 모든 인문주의자들의 교양을 '발정난 개처럼' 물어뜯어 버리고, 어떠한 '슬픈 울음'마저도 '으으으 벙어리의 입 모양'으로 향유하지 않으면 안 된다. 위선적인 인간의 탈을 벗으면 그 모든 것이 가능해진다. 아버지의 유덕이 조건 없이 성화되는 한 그 아들의 삶은 끝장이 나게 마련이다. 어찌 살해를 당할 외디프스의 운명이 행복하지 않을 수가 있겠는가?

시는 온몸으로 온몸으로 삶의 내용을 쓰는 것이다.

순결 이데올로기의 안과 밖
— 장정일과 이문열의 경우

1990년대를 생각해 보면 장정일의 『내게 거짓말을 해봐』라는 소설이 떠오르고, 그 다음으로는 이문열의 『선택』이라는 소설이 떠오른다. 장정일의 『내게 거짓말을 해봐』라는 소설은 그것이 '외설이냐/ 문학작품이냐'라는 논쟁을 불러일으켰으며, 이문열의 『선택』은 그것이 지닌 고색창연하고 보수적인 시각만큼이나 여성 해방의 문제를 둘러싸고 아주 뜨거운 논쟁을 불러 일으켰다. 이밖에도 1990년대의 문학적 사건은 이인화, 장정일, 구효서, 박일문 등의 젊은 작가들이 무라카미 하루끼의 소설을 표절했다고 해서 한국문단이 떠들썩 했던 사건이라고 할 수가 있다. 하지만 '외설이냐/ 문학작품이냐'의 논쟁이나 페미니즘을 둘러싼 논쟁도 낯 뜨거운 논쟁에 불과하고, 젊은 작가들의 표절 시비의 문제도 낯 뜨거운 사건에 불과하다. 이 모든 사건들이 한국문학의 향상에 기여하기는커녕, 제3세계의 문화적 풍토병과 수준 미달의 작가 의식이 빚어낸 사건이라고 하지 않을 수가 없다.

생리적, 혹은 생물학적 입장에서 바라보면 '일부다처제'가 옳고 '일부일처제'는 그만큼 인위적이고 야만적인 제도라는 것이 드러나게 된다. 아프리카의 얼룩말이나 사슴을 생각해 보더라도 그렇고, 또한 늑대나 양의 무리들을 생각해 보더라도 그렇다. 무리를 짓는 동물들, 혹은 아리스토텔레스의 말대로 모든 사회적 동물들 중에서 언제나 성교할 권리를 갖는 자는 가장 용기가 있고 힘이 센 자라고 할 수가 있다. 여성은 가장 남성다운 남자를 좋아하고, 남성은 가장 여성다운 여자를 좋아한다. 따라서 가장 힘이 센 자에게 성교할 권리가 주어지는 것은 언제나 종의 보존과 종의 건강을 위해서 암묵적으로 '종족에의 의지'가 동의하고 합의한 결과라고 하지 않을 수가 없다. 이 세상에는 대 호색한이나 오입장이는 있을 수가 없으며, 오직 종족에의 의지가 강한 사람만이 있다. 남성은 기회가 주어지면 1년에 100명 이상을 임신시킬 수도 있지만, 여성은 쌍둥이는 예외로 치고 1년에 한 명만을 출산할 수가 있다. 남성의 성욕은 그가 육체적으로 늙거나 쇠약해지지만 않는다면 무한하지만, 여성은 아이를 배고 출산하면 성욕이 감퇴하고 한 남자만의 사랑으로도 만족할 수가 있다. 산아제한이 없었던 옛날에는 10여 명의 아이를 낳고 그들을 양육하는 데 20년 내지 30년이 걸렸다고 한다. 모든 남성의 성욕은 그 대상에 한계가 없고 무한하지만, 모든 여성의 성욕은 그 대상에 한계가 있고 유한하다.

 모든 남성은 종이 소멸될 경우를 대비해서 더 많은 씨를 뿌리려고 하지만, 모든 여성은 출산 능력의 한계로 인하여 수많은 남성들을 다 받아들일 수가 없다. 남자들이 아름답고 풍만한 유방에 관심을 쏟고 있는 것은 그 여성이 장차 2세에게 영양 공급을 제대로 해줄 것인가, 아닌가를 보는 것이며, 또한 여성의 남산만한 엉덩이에 관심을 쏟고 있는 것도 그 여성이 장차 아이를 잘 낳을 것인가,

아닌가를 보는 것에 지나지 않는다. 모든 남성은 더 많은 여성들과 관계를 가지려고 하고, 모든 여성은 한 남성하고만 관계를 가지려고 한다. 이것이 생물학적 욕구에 따른 종족에의 의지이며, 여성의 간통이 남성의 간통보다 더 큰 죄가 되고 있는 까닭이라고 할 수가 있는 것이다. 역사 철학적으로는 소크라테스가 보다 건강하고 튼튼한 2세를 생산해 내기 위해서 뛰어난 전사들에게만 성교할 권리를 부여하자고 주장한 바가 있는데, 왜냐하면 종의 보존과 종의 건강이 우리 인간들에게는 지상 최대의 과제였기 때문이다. 모계 중심 사회가 없었던 것은 아니지만 대부분의 사회는 부계 중심 사회였다고 해도 틀림이 없다.

다시 한 번 강조하지만 생물학적 입장에서 바라보면 일부다처제가 옳고 일부일처제는 그만큼 인위적이고 야만적인 제도라는 것이 드러난다. 유교와 기독교가 일부일처제를 옹호하고 정착시킨 바가 있지만, 오늘날에도 일부다처제는 완전히 사라지지 않고 있는 제도라고 하지 않을 수가 없다. 중앙 아시아의 회교문화권은 예외로 간주하더라도 노동자나 농민들은 성교할 권리마저도 박탈되어가고 있는데도 불구하고, 정주영이나 이병철, 혹은 돈과 명예와 권력이 있는 자들은 암암리에 첩을 두거나 바람을 피울 수 있는 권리를 향유하고 있는 것이 바로 그렇다. 인신매매 조직이나 성적 타락 현상이 문제가 되고 있는데도 퇴폐적인 향락 업소는 그대로 유지하고 있는 것이 그렇고, 대부분의 여성들이 정주영이나 이병철의 첩이 되려고 하지, 노동자나 농민들에게는 시집을 가려고 하지 않고 있는 현상이 그렇다.

하지만 현대 사회에서는 부의 분배 문제와 함께 성의 분배 문제가 아주 중요한 문제가 되고 있다. 부의 분배 문제가 제대로 이루어지지 않으면 사회주의 혁명이 일어나듯이, 성의 분배가 제대로 이루어지지 않으면 상류 사회의 귀부인이나 그 딸들의 순결이 유린되지 않을 수가 없는 것이다. 경제의 측면에서도 민주주의의 바람이 불어왔듯이, 성의 측면에서도 민주주의의 바람이 불어왔던 것이다. 유교와 기독교는 일부다처제도를 전복시킨 종교이며, 반 생물학적 입장에서, 일부일처제도를 정착시킨 종교이다. 그러나 현대 사회에 있어서의 성의 문제는 일부일처제도의 폐해에 있지 않고, 그것을 넘어서서 생산성의 성을 불모의 성으로, 아름다운 성을 더러운 성으로, 사랑으로서의 성을 불륜의 성으로서 전복시킨 데 있다고 해도 과언이 아니다. 한 남자를 사랑하고 일부종사를 하는 것도 미덕이 되지를 못하고, 아이를 낳고 그들을 훌륭하게 양육시키는 어머니의 길도 미덕이 되지를 못한다. 남녀의 사랑을 통해서 '자손의 기초'를 만드는 것도 미덕이 되지를 못하고, 이루어질 수 없는 사랑의 한탄은 종족의 탄성이라는 옛말도 미덕이 되지를 못한다.

장정일의 『내게 거짓말을 해봐』는 일부다체제를 옹호하고 있는 것도 아니고, 일부일처제를 옹호하고 있는 것도 아니다. 또한 그의 소설은 문학을 옹호하고 있는 것도 아니고, 어떠한 지상낙원을 옹호하고 있는 것도 아니다. 그가 굳건하게 발을 딛고 있는 물적 토대는 '순결 이데올로기'의 바깥이며, 완벽하게 염세주의만이 자라나고 있는 곳이라고 하지 않을 수가 없다. 그는 아무 것도 하지 않는 자로서 불모의 성인 섹스에의 탐닉과 함께, 아버지를 살해하려는 외디프스콤플렉스의 주체자가 되고 있는 것이다. 그의 『내게 거짓말을 해봐』는 우리 인간들의 허위 의식과 성적 탐닉 현상을 적나라하게 폭로하면서, 모든 지배 이데올로기를 해체하려는 소설이라고 하지 않을 수가 없다.

와이가 여고생이라는 것, 그리고 제이가 그녀보다 꼭 스무 살이 많은 유부남이라는 것은 두 사람의 관계에 장애가 되기에 충분하다. 왜냐하면 사회적 관습은 여고생에게 여고생의 위치를 고수하기를, 또 유부남에게 유부남의 위치를 고수하기를 강제한다. 사람들은 사랑의 힘에 늘 놀라워 하지만 그것을 언제나 승인하는 것은 아니다. 국경과 이념은 물론이고 인종과 종교마저 뛰어넘는 어떤 열정이 있다는 것은 참으로 무시무시하지 않은가? 이질적인 것을 하나 되게 만드는 그 열정은 한 사회나 개체적 인간들을 참을 수 없이 위협한다. 모든 간격과 개별성을 일순에 무화시키는 사랑이라는 이름의 처치 곤란한 열정은 우리들의 고유한 위치와 존재를 무와 혼돈으로 되돌린다. 때문에 누구나 사랑을 원하지만 사랑을 겁낸다. 그것은 내가 죽어 사라지는 최악의 경험이다. 개체와 자아의 불가침한 보존과 그것들의 질서로 완성되는 신성한 사회에서 그 최악의 경험은 당사자가 아닌 구경꾼에게마저 전율과 구토를 불러일으킨다. 만약 와이와 제이의 조악스런 만남을 사랑이라고 높여 부를 수 있다면, 그들의 사랑이 용납되지 않는 이유는 거기 있다.

— 『내게 거짓말을 해봐』, 123면

지난 날의 여성들의 일생은 10여 명의 아이들을 출산하고 양육하는 데 바쳐졌다고 해도 과언이 아니다. 10여 명의 아이들을 2년 내지 3년 터울로 낳고 그들이 육체적으로 자립할 때까지의 양육 기간은 여성들의 성을 자연스럽게 불모의 성이 아닌, 생산의 성으로 만들었다. 그러나 오늘날은 어떠한가? 대부분의 여성들은 아이들을 1~2명씩 낳거나 아예 낳지 않는 산아제한의 시대를 맞이하게 되었다. 이제는 아이들 양육에 20년이나 30년씩을 소비하지 않아도 되었고, 기껏해야 7년 내지 10년 미만으로 줄어든 아이들의 양육 기간은 대부분의 여성들의 성을 퇴폐적인 쾌락의 도구로 전락시키기에 충분하게 되었다. 오늘날 대부분의 여성들은 자연분만마저도 기피를 하고 어린 아이에게 모유조차도 먹이려고 하지를 않는다. 여성의 유방도 성적인 도구일 뿐이고, 그녀들의 멋진 엉덩이마저도 단지 성적인 도구일 뿐이다. 따라서 오늘날의 현대 여성들은 보다 더 많이, 보다 더 빨리, 보다 더 요염하게 자극적으로, 그녀들의 육체를 노출시키며 세상의 모든 남자들을 편력해 나가고 있는 것인지도 모른다.

장정일의 『내게 거짓말을 해봐』라는 소설은 현대 사회의 성 풍속도의 반영이면서도 아버지를 살해하려는 외디프스콤플렉스를 그 주제로 간직하고 있는 소설이라고 하지 않을 수가 없다. 군복을 입고 150cc 오토바이를 타고 다니면서 군대식 규율을 강요했던 제이의 아버지와 또 역시 군복을 입고 오토바이를 타고 다니면서 누이동생의 사생활을 사사건건 감시했던 와이의 오빠가 반동적인 인물들이라면, 삼십대 후반의 유부남인 제이와 십대의 여고생인 와이가 주요 인물들이라고 하지 않을 수가 없다. 그들의 사랑은 "인종과 종교"마저도 뛰어넘는 열정으로 가득 차 있고, 삼십대 후반의 유부남과 십대의 여고생이라는 사회적인 관습마저도 뛰어넘는 열정으로 가득 차 있다. 또한 그들의 사랑은 "국경과 이념"을 뛰어넘는 열정으로 가득 차 있으면서도 우리 인간들의 "고유한 위치와 존재를 무와 혼돈으로" 되돌리려는 열정으로 가득 차 있다. 그것은 내가 죽어 내가 사라지는 최악의 경험이면서도 그만큼 위험하고 불순한 사랑이기도 한 것이다. 따라서 "유부남인 제이는 가사를 위한다거나 후세 교육을 위해서, 아내를 위해서, 사회를 위해서 '아무 하는 일 없이' '씹'하는 일에만 몰두하는, 그리고 일반 사람들이 상상하기 힘들 정도로 수없이 많은 여자들을 상대하고 다니는, 다시 말해 새로움만을 충족하기 위해 날뛰는 색정광 돈주앙의 모습이며, 와이는 대뜸 처음부터 제이에게 "너하고 씹하고 싶다"라고 하는 창녀의 모습이다. 그래서 수없이 "너 여고생 맞니?"라는 확인성 농담이 이뤄질 정도이며, 이것은 포르노 작품의 성격에 걸맞게 와이에게 남성적인 적극성을, 제이는 그저 수동적으로 주는 것만 받아먹어도 되는 편안한 입장에 거주할 수가 있게 한다"(『세계의 문학』, 1997, 봄호)라는 하태환의 말이 그 타당성을 띠게 된다. 하태환의 「포르노 문학」은 장정일의 『내게 거짓말을 해봐』라는 소설을 아주 "훌륭한 작품"으로 옹호하고 있는 글이기는 하지만, 장정일의 과도한 성적 탐닉 현상의 묘사는 그것을 문학 작품으로 인정하기에 주저하게 만든다. 아무 것도 하지 않는 제이와 여고생의 신분이라고는 도저히 믿어지지 않는 와이와의 사랑이 현대 사회의 순결의 이데올로기를 거부하면서, 기존의 모든 가치관을 전복시키고 있다고는 하지만, 그것은 어디까지나 부정을 위한 부정에 지나지 않는다. 왜냐하면 그의 소설에는 '콘돔을 씌운 남근상'이 제시하고 있듯이, 생산성의 성을 불모의 성으로, 아름다운 성을 더러운 성으로, 사랑으로서의 성을 불륜의 성으로서 전복시킨 관점만이 드러나고 있기 때문이다.

생산적인 성이 없는 곳에서는 인간이라는 종의 보존과 종의 건강이 어렵게 되어 있다. 아름다운 성이 자라나지 못하는 곳에서도 유토피아적인 지상낙원의 꿈이 자라날 수가 없다. 불륜의 성만이 자라나는 곳에서도 인간과 인간의 믿음이나 사랑이 자라날 수가 없다. 바로 그곳은 불모지대의 사막이며, 장정일이 기도했던 것은 그가 그토록 저주했던 '신버지'(신+아버지)의 반대 방향에서 우리 인간들의 최후의 심판과 종말을 주재하려고 했던 것인지도 모른다. 이러한 그의 문학적 주제는—염세주의자의 산물로서는—그만큼 아름답고 섬찟하기도 하지만, 그의 『내게 거짓말을 해봐』라는 소설은 조금도 감동적이지도 않고 아름답지도 않다. 대부분이 장정일을 옹호했던 논자들은 한결같이 장정일이 모든 인간의 열정을 혐오했다는 점을 들고 있는데, 그렇다면 그의 변태성욕의 열정을 어떻게 설명할 수가 있는 것일까? 혹시, 조각가나 인간으로서의 미래의 출구가 막히고, 그 모든 것이 막혀버린 끝에, 그의 열정이 변태성욕으로 나타난 것은 아닐까? 열역학적 법칙에 따르면 에너지는 자유롭게 이동할 수가 있지만 그 총량은 변하지 않는다고 한다. 일부다처제와 일부일처제의 역사 철학적인 의미도 따져 보지도 않고 어떠한 종족에의 의지마저도 거부하고 있는 작가의 의식을 유추해 볼 때, 나는 그 말이 꼭 들어 맞는다고 생각한다. 장정일의 패배주의적이고도 염세주의적인 성향이 그의 변태성욕을 낳고 그 변태성욕이 단적으로 드러난 것이 『내게 거짓말을 해봐』라는 포르노 소설로 나타난 것이라고 하지 않을 수가 없는 것이다.

만일 그가 현대 사회의 성 풍속도를 소재로 해서 모든 지배 체제의 가치관—특히 순결 이데올로기—을 전복시키면서 염세주의의 사제로서의 최후의 심판과 종말을 주제하려고 했다면, 그토록 도전적이고 야심만만한 주제를 이처럼 값싼 포르노 소설로 처리하지는 못했을 것이다. 또한, 만일 장정일이 우리 인간들의 인생 목표와 좌절된 꿈의 상관 관계를 성실하게 묘사하고 현대 사회의 성 풍속도에 대한 역사 철학적인 의미를 천착을 했었더라면 그의 불륜의 사랑마저도 상징적이면서도 함축적인 사건으로 전개되면서 그때 그때마다 우리 인간들의 허위 의식과 변태성욕의 장면—왜냐하면 우리 인간들은 다 같이 식인종적이고도 색정적인 열정의 소유자들이기 때문이다―들을 가장 날카롭게 야유하고 풍자할 수도 있었을 것이다. 살부와 근친상간의 문제를 다룬 소포클레스의 「외디프스대왕」이 외설로서의 문제가 된 적이 있었고, 악마에게 몸을 팔아버린 파우스트 박사와 그레트헨의 사랑이 외설로서의 문제가 된 적이 있었던가? 줄리어스 시이저와 앤토우니에게 이르기까지 수많은 남성들과 애정 행각을 벌였던 클레오파트라(「앤토우니와 클레오파트라」)가 외설로서의 문제가 된 적이 있었고, 요정 칼립소, 나우시카, 마녀 기르케와도 정사를 벌였던 『오딧세우스』가 외설로서의 문제가 된 적이 있었던가? 언론의 자유와 사상의 자유, 그리고 문학의 자율성이 옹호되고 있다고 해서 모든 것이 다 허용될 수 있는 것은 아니다. 문학은 그것이 변태성욕이든, 딸 아이와도 같은 여성과의 불륜적인 사랑이든 간에, 모든 것을 다 표현할 수가 있지만, 그것은 어디까지나 문학적인 구성의 원리 안에서만 허용되고 있는 것이다.

과연 지배 권력은 어떻게 성을 억압하고 순결 이데올로기를 강요해 왔던 것이며, 또한 그것의 역사 철학적인 의미는 무엇일까? 일부다처제도는 물론, 일부일처제도의 순결 이데올로기마저도 무너져 가고 있는 현대 사회에서의 성의 해방은 어떠한 의미를 띠고 있으며, 그것의 궁극적인 목표는 어떻게 설정되어야 할 것인가? 장정일은 이러한 질문들에 대해서는 아예 답변도 하지 못한 채, 어떠한 목표도 방향도 제시하지 못하고 있는 것이다. 그의 목표도 방향 설정도 제시하지 못하고 있는 과도한 성적 탐닉 현상은, 좀 더 단호하게 말한다면 염세주의자로서의 아주 유치한 사기에 해당된다고 할 수가 있다. 단순한 포르노 소설을 순결 이데올로기를 전복시키면서 최후의 심판과 종말을 주재하고 있는 것처럼 포장하고 있는 것이 그 하나이며, 성의 해방이라는 페미니스트들의 주장과 함께, 현대 사회의 성 풍속도를 등에 업고, 선전─선동적인 바람을 일으키면서 돈과 명예와 권력을 얻고자 했던 것이 그 둘이다. 장중하고 깊이 있는 주제에 반하여 그것을 단순한 포르노 소설로 전락시킨 작가의 역량도 유치하고, 그것을 마치, 한국문학의 최고의 정점에 서 있는 것처럼 옹호하고 있는 이 땅의 비평가들의 문학적 수준도 유치하다. 또한 사직 당국의 판매 금지 조치와 작가의 인신 구속도 유치하고, 제3세계의 문화적 풍토병에 젖어서 낯 뜨거운 외설 논쟁이나 벌이고 있는 한국문학의 수준도 유치하다.

장정일이 순결 이데올로기의 바깥에 서서 현대 사회의 성 풍속도를 희화화하고 지배 체제의 모든 가치관을 전복시키고자 했다면, 이문열은 순결 이데올로기의 한복판에 서서 현대 사회의 성 풍속도를 비판하고 그것을 옹호하고 있다고 해도 틀림이 없다. 이문열과 장정일의 싸움은 순결 이데올기와 반 순결 이데올로기의 싸움이기도 하고, 구 세대와 신 세대, 혹은 보수와 진보의 싸움이기도 하다. 장정일이 염세주의자로서 우리 인간들의 최후의 심판과 종말을 주재하려고 했다면, 이문열은 낙천주의자로서 우리 인간들의 미래의 희망과 유토피아를 건설하고자 했다고 해도 틀림이 없다. 따라서 이문열의 『선택』은 여성해방 논리의 헛점을 찌르면서 봉건 사회의 순결 이데올로기를 '선택'했다는 정부인貞夫人 장씨 이야기를 천착하게 된다.

피할 수 없는 강요에도 선택의 여지는 있게 마련이다. 맹목적인 순응과 적극적인 수용은 다르다. 우리 시대 여성들에게 가문은 피할 수 없는 강요였다. 그러나 나는 맹목적으로 순응한 게 아니라 그런 나름의 논리를 통해 적극적으로 그 이념을 껴안았고, 그런 뜻에서 감히 가문을 내가 결혼 뒤에 첫 번째로 한 선택이었다고 말하고 싶다.

그러나 정부인 장씨가 살다 간 400여년 전의 조선 시대에는 그 시대의 여성들에게 어떠한 선택도 있을 수가 없었다. 학문이나 예술도 여성들에게는 허용되지를 않았고, 연애를 하거나 배우자를 고르는 일도 여성들에게는 허용되지를 않았다. 또한 시부모나 남편에게 말 대답을 하거나 자기 주장을 펴는 일조차도 허용되지를 않았고, 심지어는 자기 자신의 이름을 갖고 있는 것조차도 허용되지를 않았다. 모든 여성들은 부계父系의 성씨로만 특정되며, 어디까지나 가부장적인 순결 이데올로기 밑에서 칠거지악이나 여필종부의 삶을 살아가야만 했던 것이다. 하지만 정부인 장씨는 그 억압적인 순결 이데올로기 밑에서도 맹목적인 순응의 길이 아닌 적극적인 수용의 길, 다시 말하자면 자유 의사에 따른 선택의 길을 살다가 갔다고 이문열은 주장하고 있는 것이다. 그녀는 어린 시절 친정 아버님 밑에서 학문과 예술의 길도 선택했고, 그녀의 시댁인 충효당의 가문의 길도 선택했다. 그녀는 '대명절의大明節義'를 지키며 은거의 길을 가고 있는 자의 '존빈尊賓'의 길도 선택했고, 대사헌과 이조판서를 지낸 그의 셋째 아들이 말해주듯이, '현빈玄牝'의 길도 선택했다.

이문열의 『선택』은 조선 시대의 가부장적인 순결 이데올로기 아래에서도 위대한 아내의 길과 위대한 어머니의 길이 있다는 것을 제시하면서 현대 사회의 여성해방운동을 정면으로 공격한 소설이라고 하지 않을 수가 없다. 한 남자를 사랑하고 일부종사를 하는 것도 미덕이 되고, 아이를 낳고 그들을 훌륭하게 양육시키는 어머니의 길도 미덕이 된다. 남녀의 사랑을 통해서 '자손의 기초'를 만드는 것도 미덕이 되고, 일편단심 '군자'(남편)를 위해서 정절을 지키는 것도 미덕이 된다. 따라서 그의 순결의 이데올로기 안에서는 불모의 성이 생산의 성으로, 더러운 성이 아름다운 성으로, 불륜의 성이 사랑스러운 성으로서 변모를 하게 된다. 이러한 순결의 이데올로기는 지배 체제의 가치관을 옹호하면서, 여성해방운동을 전개하려는 페미니스트들에 대한 더없이 가혹한 채찍으로 작용하게 된다.

현대 사회는 일부일처제도가 무너져 가고 있는 사회이며, 모든 남성들이 모계중심 사회로 편입되고 있는 사회일는지도 모른다. 대부부분의 남성들이 온라인 통장과 함께 그들의 경제권을 빼앗긴 지도 오래되었고, 여성들의 발언권이 강화되면서 부모형제지간의 관계가 급속도로 파탄을 맞이하게 된 지도 오래되었다. 이제는 모든 여성들이 가족 질서의 중심이 되었고, 모든 남성들은 서서히 주변적인 인물들로 밀려나고 있는 것인지도 모른다. 하지만 모든 가족 관계의 파탄이나 도덕적인 윤리관의 파탄의 일차적인 책임은 이문열이 그토록 부르짖고 있는 순결 이데올로기(남근중심주의)에 있으며, 대부분의 여성들이 그 이데올로기에 의해서 짓밟히고 신음하고 있다고 해도 과언이 아니다. 따라서 이문열의 『선택』은 대부분이 어렵고 힘들게 살아가고 있는 여성들의 문제를 살펴보지도 않은 채, 작고 사소한 현상들을 문제삼아 전체 여성들을 매도한 작품에 지나지 않는다. 이 세상에는 선택할 수 있는 것과 선택할 수 없는 것이 있다. 어린 양이 늑대에게 어린 양의 길이 최선의 선택이라고 말하는 것처럼 어처구니 없는 일도 없을 것이다.

『내게 거짓말을 해봐』를 통해서 엄청난 시련과 곤욕을 치룬 바가 있는 장정일도 한국문학의 미래를 짊어지고 나갈 수 있는 작가이며, 『선택』을 통해서 '순결 이데올로기'를 주장했던 이문열도 아주 훌륭한 작가이다. 무라카미 하루끼의 소설을 표절했다고 해서

물의를 일으킨 바 있었던 이인화, 구효서, 박일문 등도 한국문학의 미래를 짊어지고 나갈 수 있는 작가들이라고 하지 않을 수가 없다. 포르노 소설과 소설을 구분하지 못하고 있는 작가들, 순결 이데올로기와 반 순결 이데올로기를 구분하지 못하고 있는 작가들, 타인의 말과 사유에 대한 정중한 예의를 지키지 못하고 새로운 사유와 새로운 관점으로 독창적인 세계를 정립하지 못하고 있는 작가들—, 나는 그들에게 하루바삐 이 모든 문제들을 극복하고, 위대한 21세기에는 한국문학을 더욱더 풍요롭게 열어나갈 수 있기를 바랄 뿐이다.

비판, 비판, 그리고 또 비판 1

초판 1쇄 발행 2012년 9월 8일

지은이 반경환
펴낸이 반송림
편집디자인 김지호
펴낸곳 도서출판 지혜 | 계간시전문지 애지
주소 300-812 대전광역시 동구 삼성 1동 273-6
전화 042-625-1140
팩스 042-627-1140
홈페이지 www.ejiweb.com
이메일 ejisarang@hanmail.net

ISBN : 978-89-97386-28-4 04810
ISBN : 978-89-97386-27-7 04810 (set)
값 : 13,000원

* 잘못된 책은 바꾸어 드립니다.
* 저자와의 협의에 의해 인지를 생략합니다.